KB194618

세상을 보는 눈
융합지성사

세 상 을 보 는 눈

송만호 · 안중호 · 홍기빈 · 이은수

융합 지성사

THE EYE TO THE WORLD:
AN INTEGRATED HISTORY OF THOUGHTS

바다출판사

약 1만 년 전 신석기 (농경) 혁명을 기점으로 인구가 급증하자 세계 각지에서 수많은 문명이 탄생하고 국가와 제국이 출현했다. 문명들 사이에 공통점이 없지는 않았으나 주어진 지역의 환경에 따라 발전 양상은 서로 달랐다. 정치나 사회 체제, 문화, 사상 등에서 전 지구적 표준은 없었다. 전쟁이나 교역을 통한 문명의 혼합은 있었으나 국지적이었다. 모든 인류가 같은 조상을 가진 동족이라는 개념은 전혀 없었다.

오늘날의 세계는 어떤가? 전 세계 모든 나라가 민주주의를 표방한다. 형편없는 나라조차도 명목상으로는 민주주의를 외친다. 그뿐이 아니다. 세부적으로는 조금씩 다르지만, 거의 동일한 기본 원칙 아래 입법·사법·행정 조직과 교육 체계를 운용한다. 교통·통신·방송·사회 기반 시설·산업·복지·의료·은행 등도 마찬가지이다. 물론 그 효율성과 실제 이행 정도에는 큰 편차가 있어 선진국과 개발도상국, 민주 국가와 독재 국가 등으로 분류된다. 그러나 아무리 독재 국가나 후진국이라 해도 표방하는 목표와 시스템은 거의 같다

고 보아도 무방하다. 이 모든 표준은 어디서 비롯되었을까? 500여
년 전 서유럽이다. 그때 거기서 시작되어 갈고 닦아 온 시스템이다.
미래의 우리를 아는 데 우리의 현 위치를 올바로 이해하는 게 필수
적이라면 그 바탕에 어떤 정신과 사상이 있었는지를 알아야 한다.

21세기를 살아가는 전 세계 모든 사람은 하나로 연결되어 있다.
지구 이쪽에서 일어난 일은 언론과 방송, 사회 관계망 서비스 등을
통해 순식간에 전 세계로 전파된다. 그렇게 전파된 소식에 동조하
건 반대하건 사람들의 반응은 즉각적이다. 모든 대륙을 점령한 인
류는 하나로 연결됐다. 이들 모두 자신이 동족임을 확실하게 인식
하고 있다. 46억 년의 지구 역사에서 이런 생물은 없었다. 이 모든
전대미문의 놀라운 현상이 일어나도록 해준 것은 서구 문명이었다.
지나치게 서구 중심적 시각이라고 불편하게 느낄 수도 있다. 동아
시아의 불교나 유교, 인도의 힌두교, 서아시아의 이슬람 문화도 높
은 수준을 자랑했고, 현재도 많은 인구가 이 종교들에 기반한 문명
에 속해 있다. 그러나 이 문명이 오늘날의 세계 질서나 글로벌 문명
을 형성하는 주인공이 아님은 부인할 수 없다.

오늘날 세계는 하나의 지구적 문명으로 통일되어 있다. 그것은
명백히 서구 문명이다. 그것이 바람직한지 아닌지는 다른 문제이
다. 서유럽이라는 특정 지역의 문명이라고 해서 거부감을 느낄 이
유는 없다. 문명은 돌고 돌았으며, 모든 여건이 부합된 것 중 하나
가 세계를 통합했을 뿐이다. 중요한 것은 어떤 문명인가가 아니라,
왜 그 문명이 세계의 표준이 되었는지 이해하는 것이다.

역사에 나타났다가 사라진 다양한 지식이나 사상이 당시 사회 발
전의 원동력이 되기도 했지만, 오늘날의 기준에 비추어 보면 그 내
용이 모두 옳은 것은 아니었다. 그런 지식과 사상이 어떤 배경에서

출현했는지, 시공간상으로 서로 어떻게 연결되게 됐는지를 파악하는 것이 역사의 전모를 이해하는 데 더욱 필요한 관점일 것이다.

스페인 바르셀로나의 심장부 그라시아 거리의 사그라다 파밀리아Sagrada Familia(성가족 성당)로 이 관점을 설명할 수 있다. 바르셀로나 태생의 천재 건축가 안토니 가우디Antoni Gaudí(1852~1926년)가 1882년 착공한 이 성당은 그가 세상을 떠난 후에도 공사가 계속돼 144년 만인 2026년에 완공될 거대하고 위대한 건축물이다.

성당을 처음 방문한 사람은 외관을 보는 순간 찬탄과 함께 벅찬 감동에 빠진다. 하지만 외관에 감동한 마음을 가다듬고 몇 걸음 옮겨 성당 내부로 들어가면 또 다른 세계가 펼쳐진다. 파격적인 모습의 조각품과 스테인드글라스, 자유분방한 양식들이 이루는 내부 장식의 오묘한 조화에 또 한 번 놀라게 된다. 건축과 예술, 기술과 상상력이 결합하여 이룬 사그라다 파밀리아의 아름다움과 위대함은 여러 시각으로 보아야 온전히 다가온다.

오늘날 과학 문명이 지배하는 세상이 있게 된 내력도 겉만 보아서는 전모를 이해하기 어렵다. 시대별로 어떤 주요 사상이 나타났으며, 어떤 정치적·사회적·경제적 배경에서 생겨났는지 알아야 할 것이다. 이를 위해 철학사·종교사·경제사·과학사의 관점에서 입체적으로 살펴볼 필요가 있다.

이 책《융합지성사》는 인문학, 사회과학, 자연과학을 아우르는 학문 간 융합을 시도해 보자는 취지에서 비롯했다. 전편에 해당하는《사피엔스의 깊은 역사》에서 빅뱅 이후 현생 인류의 출현까지의 역사를 과학적 사실에 초점을 맞추어 살펴보았다면, 후편인 이 책에서는 조금 다른 시각에서 현생 인류 역사의 마지막 부분을 다룬다. 즉 인문학적 관점(철학·역사·종교)과 사회과학적 측면(정치·경제)

에서 지난 2000여 년의 인류사를 살펴보고, 아울러 현재의 과학적 지식에 비추어 지금까지 우리가 이해해 온 지식 중 바로잡아야 할 것은 없는지 살펴보고자 한다.

이 책이 웅장한 사그라다 파밀리아를 보듯이 부분이 아닌 전체를 바라보며, 과거의 지혜에서 우리의 현재 위치와 미래 모습을 가늠하려는 독자들에게 약간이라도 도움이 되었으면 한다.

차례

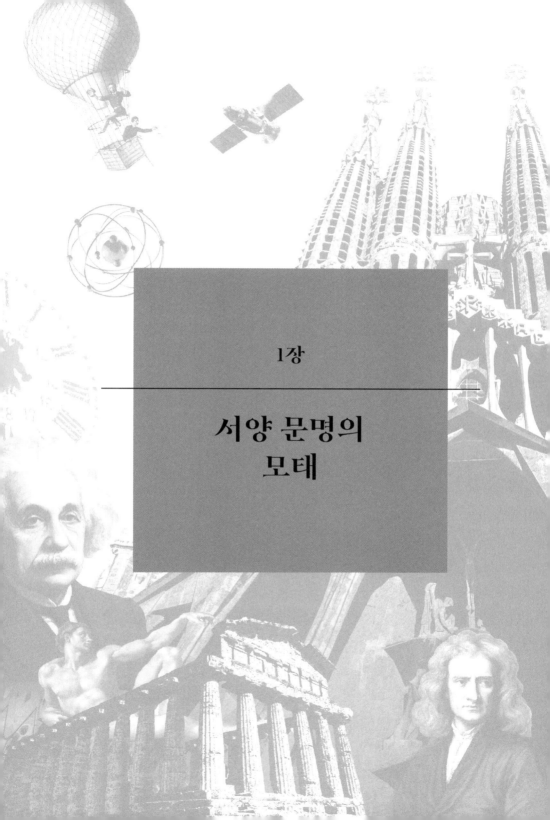

1장

서양 문명의
모태

문명의 희미한 빛

해가 뜨기 전 캄캄한 동녘 하늘을 서서히 비추는 여명은 힘찬 하루의 시작을 알리는 신호다. 이제 우리의 시야를 현대 서구 문명의 원조이자 고대 서양 문명의 희미한 여명이 비추었던 곳으로 돌려보겠다.

21세기 들어 기존 고고학 상식을 완전히 뒤집을 중요한 유적들이 튀르키예에서 발견되고 있다. 대표적 장소 중 하나가 1994년부터 2014년까지 집중적으로 발굴된 아나톨리아 동남부의 괴베클리테페Göbekli Tepe 선사 시대 신전 터이다. 이 유적의 가장 오래된 연대층은 신석기 시대 시작 무렵인 기원전 9600년경, 즉 지금으로부터 약 1만 1600년 전이다. 가장 오래된 이집트 문명 유적보다 무려 6500년이나 앞섰으며, 박혁거세가 알에서 나왔다는 때보다 9500년, 중국 전설 속 삼황오제보다는 7500년 앞선다.

이곳에는 최대 50톤에 이르는 T자 형태의 돌기둥 200여 개가 군데군데 원형으로 배열되어 있는데, 기둥에는 토템 신앙의 대상으로 추정되는 다양한 동물들이 새겨져 있다. 당시 사람들이 원시적 종교 의식을 행한 장소임을 알려주는 흔적이다. 놀라운 사실은 이들이 농경 정착민이 아니라 수렵·채집인이었다는 점이다. 인근의 여러 지역 사람이 정기적으로 이곳에 모여 함께 원시적 종교 의식을 행했는데, 멀리는 150킬로미터 떨어진 곳에서 찾아왔다는 추정도 있다. 이 정도 규모의 돌로 신전을 지으려면, 수십에서 수백 명이 몇 달간 함께 머물며 돌을 옮기고 세우고 조각을 새겼을 것이다. 이 유적이 발견됨에 따라 신석기 시대 사람들은 농경과 함께 정착 생활을 시작했으며, 그에 따라 종교가 출현했다는 기존의 상식은 도전받게 되었다.

그 반대로 수렵·채집인들이 원시 신앙의 성소에서 의식을 치르기 위해 정기적으로 한곳에 몇 달씩 모이는 일을 반복하다가 영구적으로 정착해 농경을 하게 되었다는 대안 학설이 대두되었다. 실제로 괴베클리 테페 유적지는 이전 것 위에 새로운 신전을 짓는 방식으로 무려 2000여 년 동안이나 주변 지역의 수렵·채집인들이 정기적으로 방문하는 성스러운 장소로 사용되었다. 한편, 이곳에서 멀지 않은 지역에서 발견된 탄화된 야생 밀은 DNA 분석 결과 오늘날 우리가 먹는 밀의 조상으로 밝혀졌다.

야생 밀과 함께 낟알을 갈던 석기도 발견됐는데, 이는 당시 사람들이 주로 수렵·채집에 의존해 생활했지만, 한편으로는 야생 곡물을 재배하며 소규모의 농사도 병행했음을 보여 준다. 이 시대를 '토기 없는 신석기 시대Pre-Pottery Neolithic Age(PPNA)'로 부르는 이유는 본격적으로 농경을 하기 이전이라 대량으로 곡식을 저장하지 않았기 때문이다. 실제로 괴베클리 테페가 위치한 아나톨리아는 야생 보리와 밀, 귀리의 원산지로 인류가 최초로 농경을 한 지역이다.

예전에 소아시아로 불렸던 아나톨리아는 오늘날 튀르키예의 중앙부 지역 대부분을 차지하는 넓고 평평한 고원 지대이다. 평균 해발 고도가 1000~1200미터나 되는데, 그 사이에 높이 3917미터의 에르지예스산을 비롯해 3000미터 및 2000미터급의 높은 산들이 분포되어 있다. 이 산들 덕분에 평평한 고원인데도 곳곳에 강과 계곡, 호수 등 다양한 지형이 펼쳐진다.

오늘날 이 지역 평균 기온은 여름 섭씨 영상 20~25도, 겨울 영하 2~영상 2도이며, 연평균 강수량은 300~500밀리미터로 다소 건조한 편이다. 그러나 마지막 빙하기 직후의 신석기 시대 초기에는 기후가 지금보다 훨씬 온난하고 강수량도 적당해 농작물 재배에 이상적이었을 것이다. 화산재 퇴적층이 많아 토양도 비옥했다.

흥미로운 점은 쌀을 제외하고 인류가 오늘날 주식으로 삼는 주요 농작물의 원산지가 고원 지대 두 곳, 즉 아나톨리아와 중남미라는 사실이다. 최초의 농경과 동물 사육지는 먹을거리가 풍부한 더운 지방도 아니고, 그렇다고 추운 곳도 아니었다. 그보다는 여러 형태의 기후와 지형을 가진 고원 지대가 다양한 식물과 동물의 서식처를 제공하므로 초기 신석기인들이 작물과 가축을 선택하고 길들이는 데 이상적이었을 것이다.

2019년부터는 괴베클리 테페에서 40킬로미터 남짓 떨어진 카라한 테페Karahan Tepe에서도 유사한 유적이 발굴되고 있다. 발굴된 T자형 기둥이 250개로, 괴베클리 테페보다 규모가 크며 연대도 조금 앞선다는 추정이 있다. 두 곳 이외에도 유사한 유적들이 아나톨리아에서 잇달아 발견되고 있다.

이는 초기 신석기인들이 수렵·채집과 야생 작물 재배를 병행하

괴베클리 테페 튀르키예 동남아나톨리아 지역의 산맥 능선에 있는 약 1만 2000년 전 유적지. 1996~2014년까지 발굴 결과 200여 개의 돌기둥이 20여 개의 원형을 이룬 종교적 건축물로 추정된다. 출처: Wikipedia

면서 원시 신앙의 성소를 중심으로 지역 네트워크를 형성하는 것이 일반적이었음을 보여 준다.

괴베클리 신전은 약 2000년 동안 사용되다가 알 수 없는 이유로 기원전 8000년쯤 버려져 땅속에 묻혔다. 그 뒤를 잇는 유적지 중 하나가 기원전 7100~5700년 사이의 대규모 농경 정착 주거지 차탈회위크Çatalhöyük이다. 이곳의 집은 구조가 특이하다. 지면 아래 집을 짓고 지붕에서 사다리를 타고 출입하는 구조인데 집마다 제단이 있어 신앙이 생활의 중요 요소였음을 알 수 있다.

이곳에서 발견된 풍만한 모습의 여신상은 농경 정착 생활이 자리를 잡았으며, 주민들이 다산과 풍요를 빌었음을 알려준다. 그러나 원시 농업이라 생산성이 높지 않아 가축 사육이나 들소 사냥을 통해 육식을 보충했다고 추정한다. 다량으로 출토된 들소 뿔 장식이 이를 말해 준다. 또한, 남녀노소 모든 주민의 영양 상태가 비슷했던 점으로 미루어 계급이 없는 평등 사회였다고 여겨진다.

특히 주목할 만한 점은 조상 숭배이다. 집마다 죽은 조상을 집의 땅 밑에 매장하거나 두개골을 집 안에 보관했다. 살아 있는 사람 모시듯 매일 음식을 공양하며 생활한 듯하다. 아나톨리아의 남쪽에 인접한 요르단 예리코에서도 기원전 8000~7000년 무렵 조상의 두개골을 특별히 다루며 숭배하는 유사한 신앙이 있었다.

이상을 요약하면 가장 오래전에 농경과 가축 사육을 시작한 장소, 즉 오늘날의 튀르키예 아나톨리아 고원에 살았던 초기 신석기 시대 사람들의 생활 중심에는 원시 신앙이 중요한 위치를 차지하고 있었다. 그러나 농경·정착 생활의 결과로 원시 종교가 탄생한 것이 아니라 그 반대일 가능성이 더 클 수도 있다. 그렇다면 우리의 근본을 묻는 정신 활동이 오늘날 고도의 물질문명을 이끈 단서라고 추정해도 큰 무리는 아닐 것이다.

오리엔트 – 서양 문명의 발상지

아나톨리아 지역의 초기 농경은 자연 강우, 즉 빗물에 의존했다. 그런 방식은 작은 인구가 먹고 살기에는 충분했다. 그러나 농경의 시작으로 점차 인구가 늘면서 고산 지대는 많은 사람을 수용하기가 어려웠을 것이다. 이에 따라 농경의 주요 무대가 주변의 낮은 지대로 옮겨 갔을 가능성이 크다.

저지대에서 농경을 시작한 사람들이 고산 지대에서 작물 재배와 가축 사육의 경험을 쌓은 후 내려온 아나톨리아 신석기인들이었는지는 불분명하다. 아니면 저지대 원주민들이 고원에 살던 사람들에게서 농경법을 자연스럽게 배웠을 수 있다. 너무 오래전 일이라 어느 쪽인지 정확하게 추정할 수는 없으나, 아나톨리아 남동쪽, 그리고 조금 더 먼 남쪽에는 대규모 농사에 적합한 큰 강과 넓은 평야가 있는 두 지역이 있다.

첫 번째는 유프라테스강과 티그리스강 유역으로, '두 강이 만나는 곳'이라는 뜻의 '메소포타미아', 즉 오늘날의 이라크 지역이다. 두 번째 지역은 더 남쪽에 있는 나일강 하류의 이집트다.

이 두 지역과 그 사이의 지중해 동부 연안을 서양에서는 통틀어서 오리엔트Orient라고 불렀다. '해가 뜨는 곳'이라는 뜻인데, 서양 사람들은 이를 '가까운 동양'이라는 의미에서 '근동near east'이라고 부르기도 한다. 오리엔트 지역은 아나톨리아와 달리 역사 기록으로 남아 있는 명실상부한 서양 문명, 즉 메소포타미아 문명과 이집트 문명이 발상한 곳이다.

먼저 메소포타미아 지역을 살펴보자. 이곳은 아나톨리아 고원에 비해 강수량은 부족하지만, 유프라테스강과 티그리스강의 상류에서 흘러와 퇴적된 비옥하고 넓은 땅이 있었다. 현재는 매우 건조한 지역이지만 신석기 시대 전반부에는 지금보다 훨씬 많은 비가 내렸다. 기원전 6500년경부터 밀과 보리가 경작되면서 초기 형태의 문명이 시작되었다. 기원전 5500년 무렵에 이르자 문자로 기록된 문명으로는 세계에서 가장 오래된 수메르 문명이 메소포타미아 남부에서 모습을 드러냈다.

기원이 명확하지 않은 '검은 머리'의 수메르인들이 문명을 일군 메소포타미아 남부는 두 강의 하류에 있는 드넓은 저지대 평지였으나 상류에 비해 건조했다. 농사를 지으려면 큰 강 옆에 물길을 만드는 관개 시설이 필요했다. 이런 치수 사업에는 많은 사람이 필요하므로 촌락보다 규모가 큰 도시들이 형성되었다. 이렇게 해서 생긴 메소포타미아 최초의 도시가 에리두였다. 이곳 사람들은 동물을 사육하고 농사도 대규모로 지었다.

저장이나 운반용 토기가 이를 말해 주고 있다. 기원전 4000~3000년 사이에는 본격적인 '도시혁명'이 일어나 인구 5만 명의 우루크를 비롯해 우르 등 많은 도시가 출현했다. 기원전 3000년 무렵에 이르러서는 수메르 지역의 약 80퍼센트가 도시화되었다. 바퀴와 범선이 발명되어 도시 간 교역이 증가하고 먼 곳에서 수입한 구리와 주석으로 청동기 문화가 시작되었다.

수메르인들은 농경을 위해 청동기와 바퀴 달린 마차를 만들었다. 그러나 그들은 곧 청동기로 만든 칼, 창, 방패와 마차가 전쟁 무기로서의 효용성이 석기에 비할 바가 아님을 곧 깨달았다. 이제 사람들은 힘들게 농사짓는 것보다 다른 도시를 약탈해 빼앗는 편이 훨씬 쉽다는 것을 알게 되었다. 도시들이 자주 전쟁을 벌이자 많은 전쟁 노예가 생겼다. 내부적으로는 왕을 비롯한 강력한 지배 집단이 생겨나며 사회 계급이 뚜렷이 분화되었다.

이에 따라 인구 대부분은 병사, 농노, 노예로 전락해 전쟁이나 집단 노동, 즉 농경에 동원됐다. 원시 수렵·채집인이나 초기 농경인 시절보다 못한 비참한 생활로 내몰린 것이다. 이제 문명의 탄생으로 인해 생겨난 사회 계급을 유지하려면 하층을 이루고 있는 대다수 사람을 하나로 묶어 둘 새로운 발명품이 필요했다.

이렇게 탄생한 것이 바로 고대인들의 이데올로기, 즉 종교였다. 문명 시대 이전의 인류도 '세상과 나의 근원은 무엇일까?'라는 의문을 품었다. 그러나 자연 현상과 사물에 대한 경외심을 나타낸 애

니미즘 수준의 원시 신앙이나 조상 숭배가 전부였다. 이제 규모를 갖춘 문명이 출현하고 사회 계급이 출현하자 고달픈 대부분 인구를 저항 없이 순종적으로 동원하는 데 종교가 강력한 힘을 발휘하게 되었다.

모두가 함께 믿고 숭배하는 신 혹은 신들은 고달픈 현세를 버텨낼 힘이자 희망이었다. 권력자가 일부러 그것을 의도한 것은 아니었다. 집단 의식과 추상적 상징을 강하게 믿는 인간의 본성이 인도한 것이었으므로 지배층과 피지배층 구분 없이 모두를 하나로 묶을 수 있었다.

수메르인들은 우주를 신들이 다스리는 장소로 생각했다. 천상과 지상에 사람처럼 기뻐하고 화를 내며 벌도 주는 의인화된 신들이 있고, 그들이 자연 현상을 조종한다고 믿었다. 기원전 2500년 무렵에는 자연의 신들이 도시의 신들로 변형되며 더욱더 인간적으로 되었다. 예를 들어, 신화 속 우르크의 왕 길가메시는 3분의 2는 신, 3분의 1은 인간인 존재였다.

수메르 사람들은 기원전 3000년경에는 세계에서 가장 오래된 문자인 쐐기문자(설형문자楔形文字)를 만들어 인류 문명사에서 또 다른 획기적인 전환점을 이루었다. 진흙 판에 갈대로 쓴 이 문자는 원래 곡식 등 물품의 이름과 양을 기록하는 경제적 용도로 발명되었으나 점차 종교나 신화처럼 추상적 내용을 기록하게 되었다. 이에 따라 문자를 가르치는 학교와 기록을 담당하는 전문 필경사들이 등장했다. 문자를 통한 기록 문화는 지식과 정보의 양을 기하급수적으로 늘렸다. 도시 국가 수준을 넘어선 문명의 규모는 고대 국가를 출현시켰다.

이제 메소포타미아에서 남서쪽으로 멀리 떨어진 아프리카 북부

나일강 유역 이집트를 살펴보자. 이곳에서도 기원전 3100년경 문명이 시작되었다. 이 지역의 고대인들은 치수 사업 대신 나일강의 범람을 이용해 농사를 지었다. 나일강 중류와 하류는 에티오피아 고원 지대에서 발생하는 계절성 폭우로 해마다 정해진 시기에 범람한다.

강물이 범람하는 10월, 하류의 카이로 지역에는 상류에서 흘러온 비옥한 토양이 쌓이면서 훌륭한 자연 비료가 된다. 그리스 역사가 헤로도투스Herodotus는 이를 '나일강의 선물'이라고 표현했다.

이러한 천혜의 조건 덕에 이집트에서는 메소포타미아처럼 관개 시설이 필요 없었으므로 강을 따라 자연적으로 형성된 촌락과 도시들이 성장해 국가를 이루었다. 고대 이집트는 파라오라는 살아있는 신이 다스리는 강력한 제정일치의 신국神國에 가까웠다. 파라오의 무덤인 피라미드 1기를 만들려면 평균적으로 10만 명의 사람이 10년 동안 동원되어야 했다. 이집트는 속국을 두지 않았다.

고대 이집트인들은 자연을 극진하게 숭배했다. 태양신 라Ra, 하늘 여신 누트Nut, 지구신 게브Geb 등 여러 신을 통해 자연 현상을 설명했다. 거대한 피라미드에서 보듯이 죽음 이후의 삶을 굳게 믿었기 때문에 매우 정교한 매장 의식을 행했다.《죽은 자의 책》(혹은 《사자死者의 서書》)과 같은 매장 관련 문헌들은 사람의 영혼이 이승과 저승을 오간다고 믿었음을 보여 준다. 그러나 고대 이집트의 종교는 서아시아의 다른 종교와 달리 뚜렷한 교리나 믿음이 없었고 짜임새도 엉성했다.

동일한 신이라도 지역이나 시대에 따라 달라지거나, 자연과 신, 왕권과 신의 관계도 변했다. 비교적 독자적으로 발전한 이집트 문명은 약 3000년간 지속하면서 뒷날 서양 문명에 많은 영향을 끼쳤다. 태양력의 사용과 1년을 12개월 365일로 나눈 것을 대표적 사례로 꼽을 수 있다.

지금까지 우리는 오리엔트의 양대 고대 문명인 메소포타미아와 이집트 문명을 알아보았다. 이 두 문명 지역 사이에 서구에 큰 영향을 미친 중요한 지역이 있었다. 레반트Levant라고 불리는 지중해 동부 연안 지대로, 현재의 이스라엘·시리아·요르단·레바논이 위치한 곳이다. 레반트는 '오리엔트'처럼 '해가 뜨는 곳'이라는 뜻이다.

메소포타미아와 이집트에서 고대 문명이 활발히 전개되는 동안 이곳에는 강력한 정치적 세력이 없었다. 두 문명 사이에서 속국으로 근근이 명맥을 유지하던 도시 국가나 소왕국들이 있을 뿐이었다. 대표적인 주민이 페니키아인과 히브리인이었다. 두 족속은 아랍어와 히브리어 등을 포함하는 서부 셈어족 계통의 주민으로 언어나 외모 등에서 유전적으로 매우 가까운 사이다. 다른 점이라면 히브리인들이 유일신 신앙을 발전시킨 것과 달리, 페니키아인들은 다산을 중시하는 다신 신앙을 가졌다는 점 정도다.

대단한 세력이 아니었던 두 족속은 훗날 서양 문명에 이바지한 바가 없었다면 역사의 페이지에 크게 기록되지 않았을 것이다. 페니키아인은 글자를 전해 줌으로써, 히브리인은 기독교의 원류로서 서양 문명에 큰 영향을 끼쳤다. 원래 이 지역에 살던 셈어 사용 족속 중 일부는 일찍이 메소포타미아 지역으로 올라가 아카드, 고바빌로니아, 신바빌로니아 등의 왕국을 세웠다.

레반트 지역에 남은 페니키아인들은 북쪽과 동쪽 내륙으로 가지 않고 지중해로 진출했다. 그들의 본거지는 히브리인과 마찬가지로 가나안이었다. 구약 성서에서 말하는 소위 '젖과 꿀이 흐르는 땅'이었다. 페니키아인들은 스스로 '가나안 사람'이라고 불렀는데,

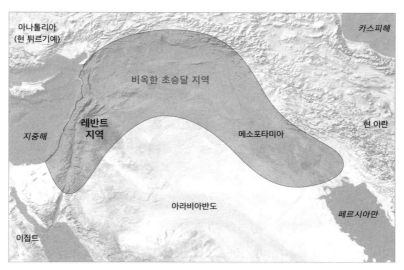

비옥한 초승달 지역과 레반트 지역

이 말의 그리스어가 '페니키아'이다.

이들은 단일 국가가 아니라 여러 도시로 연맹체를 이루며 살았다. 그 도시 중 하나가 바이블Bible(성경)의 어원인 비블로스Biblos였다. 비블로스는 그리스어로 파피루스이다. 페니키아인들은 기원전 2000년 무렵부터 레바논의 고산 지대에서 자라는 질 좋은 삼나무 목재를 이집트에 팔고 그 돈으로 파피루스를 사서 메소포타미아에 되팔았다. 레바논 삼나무는 강하고 쉬 썩지 않아 건축물뿐 아니라 배를 만들기에도 이상적이었다. 페니키아인들은 이 나무로 갤리선이라는 우수한 배를 만들어 지중해 곳곳을 누볐다.

페니키아 사람들은 북아프리카에서 스페인에 이르기까지 지중해 해안 30여 곳에 무역 거점 도시를 만들고, 소금·유리·염료·올리브 등 각종 물품을 교역했다. 그들은 이집트 시나이반도 북쪽의 셈어 사용 하층민들이 창안한 원시 알파벳을 바탕으로 독자적 문자를 만들어 교역 장부를 기재했다. 이 문자는 그리스로 전해져 그리스 알파벳이 되었고, 다시 로마로 건너가 오늘날 서유럽 언어를 표기하는 문자가 되었다.

팔레스타인과 가나안 등 레반트의 도시와 소왕국들은 아시리아와 뒤를 이은 신바빌로니아의 침공으로 기원전 8~7세기부터 차례로 멸망했다. 히브리족의 경우, 북이스라엘에 이어 남쪽의 유다 왕국이 멸망하면서 주민들이 대거 바빌로니아에 잡혀가는데, 이것이 구약 성서에 나오는 '바빌론의 유수'(기원전 597~538년)이다. 한편, 페니키아인의 도시인 티레는 13년에 걸친 신바빌로니아의 공격을 버티면서 최후까지 저항했지만, 기원전 4세기 알렉산드로스Alexandros 대왕에게 멸망해 주민 3만 명이 노예로 끌려갔다.

페니키아 사람들이 북아프리카에 세운 카르타고도 기원전 146년 로마에 의해 멸망하면서 페니키아인은 영원히 역사에서 사라졌다. 오늘날 레바논인들이 그들의 후예라고 주장하지만, 인근의 이스라엘·시리아·요르단·팔레스타인 및 아랍인들도 정도의 차이만 있을 뿐, 페니키아인의 혼혈 후손일 것이다.

고대 오리엔트 지역은 수많은 문명의 흥망성쇠를 겪었지만, 서양 문명의 기초를 마련하는 중요한 역할을 했다. 알파벳, 법전, 학교, 종교와 사상 등 현대 서양 문명의 근간이 되는 많은 요소가 이 시기에 형성되었다.

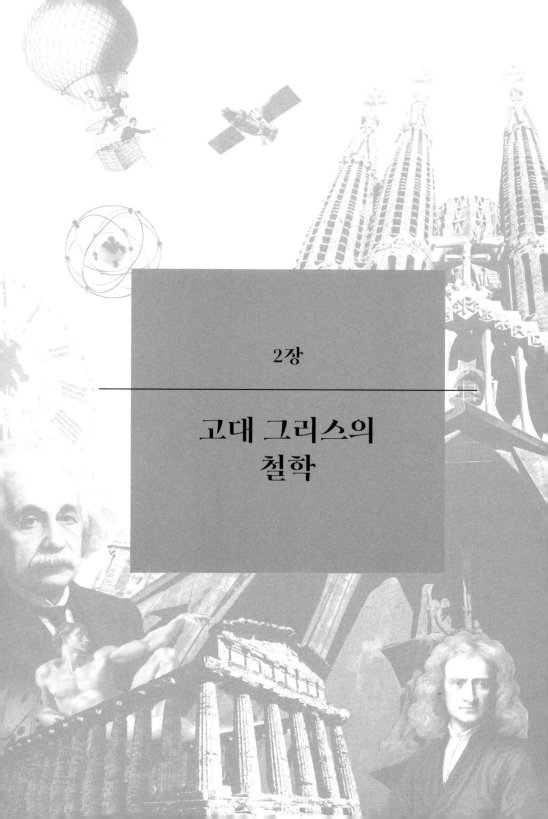

2장

고대 그리스의
철학

왜 그리스였는가?

　서양 문명의 요람이라 불리는 오리엔트 지역의 고대 문명인 메소포타미아와 이집트 문명은 수천 년간 지속하며 번영을 누렸다. 그러나 기원전 1000년대가 지나면서 오리엔트의 주요 문명들은 점차 쇠퇴의 길을 걷기 시작했고, 그리스가 문명의 중심지로 떠올랐다. 왜 그리스였을까? 이 질문에 답하려면 지리적·사회적·경제적·정치적 요인을 함께 고려해야 한다.

　첫째는 지리적 요인이다. 고대 그리스는 본토와 수많은 섬으로 이루어진 지중해의 작은 땅이었다. 이 지역은 본토 북쪽 일부를 제외하면 삼면이 바다여서 외부 세계와 교류가 활발할 수밖에 없었다. 에게해를 중심으로 한 도시 국가들은 해상 무역을 통해 동서양의 다양한 문명과 접촉했다. 이 과정에서 그리스인들은 새로운 사상과 기술을 접할 수 있었다.

　한편, 이러한 지리적 환경은 고대 그리스에 정치적 분권을 촉진했다. 이는 독립적인 폴리스polis(도시 국가)의 발달로 이어졌으며, 각 폴리스는 독자적 정치 체제와 문화를 발전시켰다. 분권화된 구조는 다양한 사상과 철학이 공존할 수 있는 토양이 됐으며, 지식의 폭발적 성장을 불러 왔다.

둘째, 사회적 요인이다. 그리스에서 가장 잘 알려진 정치 혁신 중 하나는 아테네에서 발전한 민주주의이다. 아테네의 민주주의는 시민들이 직접 정치에 참여하는 체제를 의미하며, 이는 토론과 논쟁을 사회의 중요한 부분으로 만들었다. 민주적인 정치 환경은 논리적 사고와 합리적 토론을 중시하는 문화를 조성했으며, 철학의 발달을 촉진했다. 신화와 종교가 여전히 중요한 역할을 했지만, 현실 세계에서의 문제 해결도 중시했다. 이는 자연 현상에 대한 체계적 탐구와 과학적 접근을 가능하게 했다. 탈레스Thales, 피타고라스Pythagoras, 소크라테스Socrates와 같은 그리스 철학자들은 이러한 문화적 환경 속에서 자연스럽게 등장했다. 그리스 사회가 실용적이고 현실적인 성향이었던 이유다.

셋째, 경제적 요인이다. 그리스는 풍부한 자원이나 비옥한 토지를 가진 나라는 아니었으나 무역과 해상 활동으로 경제적 번영을 이뤘다. 지중해 무역 네트워크를 통한 다양한 물자와 지식의 교환은 그리스의 경제적 안정과 사회적 발전을 동시에 이끌었다. 또 인구 증가와 자원 부족 문제 해결을 위해 식민지를 개척했다. 새로운 종족과 문화를 접한 그리스인들은 자신의 문화를 더욱 다양하고 풍부하게 발전시켰다. 경제적 풍요는 지식과 예술의 후원, 철학적 탐구의 여유를 제공하여 그리스 문명의 황금기를 불러 왔다.

마지막으로 정치적 요인이다. 고대 그리스의 역사는 페르시아 제국과의 대립으로 더욱 뚜렷해졌다. 기원전 5세기, 거대 제국 페르시아에 맞서 싸우면서 그리스 도시 국가들은 일종의 연대감을 형성했다. 이 과정에서 자각하게 된 독자적 정체성은 그리스의 문화적·철학적 발전의 원동력이 되었다. 특히 페르시아 전쟁 이후, 그리스인들은 자신들의 정치 체제, 특히 민주주의와 자유의 향유에 자부심을 가졌다. 높아진 자긍심과 정체성은 그리스 사회가 새로운 사상과 철학을 창출하는 데 중요한 역할을 했다. 그리스 철학은 단순히 사변적 학문이 아니라, 실제 삶의 문제를 해결하기 위한 도구로 발전했다.

결론적으로 서양 고대 문명의 중심이 오리엔트에서 그리스로 이동한 이유는 복합적이었다. 아무튼 지리적 위치, 정치적 구조, 사회·문화·경제적 조건 등 다양한 요소가 결합해 그리스는 고대 세계의 새로운 중심지로 부상했다. 그리스는 철학, 과학, 예술에서 새로운 시대를 열면서 이어지는 로마 제국을 통해 서양 문명의 기초가 되었다.

궤변가들 – 절대적인 진리는 없다

기원전 6세기~기원전 5세기의 아테네에는 솔론Solon, 클레이스테네스Cleisthenes, 페리클레스Perikles 등 개혁적 정치 지도자들이 나타나 모든 정책을 소수의 귀족이 아니라 모든 시민이 직접 참여하는 민회에서 토론과 투표로 결정하도록 혁신했다. 이때의 시민은 성인 남성에 국한되었지만, 당시로서는 혁명적 제도였다.

정치·경제·문화면에서 황금기를 맞은 아테네에는 직접 민주 정치의 시대가 열렸다. 정치 지도자가 되려는 사람들은 자신의 정책을 대중들에게 말로 직접 설득해야 했다. 법정도 마찬가지였다. 모든 시민은 고발할 권리가 있었는데, 아테네에는 판사나 변호사, 검사 등 법조인 제도가 없었다. 따라서 고발 당사자들은 6분 동안 500여 명의 배심원 앞에서 고발 내용을 설명하거나 변론을 펼쳐 설득해야 했다. 판결은 투표로 결정했다. 문제는 시민이라면 누구나 송사에 휘말릴 수 있다는 점이었다.

무엇보다 부자나 권력자는 언제든 소송에 휘말릴 가능성이 있었다. 말로써 상대를 이기는 기술, 즉 수사학이 필요했다. 정치적 야망이 있거나 출세를 원하는 사람뿐만 아니라 자신의 이익을 지키고 손해를 보지 않으려는 사람들, 즉 거의 모든 시민에게 이 기술이 필요했다. 사람들은 비싼 수업료를 내고 말을 더 잘할 수 있게 하는 수사학을 배워야 했다. 수사학자들은 '소피스트sophistes'라고 불렸다. '지혜sophia를 가진 사람' 혹은 '현자賢者'라는 뜻이다.

소피스트들은 배우는 사람의 직업이나 지적 능력에 따라 맞춤형 교육을 했다. 1년 수업료가 군함 한 척인 경우도 있었다. 소피스트들은 의뢰인에게 말 잘하는 기술을 가르치는 한편 연설문도 써주면서 부와 명성을 얻었다. 그러나 소피스트들이 가르친 것은 말싸움에서 이기는 기술일 뿐이었다. 주장이 사실이건 아니건, 혹은 논리적으로 맞건 안 맞건, 상대방을 몰아붙여 말문을 막고 대중의 지지를 얻으면 그걸로 성공이었다. 인간의 판단은 주관이 크게 작용하며, 특히 여러 사람이 모여 무리를 이루면 군중심리에 의해 사실이 호도되는 경우가 다반사이다.

대중이 옳다고 생각하는 것이 반드시 진리는 아니다. 개인으로서 사람은 이성보다는 감정에 더 지배받으며 무리를 이루면 이해할 수 없는 행동을 한다. 소피스트들은 점차 변질됐다. 위선적인 데

다가 거짓을 부끄러워하지 않았다. 현자로 불렸던 이들은 이제 '궤변가'로 경멸받게 됐다. 오늘날도 우리는 말의 힘이 진실을 압도하는 사례를 목격한다. 정치인들의 말은 믿지 않으려 한다. 그러나 선거가 오면 대중은 그런 정치인을 또 뽑는다. 대중의 수준이 정치의 수준을 결정하는 것이다.

정치의 문제는 정치인이 아니라 우리 자신, 우리 본성에 있다. 정치인은 평소 우리의 방식을 충실히 따르고 있을 뿐이다. 소피스트들 때문에 아테네가 망가진 것이 아니라, 군중이 될 때 취약해지는 인간 본성을 소피스트들이 대변했을 뿐이다. 민주주의의 맹점인 이 문제는 이미 고대의 그리스에서 소피스트들이 보여 준 것이다.

다음 절에서 소개할 소크라테스는 소피스트들의 이런 폐단을 비판하며 등장했다. 그러나 근래 들어 소피스트들에게도 당시 시대에 비추어 선구적인 면이 있다는 시각이 대두되고 있다.

첫째, 소피스트들은 철학의 주제를 자연의 근원을 탐구하는 자연철학에서 인간의 삶과 사회를 다루는 철학으로 전환했다.

둘째, 소피스트들은 철학을 대중에 가깝게 만들었다. 이전의 자연철학자들은 학식 있는 몇 사람이 개별적으로 탐구했으므로 일반 대중과는 멀었다. 그런데 소피스트들은 대중이 당장 눈앞의 실생활에 응용할 수 있는 주제를 중심으로 활동했다.

셋째, 소피스트들의 활동으로 자연철학에서 크게 다루지 않은 논리학이 발달하게 되었다. 옳고 그름을 떠나 논리적인 사고가 지식의 중요한 요소로 떠오른 것이다.

넷째, 소피스트들의 활동이 불러 온 무엇보다도 중요한 사상적 경향은 인간의 생각은 상대적이라는 상대주의와 진리라는 것을 과연 인간이 밝힐 수 있느냐는 회의주의이다.

이런 주장에는 긍정적인 면과 부정적인 면이 있다. 프로타고라스Protagoras는 대표적 소피스트 철학자인데, 그는 "인간은 만물의 척도"라는 유명한 말을 남겼다. 그는 진리가 개인의 관점에 따라 달라진다고 했다. 예를 들어, 어떤 사람은 라면을 매우 좋아하고 어떤 사람은 싫어한다. 특별히 좋아하지도 않고 싫어하지도 않는 사람도 있다. 따라서 '라면은 맛있다' 혹은 '라면은 맛없다'라는 말은 진리가 될 수 없다. 각자의 경험과 감각에 기반한 판단이기 때문이다.

소피스트의 상대주의는 기존의 관습이나 제도·종교·철학을 다시 생각하고 비판할 기회를 제공했다. 자연철학자들처럼 개인적 생각에 머물지 않고, 토론을 통해 결론을 도출하는 문화도 뒤따랐다. 소피스트에게 배운 젊은이 사이에 '소피스트 계몽운동'이 번진 것은 이런 바탕에서였다.

다양한 공론의 장은 민주주의의 중요한 조건이다. 프로타고라스는 사람마다 의견이 다르므로 그중에서 가장 많은 견해가 중요하다고 주장했다. 소수가 지배하는 정치 체제는 정당성이 없다고도 했다. 프로타고라스는 민주주의의 기본 원칙인 다수결 원칙의 중요성을 설파한 것이다.

상대주의적 사고는 심각한 문제를 내포하고 있다. 모든 것이 상대적이라면, 공동체를 유지하는 도덕적 기준은 어디에서 찾아야 하는가? 절대적인 도덕이 없으므로 수단과 방법을 가리지 않고 자신의 이득만 취하는 길로 빠질 위험도 있다. 인간의 생각으로 머릿속에서 만들어지는 진리도 결국은 상대적이므로 굳이 탐구할 필요가 없다.

또 세상의 근원을 찾으려 한 자연주의 철학자 중 누가 성공했는가? 성공한 사람이 있는가? 소피스트들로 인해 진리에 대한 회의

주의도 본격적으로 발생했다. 회의주의는 전에도 존재했으나 소피스트들로 인해 더욱 강해졌다. 프로타고라스는 "세상이 존재하는지 존재하지 않는지 모르겠으며, 그것을 알기에는 인생이 너무 짧다"라고 말했다. 진리는 사람의 능력으로는 알 수 없다는 불가지론不可知論이다. 그는 신이 생활의 중심이었던 아테네인들에게는 명백한 이단이었다. 결국 고발당해 추방되고 그의 책들은 모두 불태워졌다.

알아본 바와 같이 소피스트들의 사상은 현대적 맥락에서 재해석할 내용들이 분명히 있다. 하지만 그 사상이 내포한 극단적 상대주의와 도덕적 허무주의는 경계해야 할 위험이다. 개인의 다양성을 인정하면서 공동체의 가치를 지키는 것, 상대주의적 사상의 장점을 취하면서도 그 한계를 인식하는 것, 그리고 '말의 힘'을 인정하면서도 진실이 왜곡되지 않도록 경계하는 것, 이 모두 민주주의 사회가 소피스트들로부터 배워야 할 교훈일 것이다.

불행하게도 고대 아테네인들은 그렇게 하지 않았다. 민회에서 결정된 사항은 대부분 합리적 판단보다는 상대에 대한 증오와 대립에 근거한 것이었다. 반대파와 정적을 제거하는 데만 혈안이 되어 터무니없는 결정들을 내렸으며, 반대를 위한 반대만 일삼았다. 이런 일은 오늘날 민주 국가라는 나라에서도 똑같이 일어나지만, 아테네의 경우는 너무 심해서 멸망을 재촉하는 결정적 원인이 되었다.

대표적 사건이 기원전 406년에 발생했다. 그해 아테네는 국력이 피폐해져 바람 앞의 등잔불 같은 상황에서 스파르타와 최후의 해전을 벌여야 했다. 170척의 스파르타 해군에 맞선 아테네는 승무원이 거의 없는 초라하고 작은 배 40척이 전부였다. 아테네는 우여곡절 끝에 주변 도시 국가로부터 110척을 한 달 사이에 끌어모았다.

그러나 오합지졸이라 질 것이 뻔했다. 장군들은 추후 패전 책임을 추궁당하지 않으려고 아무도 사령관으로 나서지 않았다. 결국 8명의 장군이 공동으로 사령관을 맡는 기이한 지휘부를 구성해 전쟁터로 나갔다.

그런데 기적이 벌어졌다. 아르기누사이Argiousae 제도 전투에서 아테네 함대는 고작 25척의 전함만 잃으며 스파르타 함대의 66퍼센트인 77척을 수장시키는 대승을 거뒀다. 스파르타 해군은 폭풍우 덕분에 아테네 함대의 추격을 겨우 따돌렸으나 궤멸 수준이었다. 그 직후 이해할 수 없는 일이 벌어졌다. 승전 축제를 벌여도 부족할 판인데 아테네는 큰 논란에 휩싸였다. 격침당한 전함의 병사를 구출하지 않았다는 이유로 장군들이 고발된 것이다.

격침당한 전함 25척 중 12척이 완전히 침몰하지 않아 병사 1000여 명이 잔해를 붙들고 바다를 표류했다. 바다에는 폭풍우가 심하게 몰아치고 있었다. 장군들은 6제곱킬로미터의 넓은 바다에 흩어진 병사를 구할 수 없었다. 구조를 포기해야 했다. 민회에 고발당한 장군들은 전쟁터에서 서신을 통해 이런 사실을 변론하면서 문제가 있다면 2명의 민간인 선장에게 책임이 있다고 썼다. 그런데 표적을 잘못 잡았다. 그 선장들은 소피스트들에게 교육받은 궤변의 달인들이어서, 발 빠르게 아테네로 달려가 죽은 병사들의 가족들을 선동했다.

배심원들은 폭풍우로 구조가 불가능했다는 장군들의 변론에 대부분 동의했다. 그러나 선동에 넘어간 대중의 협박으로 나중에는 모두 '사형'에 찬성표를 던졌다. 500명의 배심원 중 최후까지 대중의 협박에 굴하지 않고 반대표를 던진 사람은 단 1명이었다. 소크라테스였다.

이 사건으로 8명의 장군 중 1명은 공금을 유용한 죄, 5명은 승리한 병사를 구조하지 않은 죄로 처형되었고, 2명은 전쟁터에서 망명했다. 어리석게도 아테네는 바람 앞의 등불 같은 중요한 시기에 스파르타와 싸울 유능한 장군들을 모두 잃었다. 그리고 곧 재판을 후회했다. 그 대신 사건의 책임을 정적들에게 돌리는 데 또다시 혈안이 되어 정쟁을 벌였다. 가관인 것은, 전력을 크게 상실한 스파르타가 먼저 제안한 평화 협정을 호전적인 선동가들이 부추겨 민회에서 거부했다는 사실이다. '평화보다는 완전한 승리가 낫다'는 이유였다. 궤변의 승리였다. 결국 1년여가 지난 기원전 404년 아테네는 스파르타에 패하면서 찬란했던 황금 시대의 막을 내렸다.

그리스에서 잠시 타올랐던 민주주의의 횃불도 소피스트들이 키운 선동가들의 중우衆愚 정치로 꺼지고 말았다. 그 후 2200여 년 동안 그리스는 마케도니아, 안티고노스 왕조, 로마 제국, 비잔티움 제국, 오스만 제국의 영토에 속지로 연명하며 큰 국가나 문명을 일구지 못하다가 19세기에 들어와 겨우 독립했다.

소크라테스 – 질문으로 세상을 깨우다

소크라테스는 기원전 470년경 태어나 기원전 399년에 죽은 아테네의 철학자다. 아테네가 스파르타에 패망한 지 5년 후에 시민의 고발로 재판받고 사형당했다. 그의 삶은 소피스트들의 전성기이자 아테네 민주주의의 쇠퇴기와 겹친다. 그의 철학은 소피스트의 잘못을 비판하는 것에서부터 시작했다고 볼 수 있다. 하지만 평생 한 줄의 글도 남기지 않았기 때문에 그가 정확히 어떤 철학 사상을 가졌는지 논란도 있다. 이를 '소크라테스의 문제'라고 부른다.

소크라테스라는 인물과 사상은 동시대 사람들의 기록을 통해서 유추할 수밖에 없는데 서로 충돌하는 내용도 있다. 그러나 제자인 플라톤Platon의 저작들이 가장 신빙성 있게 그의 철학을 기록하고 있다는 것이 일반적이다. 소크라테스는 석공인 아버지와 산파인 어머니 사이에서 태어났다. 그도 젊은 시절 석공으로 일했으며, 이를 위해 기하학과 건축학 등을 배웠을 것이다. 우수한 건축술과 조각 예술을 보유한 그리스에서 석공은 꼭 필요한 직업의 하나였다. 따라서 경제적으로 안정된 삶을 살았을 것으로 추정된다.

다부진 체격에 외모는 추했다고 전해지는 소크라테스는 40대에 두 차례를 포함해 모두 세 번에 걸쳐 중무장 보병으로 징집됐다. 당시 그리스 시민은 자비로 군장을 준비했다. 중무장 보병 장비를 갖추려면 어느 정도 재산이 있어야 가능했다.

그의 나이 40세쯤에 어떤 사람이 아테네에서 서북쪽 180킬로미터 떨어진 델포이 신전에서 "소크라테스보다 더 많이 아는 사람이 있는가?"라며 신탁을 구했다. 신전 사제는 "없다"고 대답했다. 아테네인들이 숭배한 아폴론 신을 모신 델포이 신전은 아테네와 멀리 떨어졌는데도 예언을 들으러 온 사람이 많았다. 이를 '신탁을 구한다'고 했다. 소크라테스는 자신이 정말로 많이 아는 사람인지 확인하기 위해 지혜롭다는 사람 여럿을 찾아갔다. 그가 내린 결론은 "그들도 나처럼 아는 것이 없다"는 것이었다. 똑같이 무지하다는 것이었다. 단 한 가지, 소크라테스가 그들보다 더 알고 있는 것이 있었다. 바로 "나는 내가 무지하다는 것을 알고 있다"였다. 그는 델포이 신전의 사제가 왜 자신이 다른 사람보다 더 많이 알고 있다고 말했는지 이해했다. 여기서 말하는 '무지'는 무식하다는 뜻이 아니다.

신들이 가진 불변의 지혜를 갖추지 못했다는 뜻이다.

소크라테스는 사람들이 '안다고 하는 것' 혹은 '지식'이라는 것은 감각에 의존하므로 개인들의 '의견doxa'에 불과하다고 생각했다. 의견은 진리에 대한 '앎'이 아니라고 본 것이다. 그는 자신의 무지를 인정하는 것이 진정한 지혜의 출발점이라고 믿었다. 진리를 알고 있는가보다 거기에 이르는 방법과 과정이 더 중요하다고 생각했다. "나는 내가 아무것도 모른다는 것을 안다." 이 역설에 소크라테스 철학의 핵심이 담겨 있다.

소크라테스는 석공을 그만두고 아폴로 신전에 새겨진 '너 자신을 알라'를 실천하기로 했다. 먼저 아테네 시민, 특히 젊은이들을 설득하기 시작했다. 소피스트들이 퍼뜨린 상대주의와 회의주의 사상이 잘못되었음을 아테네 시민에게 알려 개인의 도덕뿐만 아니라 공동의 덕도 회복시키고자 했다. 소피스트들에 의하면, 언어는 말하는 사람의 주관이나 감정의 지배를 받으므로 상대적일 뿐이다. 따라서 같은 문장이라도 다르게 해석할 수 있으므로 사람 사이의 진정한 소통은 불가능하다고 보았다.

나아가, 언어로 표현되는 사실(명제)들도 참인지 거짓인지 판단할 수 없다고 주장했다. 한마디로 객관적 진리는 없다는 것이다. 소크라테스는 이런 사상이 아테네 사람들의 도덕을 타락시킨다고 생각했다. 궤변은 무지가 원인이라고 보았다. 모든 것이 상대적이라는 소피스트와 달리 소크라테스는 절대적인 무언가를 찾으려 했다.

그는 인간은 상대적이지 않으며, 보편·타당하고 객관적으로 판단할 수 있는 능력이 있다고 결론내렸다. 그 능력은 바로 '이성理性'이다. 인간은 이성을 공유할 수 있으며, 이성을 통해 소통할 수 있다고 주장했다. 이성적 사고를 통해 '앎'을 얻으면 덕이 생긴다고 했다. 악덕은 사람 자체가 나빠서가 아니라 알지 못하는 데서 비롯된다고 설명했다. 악은 '의지의 문제'가 아니라 '무지의 문제'라는 것이다.

또 진정으로 알게 되면 저절로 실천하게 된다고도 했다. 수영할 줄 알면 의식하지 않아도 헤엄칠 수 있는 것에 비유할 수 있다. 소크라테스는 스스로 되묻지 않는 삶은 무가치함을 강조했다. '나는 지금 좋은 상태, 즉 덕을 알고 있는가?'를 끊임없이 되물어야 한다고 말했다. 스스로 되묻는 과정을 소크라테스는 자신의 영혼을 돌보는 일이라고 주장했다.

소크라테스는 이성을 강조하면서도 다른 한편으로는 신령스러운 존재인 다이몬daimon이 들려주는 영혼의 소리를 듣는다고 했다. 다이몬은 선하지도 악하지도 않은 그리스의 하급 정령이지만, 훗날 기독교에서 악마demon 혹은 악령을 의미하게 되었다. 소크라테스가 다이몬의 소리에 의지했다는 사실은 그의 마지막 재판 고발장에도 들어 있다.

그는 인간의 육체는 껍데기일 뿐이며 오직 영혼만이 영원하다고 생각했다. 육체의 감각은 영혼의 진리 탐색을 방해한다고 말했다. 이를 극복하려면 감각이 만든 여러 오류를 이성적 사고로 제거해야 한다고 덧붙였다. 영혼과 육체가 분리되어 있다는 소크라테스의 이원론적二元論的 사고는 서양의 철학과 종교에 큰 영향력을 미쳤다.

소크라테스는 자신의 이와 같은 생각들을 아테네 시민들에 전하고 무지를 일깨워 주기 위해 산파술 혹은 논박술이라는 문답식 방법을 사용했다. 산파술은 계속 질문을 던져 상대의 마음속 잠든 진리를 스스로 깨우치게 하는 방법이다. 산파는 산모의 출산을 도와줄 뿐 스스로 아기를 낳지는 않는다. 소크라테스는 산파인 어머니를 보면서 이 방법을 착상했다.

논박술은 상대가 가장 자신 있다고 생각할 질문을 던지고, 그 답을 반박하는 방법이다. 그렇게 하다 보면 상대방은 자신의 무지를 깨닫게 된다고 한다. 다음이 논박술의 본보기일 것이다.

불경죄로 아버지를 고발하려는 에우티프론에게 소크라테스가 물었다.
소크라테스: 경건함이란 무엇인가?
에우티프론: 경건함이란 신이 좋아하는 것이지.
소크라테스: 그렇다면 신들도 서로 다투는데, 어느 신이 좋아하는 경건함인가?

이처럼 소크라테스는 질문을 통해 상대방 생각의 모순을 드러내게 했다. 상대를 곤란하게 하려는 것이 아니라, 자신이 잘 알고 있다고 생각한 개념이 오류임을 깨닫게 할 목적이었다. 그러나 대부분 사람은 그렇게 받아들이지 않은 듯하다. 말문이 막힌 상대는 화를 내거나 부끄러워하는데, 이를 아포리아aporia라고 했다. 소크라테스도 자신을 "신이 아테네에 보낸 등에와 같다"라고 표현했다. 등에(쇠파리)는 말이나 소에 달라붙어 피를 빨아먹으며 귀찮게 구는 벌레이다. 문제는 너무 많은 사람에게 질문을 퍼붓고 그들을 아는 게 없는 사람으로 만들었다는 점이다. 게다가 소크라테스는 문답은 했으나 답을 제시하지는 않았다.

사람들은 소크라테스가 유도 신문으로 자신들을 함정에 빠뜨렸다고 생각했다. 사실 그가 던지는 질문의 단골 주제는 정의, 용기, 덕, 경건함 등으로, 금방 답하기 어려운 추상적인 개념들이다. 이런 주제에 답하지 못했다고 무지하다고 말하는 것은 지나친 면이 있었다. 아무튼, 그의 방식은 많은 이들, 특히 아테네의 유력 인사들을 불편하게 만들었고 점점 더 적이 많아졌다.

스파르타에 패망한 이후에도 정쟁을 계속하던 아테네는 책임 소재를 물을 희생양이 필요했다. 망한 나라에서 더 이상 이득을 얻을 게 없게 된 외지 출신 소피스트들은 이미 다 떠나고 없었다. 그 대신 그들처럼 논리적으로 말을 잘했던 소크라테스가 희생 제물이 되었다. 죄명은 다이몬과 같은 잡신을 믿어 신을 모독했다는 불경죄와 궤변으로 젊은이들을 타락시켰다는 두 가지였다.

어찌 보면 사형 판결은 그가 자초한 면도 있다. 죄의 유무만 결정하는 1차 재판에서는 찬반이 281 대 220으로 차이가 크지 않아 사형까지 가지 않을 수도 있었다. 그런데 형량을 정하는 2차 재판에서 선처를 구해도 부족할 판에 그는 배심원들을 자극했다. 스스로 형량을 제안해 보라고 하자, 자신은 아테네 시민의 정신을 고양했기 때문에 국가 유공자로 평생 급료를 받고 영빈관에서 사는 선고를 받아야 하는데, 친구들이 자꾸 권유하니 마지못해 벌금형으로 하겠다고 말했다. 1차에서 무죄로 판단한 배심원까지 대거 돌아서면서 360 대 141로 사형이 선고됐다. 그는 철학을 포기하면 석방해 주겠다는 제안도 받았다. 그러나 "음미하지 않는(스스로 되묻지 않는) 삶은 가치가 없다"며 거절했다.

차나 커피를 마실 때 우리는 단번에 삼키지 않는다. 천천히 맛과 향기를 감상하며 입안에서 조금씩 머금다가 마신다. 소크라테스가 말한 '음미'는 우리가 알고 있다고 믿는 지식도 수시로 검증해 보고 질문을 던지라는 의미이다. 습관적이고 맹목적인 삶이 아니라, 끊임없이 스스로 되묻고 성찰하는 삶이 가치 있다고 강조한 것이다.

소크라테스의 마지막 순간을 보여 주는 가장 중요한 자료는 플라톤의 '대화편'《파이돈Phaedon》이다.《파이돈》에는 소크라테스가 독배를 마시고 죽음을 맞이하는 과정이 상세히 묘사되어 있다. "악법도 법"이라는 말은 자신에게 내려진 처벌을 받아들이는 소크라테스의 담담한 태도를 설명하기 위해 후대 사람들이 지어 낸 것으로 보인다.

독배가 도착하기 전 소크라테스는 제자들과 철학을 토론했다. 독배가 도착하자 소크라테스는 간단히 기도한 후 곧 마셨다. 독미나리즙을 마신 후 몸의 반응을 관찰하며 제자들에게 고통스럽지 않다고 안심시킨 그는 죽기 직전 친구 크리톤Criton에게 "아스클레피오스에게 수탉 한 마리를 빚졌으니 갚아 달라"고 말했다. 동시에 다리는 무거워지고 경련이 시작됐다. 그는 눕혀 달라고 했고 곧이어 마지막 순간을 맞았다.

소크라테스의 죽음은 서양 철학의 시작이었다. 인간이 철학의 중심에 놓이게 되었다. 그는 삶이 무엇인가를 이성적 잣대로 말하며, 훌륭한 삶을 살기 위한 개념을 분석했다. 윤리학을 철학의 영역에 포함한 것이다. 무엇보다도 가장 큰 업적은 서양 철학의 기초를 쌓은 걸출한 제자들을 배출한 것이다. 플라톤의 제자 아리스토텔레스Aristoteles의 사상은 후대의 수많은 철학자와 사상가들에게 영향을 미쳤고, 그 메시지는 오늘날 우리에게도 전달되고 있다.

플라톤 – 이데아

평민이었던 소크라테스와 달리, 플라톤은 기원전 427년경 아테네의 귀족 가문에서 태어났다. 20세에 소크라테스를 만났다. 정치가를 꿈꾸던 그는 스승을 만나게 해준 데 대해 신에게 감사한다고 언급할 만큼 소크라테스를 존경했다. 하지만 스승이 부당하게 사형 당하자 정치가의 꿈을 접었다. 가장 지혜롭고 정의로운 사람을 죽인 아테네의 민주 정치에 실망한 그는 "너의 영혼을 돌보라"고 한 스승의 극적인 삶과 영혼이라는 개념을 연구하기 위해 철학의 길로 들어서기로 결심했다. 그는 그리스 최초의 대학이라 할 수 있는 아카데미아Akademia를 설립했다. 입구에 "기하학에 대한 지식이 없는 자는 이 문에 들어서지 못한다"라는 문구가 있었다고 한다. 이곳에서 그는 철학을 연구하고 가르치며 스승의 사상을 발전시켰다.

그의 대표적인 저작은 '대화편'이다. 등장인물들이 대화를 통해 철학적 주제를 탐구하는 내용이다. 스승 소크라테스의 문답식 방법을 따른 것이다. 플라톤은 최초로 그리스의 철학 시대를 연 이오니아의 자연철학자들, 소피스트들, 그리고 소크라테스의 인간에 대한 사상을 하나로 통합하려는 원대한 구상을 품었다. 그 결과로 나온 것이 '이데아idea'이다. 플라톤의 이 생각은 소크라테스가 소피스트들의 궤변을 반박한 것에서 출발했다.

소피스트들은 "진리는 사람마다 다르므로 상대적"이라고 했다. 또 "진리가 있다고 해도 알 수 없으며, 그 사실을 남에게 전달할 수도 없다"라고 했다. 소크라테스는 이를 강하게 반박했으나 구체적인 대안은 제시하지 않은 채 세상을 떠났다. 플라톤은 이에 대한 답을 생각했다. 그는 진리나 세상의 본질은 눈으로 보거나 귀로 듣는 등의 감각에 바탕을 둔 경험으로는 찾을 수 없다고 보았다.

경험은 시시각각으로 변하고 사람마다 각기 다르므로 누구나 인정하는 '세상이 존재한다는 것' 자체에서 찾아야 한다고 보았다. 플라톤의 설명을 요약하면 이데아는 '세상 만물의 '본질'이며, '존재하는 근거'이다. 좀 더 알아보자.

첫째, 이데아가 세상 만물의 본질이라는 말은 무슨 뜻일까? 의자를 예로 들어보자. 우리는 일상생활에서 다양한 의자를 본다. 나무로 만든 의자, 플라스틱 의자, 팔걸이가 있는 의자, 등받이가 없는 의자 등 수많은 종류와 형태의 의자가 있다. 이들 의자는 모양과 재질이 다르지만 모두 '의자'라는 공통점이 있다. 그런데 의자의 일부 혹은 전부를 불태워 없애버린다고 해서 의자라고 부르는 사물의 개념이 완전히 사라질까? 그렇지 않을 것이다. 의자라는 근본적인 성질, 즉 본질은 없앨 수가 없을 것이다. 그것이 무엇인지를 꼬집어 말하기는 어렵지만, 의자라는 어떤 이상적인 형태, 형상, 개념은 변치 않고 항상 존재한다. 플라톤은 이처럼 우리가 볼 수 있는 모든 사물은 저마다 본질적 원형을 가지고 있으며, 그것은 사라지지 않고 영원히 이 세상에 존재한다고 보았다. 의자의 경우 그것이 '의자의 이데아'이다.

물건뿐만 아니라 추상적인 개념에도 이데아가 있다. 아름다운 꽃, 아름다운 그림, 아름다운 사람 등등. 이처럼 아름다움은 형태와 대상이 다르지만, 모두 '아름다움'이라는 공통의 본질이 있다. 그것은 '아름다움의 이데아'이다. 아름다운 꽃이 시들어 없어진다고 해서 이 세상에서 아름다움이라는 개념 혹은 본질이 사라지는 것은 아니다. 없어지는 것은 감각과 경험에 의존하는 현실 세계의 꽃이지, 꽃이 지닌 아름다움이라는 본질 자체가 없어지지는 않는다는 것이다. 또 다른 예를 들어보자. 기하학의 공리에 의하면 '점'은 위치만 있고 크기는 없다. 공리란 증명이 필요 없이 누구나 인정하는 원리이다. 그런데 현실 세계에서는 '점'이라는 것이 존재하지 않는다. 아무리 작게 점을 찍어도 면적이 생기기 때문이다. 현실 세계에 없는 이 이상적인 점이 바로 '점의 이데아'이다.

'의자', '아름다움', '점'의 예에서 보듯이, 그것들의 이데아는 영원히 변치 않는 사물들의 원형 또는 이상적인 형태이기 때문에 끊임없이 변하는 현실 세계에서는 볼 수 없다. 그렇다면 우리가 보는 의자, 우리가 느끼는 아름다움, 우리가 인식하는 점과 같은 현실 세계의 사물과 현상들은 도대체 무엇일까? 가령, 각각의 의자들은 다양한 형태와 서로 조금씩 다른 성질을 가지고 있다. 아름다움도 대상이 무엇이냐에 따라 느끼는 바가 다르며, 그 정도도 각기 다르다.

플라톤에 의하면, 우리가 눈으로 보고 접하는 현상이나 사물들은 그 영원한 형태인 이데아의 일부 표현에 불과하다. 예를 들어, 다양한 형태의 아름다움은 '아름다움의 이데아'를 부분적으로 반영한다는 것이다. 그래서 이 꽃은 매우 아름답고 저 꽃은 조금 덜 아름답다. 마찬가지로 현실 세계의 모든 의자는 '의자의 이데아'가 가지고 있는 본질이나 형태 중 일부분을 나누어 받아 임시로 나타난 것에 불과하다. 일부 성질을 임시로 받았기 때문에 현실 세계의 등받이 의자나 회전 의자는 의자의 보편적 형태 중에서 특정한 모양만 가지며, 완벽하지 않고 영원하지도 않다. 그래서 언젠가는 썩어 없어진다. 완벽하고 영원한 것은 '의자의 이데아'라는 본질뿐이다.

둘째, 이데아가 세상 만물이 존재하는 근거라는 말은 무슨 뜻일까? 플라톤은 이데아가 사물의 근본적인 성질, 즉 본질이라고 했다. 그런데 성질 혹은 특징이 없는 사물이라는 것이 있을 수 있을까? 모든 사물은 그것이 좋건 나쁘건 어떤 성질이나 특징을 지니고 있다. 그것이 없으면 사물이라고 할 수 없다. 따라서 사물의 본질인 이데아가 없다면 세상이 존재할 근거도 없어진다는 것이 플라톤의 설명이다.

이렇게 설명해도 플라톤의 이데아는 여전히 이해하기 어렵다. 그 자신도 이를 느꼈는지 비유로밖에 설명할 수 없다고 했다. 플라톤의 '대화편'《국가Politeia》에 나오는 유명한 '동굴의 비유'를 살펴보자.

어두운 동굴 속에 매우 어릴 때부터 묶여 있는 죄수들이 있다. 죄수들은 목도 움직이지 못하게 묶여 있어 동굴 안쪽 벽면만 볼 수 있다. 동굴 입구에서 희미한 빛이 들어와 그 벽을 비춘다. 죄수들은 벽 앞을 오가는 간수나 사물의 그림자가 벽에 드리운 것을 세상의 모습이라고 믿는다.

어느 날 사슬이 풀린 죄수 하나가 뒤를 보게 된다. 그는 그림자를 만들었던 사물들을 보고 처음에는 그것들이 실제 세상이라는 사실을 믿지 않는다. 그러나 동굴 밖에 나가서야 자신이 보아 온 것은 그림자였으며 실제 세계가 아니라고 인정한다. 그리고 마지막으로 태양을 보고 그것이 모든 것의 원인이었음을 깨닫는다. 플라톤에 의하면, 현실 세계도 이와 같다. 우리가 사는 세상은 수시로 변하는 감각에 의존해 인식하는 불완전한 세계이므로 죄수들의 동굴 벽에 비친 그림자와 같다.

우리는 그것을 알아채지 못한다. 그것을 알아차리려면 죄수처럼 진짜 세계를 보고 깨달아야 한다. 플라톤은 완전하고 변치 않는 진짜 세계의 이데아는 이성理性으로만 인식할 수 있다고 했다.

중요한 점이 하나 더 있다. 플라톤은 세상을 현실 세계와 이상 세계로 구분했다. 앞서 소크라테스가 영혼과 육체를 분리해서 본 것처럼 플라톤도 이원론적 세계관을 가지고 있었다. 중세 말부터 근세 초기의 서양 철학과 기독교에 뿌리 깊게 자리 잡은 이원론적 사고는 소크라테스와 플라톤의 영향이 적지 않았다.

하지만, 플라톤은 자신의 이데아 이론이 완벽하지 않음을 점차 깨달았다. 가령, 오물처럼 더러운 것, 날강도 같은 범죄 행위에도 이상적 본질인 이데아가 있을까? 또, 세상에서는 '이것이 본질이다'라고 분명하게 말할 수 없는 애매한 요소들도 있지 않은가? 플라톤은 이데아 자체보다는 도덕과 윤리를 더 많이 탐구하기 시작했다.

그는 이 세상에 있는 수많은 이데아는 독립적으로 있지 않으며, 위와 아래의 질서 구조가 있다고 보았다. 때에 따라서는 어떤 이데아는 다른 이데아들을 포함한다. 플라톤은 이와 같은 다양한 이데아들의 구조에서 가장 위에 '선善(착함)의 이데아'가 있다고 했다. 그리고 모든 이데아는 최상의 가장 높은 상태인 '선의 이데아'로 향하는 목적성이 있다고 했다. 한마디로, 세상 삼라만상의 본질인 이데아들은 아무 목적 없이 널브러져 있지 않다는 것이다.

따라서 인간이 이 세상에 존재하는 참된 의미가 있으려면 이성을 통해 이데아 중 가장 높은 위치에 있는 '선의 이데아'를 깨달아야 한다고 주장했다. 그에게 '도덕'이란 단순한 규칙이 아니라 '선의 이데아'를 찾는 과정이다. 영혼의 가장 높은 형태인 이성이 감정(혹은 욕망)을 잘 다스리고, 우리의 마음 각 부분이 제 역할을 다하는 상태를 도덕이라고 했다.

플라톤은 무지는 이데아와 현실을 혼동하는 데서 비롯되며 영혼을 어지럽힌다고 했다. 따라서 도덕적 악에서 벗어나려면 세상이 무엇인지에 대한 올바른 지혜를 가지도록 노력하는 것이 필요하다고 보았다.

철학과 형이상학

철학은 모든 학문 중에서도 가장 포괄적인 분야로, 존재·지식·가치·이성·마음·언어 등에 관한 근본적인 질문을 탐구하는 분야이다. 다른 문명권에서도 이러한 주제들을 다루었으나 다른 학문, 예컨대 종교나 특정 사상의 한 부분으로 취급되는 경우가 많았다.

반면, 서양에서는 철학이 하나의 학문으로 자리 잡으며 체계적으로 발전했다고 볼 수 있다. 이러한 전통은 고대 그리스에서 시작되었다. 흔히 철학과 형이상학을 혼동하는 경우가 많은데, 엄밀히 말하자면 형이상학은 철학의 한 분야라고 볼 수 있다.

형이상학Metaphysics은 존재存在와 실재實在의 본질에 관해 탐구하는 학문이다. 세상에 존재하는 것들이 무엇인지, 그 본질은 무엇인지, 그들의 관계는 무엇인지 등에 관한 질문을 다룬다. 원래 이 용어는 그리스어의 메타Meta(뒤)와 푸지카Fusika/Physica(자연학)의 합성어이다.

아리스토텔레스는 존재의 근본을 연구하는 부문을 '제1 철학', 동물과 식물 등을 연구하는 부문을 '자연학'이라 불렀다. 후대 학자가 그의 저작을 정리, 편집할 때 제1 철학의 내용을 자연학 뒤에 배치해 메타푸지카Metaphysica라는 용어가 쓰이게 되었다.

제1 철학의 주요 주제는 존재론, 시간과 공간, 인과관계, 가능성과 실제성, 정체성 등이었다. 플라톤(이데아론)과 아리스토텔레스(존재론, 실체, 본질, 가능태와 실제태 등), 그리고 이들 직전의 파르메니데스(존재론, 인식론)가 당시 이를 탐구한 대표적인 철학자들이다.

메타푸지카라는 용어의 동양어 번역인 형이상학形而上學은 《주역周易》의 〈계사繫辭〉에 나오는 구절로 "형상 위의 것을 도라 하고, 형상 아래의 것을 기라 한다形而上者 謂之道, 形而下者 謂之器"라는 구절에서 따왔다. 송나라의 성리학자 주희朱熹(주자)는 이를 인용해 형상의 위와 아래 것을 각기 기氣와 이理라고 해석했다(氣也者 形而上之道 理也者 形而下之道). 따라서 이 용어는 제1 철학(메타푸지카)의 의미와 정확히 일치하지 않는다. 서양의 철학은 형이상학 이외에도 인식론, 윤리학, 논리학, 미학, 정치철학 등을 포함하여 더욱 넓은 분야를 다루고 있다.

아리스토텔레스 – 형상과 질료

플라톤의 수제자 아리스토텔레스는 스승 못지않게 서구 철학에 큰 발자취를 남겼다. 플라톤이 다양한 아이디어로 철학의 기본 틀을 세웠다면, 아리스토텔레스는 이를 계승해 백과사전을 만들었다고 할 수 있다. 아리스토텔레스는 철학뿐만 아니라 서양 문명의 핵심인 과학 정신이 무엇인지 일깨워 준 위대한 지성이었다. 무엇보다도 그는 이성으로 빛난 고대 그리스 철학을 화려하게 마무리 지으며 집대성했다. 아울러 생물학, 물리학 등 우리가 과학이라고 부르는 여러 분야에 손을 대지 않은 영역이 없을 정도로 박식한 '만학萬學의 아버지'였다.

오늘날 어떤 학문 분야를 논하더라도 많은 경우 그의 옛 설명이 첫머리에 언급될 정도로 아리스토텔레스가 서양 문명의 지식에 미친 영향력은 지대하다. 아리스토텔레스는 그리스 중북부의 스타게이라Stagera라는 도시에서 기원전 384년에 태어났다. 이 도시는 당시 신흥 강국으로 부상하기 시작한 인근 마케도니아 왕국에 합병되었는데, 그의 아버지는 왕실 의사였다. 남쪽 출신인 어머니도 의사 집안 출신이었다. 아리스토텔레스는 어린 시절을 왕자와 소꿉동무로 지내며 궁정에서 자랐다.

그 왕자가 훗날 군사 개혁과 정복 전쟁으로 마케도니아를 그리스 최대 강국으로 키운 필리포스Philippos 2세, 즉 알렉산드로스 대왕의 아버지였다. 17세 때 아테네로 유학을 떠난 아리스토텔레스는 플라톤의 아카데미아에 들어가 그곳에서 스승이 세상을 떠날 때까지 20여 년 동안 공부했다.

플라톤의 제자이므로 학문적으로는 소크라테스의 손자인 셈이다. 플라톤은 그를 '아카데미아의 정신'이라고 할 정도로 아꼈다. 수제자였지만 아리스토텔레스는 플라톤의 이데아 이론을 비판하며 독자적인 사상을 발전시켰다. 스승의 정신은 이어받되 내용은 반대되는 철학 사상을 발전시킨 것이다. 그는 "플라톤은 소중한 벗이다. 그러나 진리는 더 소중한 벗이다"라는 취지의 말을 남겼다고 한다. 플라톤도 아리토텔레스와 많은 토론을 하며 제자의 의견을 자신의 후기 학설에 참고했다. 스승에 대한 존경과 진리 탐구에서 중요한 비판적 사고를 구분한 것이다. 이러한 자세는 이후 서양 철학과 과학 발전의 토대가 되었다.

플라톤의 뒤를 이어 당연히 아카데미아의 학두(교장)가 되어야 했던 아리스토텔레스는 반反 마케도니아 정서 때문에 아테네를 떠나야 했다. 이후 다른 도시 두 곳에서 몇 년을 보내다가 필리포스가 왕이 되자 마케도니아로 돌아가 왕자 알렉산드로스의 교육을 맡았다. 그러나 한 사람을 교육하는 것으로는 부족했던지, 50세가 된 기원전 335년 아테네로 복귀했다. 그리고 마케도니아 총독의 도움으로 아테네 교외에 '리케이온Lykeion(라틴어 Lyceum)'이라는 학교를 열고 12년간 제자를 양성하며 활발히 진리 탐구를 계속했다.

리케이온은 숲속 체육장 시설을 이용한 학교였기에 그는 제자들과 산책하며 토론을 즐겼다. 사람들은 그와 제자들을 이리저리 걷는 학자들이란 뜻에서 '소요학파逍遙學派'라고 불렀다. 알렉산드로스 대왕이 죽고 반 마케도니아 운동이 일어나 적국 인물로 지목된 아리스토텔레스는 소크라테스처럼 불경죄로 고발당했다. 죽음을 피해 아테네를 탈출한 그는 1년 후인 기원전 322년 62세에 위장병으로 세상을 떠났다.

아리스토텔레스는 이 세상 삼라만상을 실체와 속성으로 설명했다. 실체實體란 눈앞에 있는 현실 세계의 사물이나 사건이다. 가령 나무, 돌, 인간 등은 실체이다. 아리스토텔레스에 의하면 실체들은 다른 것에 의존하지 않고 각자 독립적으로 존재한다.

속성屬性은 문자 그대로 실체에 속해 있는 특징이나 성질, 상태 등을 말한다. 아리스토텔레스에 따르면 속성은 해당 사물과 함께 있어야 존재할 수 있다. 예를 들어, "공이 둥글다"라는 문장에서 '둥글다'는 '공'의 속성이다. 그런데 속성인 '둥글다'는 실체인 '공'이 없으면 존재할 수 없다.

실체와 속성은 분리될 수 없다는 아리스토텔레스의 관점은 스승 플라톤이 주장한 '이데아'의 개념과 상반된다. 플라톤은 모든 사물은 영원히 변치 않는 성질 혹은 형상인 '이데아'를 가지고 있다고 주장했다. 이데아는 우리가 감각으로 인식하는 세계 너머에 있다고 했다. 모든 사물에는 보이지 않는 이상적인 그 무엇이 별도로 존재한다는 것이다. 반면, 아리스토텔레스는 사물의 본질은 그 자신 안에 포함되어 있다고 했다. 우리는 감각을 통해 그것을 알 수 있으며, 눈에 보이지 않는 세계에 별도로 존재하는 것은 없다고 보았다.

이데아라는 어려운 개념을 내놓은 스승 플라톤과 달리, 아리스토텔레스는 훨씬 현실적이고 이해하기 쉬운 설명을 제시했다. 아리스토텔레스는 플라톤의 '이데아'에 해당하는 것을 '형상eidos/form'이라고 불렀다. 그리고 이 형상이 나타나게 하는 원료를 '질료hyle/matter'라고 했다.

서울 광화문 네거리의 이순신 장군 동상은 처음엔 청동이라는 금속 덩어리였다. 이 청동 덩어리는 동상이 되기 전에는 '잠재적 가능성'만 있는 질료(물질)일 뿐이었다. 조각가가 청동을 녹여 동상을 만들면서 이순신 장군 동상이라는 의미 있는 실체가 모습을 드러냈다. 이것이 아리스토텔레스가 말하는 '형상'이다. 여기서 보듯이 질료는 형상의 원료이다. 질료인 청동 덩어리는 그 자체만으로는 별 의미가 없다. 마찬가지로 형상만으로는 이순신 동상이라는 실체가 존재할 수 없다. 형상과 질료가 하나로 함께 있어야 한다. 이는 플라톤이 현실 세계의 사물 너머에 이데아가 별도로 존재한다는 해석과 완전히 다르다.

한편 앞에서 설명했듯이, 소크라테스는 영혼과 육체, 플라톤은 이데아와 사물을 분리해서 보는 이원적 세계관을 제시했다. 반면 아리스토텔레스는 형상과 질료는 분리될 수 없다는 일원적一元的 세계관을 내놓았다. 서로 다른 이 두 개념은 앞으로 수천 년간 전개될 서양 철학의 양대 진영을 이루게 된다.

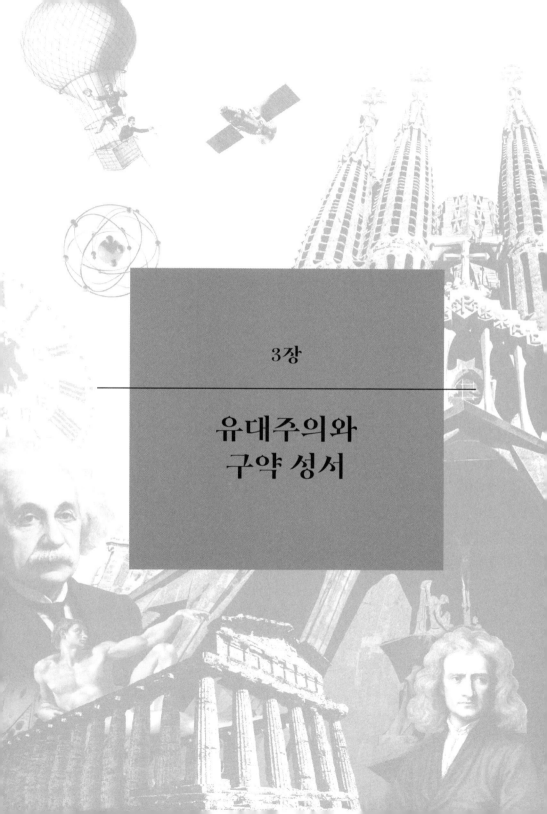

3장

유대주의와
구약 성서

헬레니즘, 문화의 용광로

아리스토텔레스의 가르침을 받은 알렉산드로스 3세는 '대왕the Great'이라고 불릴 만한 군주였다. 기원전 336년 아버지 뒤를 이어 마케도니아의 왕이 된 그는 그리스 도시 국가들을 제압하여 헬라스(그리스) 전역을 통합한 뒤, 서쪽의 소아시아와 남쪽의 이집트, 거대 제국이었던 동쪽의 페르시아도 평정했다. 뛰어난 군사적 재능을 발휘한 그는 한반도의 23배에 이르는 광대한 영토를 정복했다. 승리할수록 정복할 땅이 적어진다고 한탄한 그는 오리엔트를 지나 오늘날의 아프가니스탄과 우즈베키스탄, 타지키스탄, 투르크메니스탄에 이르는 중앙아시아 지역을 평정하고 인도 북서부의 편자브 지역에 진입하여 인더스강도 건넜다. 그는 진군을 계속하려 했지만 긴 원정에 지친 병사들이 반대해 그곳에서 멈추고 말머리를 돌렸다.

알렉산드로스 대왕은 단순한 정복자가 아니었다. 정복한 영토에서 펼친 여러 정책은 후대에 큰 영향을 미치며 세계사의 흐름을 바꾸었다. 무엇보다도 그는 그리스 문화를 정복지에 전파했다. 그리스어를 공용어로 사용토록 하고, 그리스식 도시 설립을 장려했다. 이집트에 건설한 도시 알렉산드리아는 나중에 헬레니즘 세계의 학문과 문화의 중심지가 되었다. 그는 '모든 세계인은 하나의 민족'이라는 만민동포 의식을 가지고 적극적인 혼혈 정책을 폈다.

일설에 의하면, 이집트를 정복한 뒤 자신이 필리포스의 아들이 아니라 테베의 주요 신이었던 암몬Amon의 아들이라고 선언한 것을 계기로 이 정책을 굳혔다고 한다. 그는 출생의 비밀이 밝혀졌다며 기념 주화까지 발행했다. 이런 혼혈 장려 정책은 동방의 문화와 그리스 문화를 융합하는 데 크게 이바지했다. 페르시아 정복 후에는 그곳 복장을 하고 페르시아 귀족의 딸들과 결혼했다. 부하 장군들에게도 현지 여성과의 결혼을 장려하면서 인종적·문화적 융합을 촉진했다.

혼혈 정책의 흔적은 오늘날까지도 남아 있다. 인도 북부 히말라야 남쪽에 사는 말라니Malani 족을 비롯한 일부 부족은 알렉산드로스 군대의 후손이라고 전해진다. 알렉산드로스는 현지의 지배자들을 처형하지 않고 관리로 임명하는 현명한 정책을 펼친 덕분에 반란 없이 안정적으로 제국을 통치할 수 있었다. 하지만 그는 원정 중이던 기원전 323년에 바빌로니아에서 32세의 젊은 나이로 요절했다. 원인은 명확하게 밝혀지지 않았는데, 말라리아나 장티푸스 등 급성병으로 사망한 것으로 추정된다. 일부 역사가는 과음 혹은 독살을 사망 원인으로 보기도 한다.

단기간에 대제국으로 성장한 마케도니아는 불과 13년 동안 왕위에 있었던 알렉산드로스가 죽은 후 분열되었다. 그의 부하 장군들, 즉 후계자들(디아도코이Diadochi)이 제국을 나누어 통치했다. 그가 뿌린 유산은 오리엔트 전역에서 오랫동안 지속되었다.

　알렉산드로스가 죽은 기원전 323년부터 로마 제국이 알렉산드로스의 후계자가 세운 마지막 왕국(프톨레마이오스 왕조의 이집트)을 패망시킨 기원전 31년까지 약 300년을 헬레니즘Hellenism 시대라고 부른다(학자에 따라 로마 제국이 고대 마케도니아 전체를 흡수한 기원전 146년을 종점으로 보기도 한다). 셀레우코스 제국(아나톨리아와 메소포타미아 지역), 프톨레마이오스 왕국(이집트 지역), 마케도니아 왕국(그리스 지역) 등이 알렉산드로스의 정책을 이어받아 그리스적 문화, 즉 헬레니즘 문화를 발전시켰다. 이 시대는 그리스인, 페르시아인, 이집트인 등 다양한 민족이 함께 교류하고 사는 다문화 세계였다. 상업과 교역이 활발해지면서 도시가 번영했고, 문화적 교류가 활발히 이루어졌다.

　그리스어가 여기서 중요한 역할을 했다. 동지중해와 중동, 북아프리카 지역의 공용어로 자리 잡은 코이네Koine라는 그리스어 방언인데, 헬레니즘 시대의 시작인 기원전 4세기부터 로마 시대인 서기 4세기까지 오리엔트 전역에서 널리 사용됐다. '코이네'는 그리스어로 '공통'이란 뜻으로, 말 그대로 공용의 언어라는 의미를 담고 있다.

　한 언어를 다른 문화권의 여러 사람이 외국어로 배울 때는 자신들의 언어에 맞추어 사용하는 과정에서 문법이 단순해지고 쉬운 형태로 변한다. 헬레니즘 시대의 '코이네'도 비슷한 과정을 거쳤기 때문에 문법과 어휘가 고전 그리스어보다 훨씬 쉽고 간단했다. 다양한 문화와 언어권의 사람들이 '공통의 언어'를 사용하면서 서로 활발한 소통이 가능해졌다. 각지의 주민들은 일상생활에서는 자신들의 언어를 사용했으나 상업, 행정, 교육 등 공적인 분야에서는 코이네 그리스어가 널리 사용되었다. 그 결과 학문과 예술, 문학, 철학 분야도 공통의 언어를 사용하며 다양한 문화를 녹여 냈다.

예를 들어 헬레니즘 시기에 크게 발전한 과학과 수학의 경우, 시칠리아의 아르키메데스Archimedes는 물리학과 수학에 큰 업적을 남겼고, 이집트의 에우클레이데스Eucleides(유클리드)는 기하학의 기초를 놓았다. 예술과 건축에서도 헬레니즘 시대는 사실적이고 감정 표현이 풍부한 양식이 발달한 시대였다. 이는 이어진 로마 시대와 훗날 르네상스 예술에 큰 영향을 미쳤다.

헬레니즘 시대를 대표하는 두 철학인 에피쿠로스 학파나 스토아 학파는 철학의 주제를 밖이 아닌 내 마음속 상태에 두었다는 공통점이 있다. 그러나 문제를 나 자신이 아닌 저 너머 외부의 신에게서 찾으려 했던 또 다른 중요한 사상도 이 시대에 나타났다. 헤브라이즘Hebraism이다. 히브리 민족의 문화를 전반적으로 지칭하는 용어인 헤브라이즘(히브리즘)은 유대주의라고도 한다. 헤브라이즘이 헬레니즘 세계에서 중요한 이유는 훗날 서양 문명의 종교로 발전한 기독교와 중동권의 주축 종교가 된 이슬람교의 모태이기 때문이다.

헬레니즘 시대의 히브리인들은 정치적으로 보잘것없는 소수였다. 그들의 종교는 영향력이 없었다. 유대교는 헬레니즘 시대 훨씬 이전에 팔레스타인 지역에서 시작됐다. 그러나 헬레니즘 시대에 이르러 종교로서 틀을 갖추고 주요 체계가 완성되었다. 헤브라이즘이 헬레니즘 시대에 꽃피우고 발전한 이유는 유대인의 상당수가 그리스 코이네어를 사용했고 그리스 문화의 영향을 크게 받았기 때문이다. 헬레니즘 사상은 유대교의 신학과 철학에 큰 영향을 주었다.

현존하는 구약 성서 판본 중 가장 오래된 '70인 번역본Septuagint(약칭 LXX)'은 기원전 300년경 알렉산드리아의 유대인들이 코이네 그리스어로 작성했다. 당시 상당수의 유대인이 그리스 코이네어는 구사했지만, 자신의 언어인 히브리어는 읽거나 쓰지 못했다. 따라서 자신들의 정체성을 지키기 위해 통일된 번역이 필요했다. 보다 후에 작성된 신약 성서의 주요 언어도 코이네어였다. 헤브라이즘(유대주의)을 좀 더 깊이 들여다보자.

유대주의(헤브라이즘)의 형성 과정

유대인이라 불리는 사람들의 기원은 오늘날의 이스라엘과 팔레스타인, 즉 옛 지명으로 '가나안'이라는 곳에 살았던 고대 히브리인으로 거슬러 올라간다. 뒤에서 살펴보겠지만, 이 말은 유대인이 고대의 히브리인을 조상으로 하는 단일 종족이라는 의미가 아니다.

고대 히브리인들은 가나안에서 셈계 언어를 사용하던 몇 그룹의 사람들이었다. 히브리인의 기원과 역사를 서술하는 것은 매우 민감한 문제이다. '히브리 성서'에 기록된 정통 신앙의 설명과 고고학이나 문헌학(서지학書誌學)으로 밝혀진 역사적 사실 사이에 차이가 있기 때문이다.

'히브리 성서'란 유대교의 핵심 경전인 타나크Tanak 혹은 기독교의 구약 성서를 중립적 입장에서 부르는 명칭이다. 이 두 경전은 원칙적으로 같은 내용이다. 편집 방식 및 중요치 않은 소수의 추가 문헌이 있고 없고의 차이만 있을 뿐이다. 《쿠란》을 경전으로 삼는 이슬람교도 교리는 히브리 성서의 핵심인 토라Torah(기독교의 모세 오경)와 뿌리를 같이 하고 있다. '알라'란 이슬람교의 특별한 신이 아니라 원래 아랍어로 '신'을 뜻하는 보통명사로, 유대교나 기독교의 야훼나 하느님과 원칙적으로 동일하다. 다만 이슬람에서는 현재의 히브리 성서는 원본이 왜곡되어 있으므로 뒷부분과 일부 내용을 신뢰할 수 없다고 주장한다.

그러나 유일신 신앙과 아담과 이브, 노아의 방주, 선조 아브라함을 모시는 점, 모세의 율법 등 근본 내용은 유대교, 기독교, 이슬람교가 동일하다. 세 종교의 차이점은 유대교에서 파생되어 분가한 기독교와 이슬람교가 각기 서기 1세기와 7세기에 일어난 사건을 덧붙여 추가로 해석하는 부분에 있다.

오늘날 세계 인구의 60퍼센트는 아브라함계 종교 신자다. 이처럼 막강한 영향력을 유지하고 있는 세 종교의 모태인 헤브라이즘의 성립 과정을 살펴보자.

'히브리 성경'에 따르면, 히브리인은 메소포타미아의 남부 도시 국가 우르에서 가나안 땅으로 이주한 아브라함의 후손이다. 아브라함은 두 아들을 뒀다. 장남 이스마엘은 아랍인의 시조이며. 차남이자 적자인 이삭은 이스라엘인의 조상이다. 이삭의 아들 야곱은 아들이 12명이었는데 이들이 이스라엘 12지파의 조상이라고 한다. 성서에는 야곱과 열두 아들의 가족이 가나안 지방의 기근을 피해 이집트(애굽)로 이주했다고 기록되어 있다. 야곱의 후손들은 이후 400여 년 동안 이집트에서 노예로 살다가 모세의 지도 아래 홍해를 건너 이집트에서 탈출했다. 모세는 이들을 이끌고 40여 년 동안 황량한 시나이 광야를 떠돌다가 하느님으로부터 십계명을 포함하는 토라(모세 오경)를 받았다.

이스라엘은 남쪽의 유다 왕국과 북쪽의 이스라엘 왕국으로 나뉘었다. 남쪽 유다 왕국에는 12지파 중 유다와 베냐민 두 지파가 남았는데, 다윗의 혈통을 계승한 이들은 성전이 있는 예루살렘을 수도로 유지했다. 이때부터 유다 지파의 이름을 딴 유대인이라는 명칭이 히브리인이라는 이름 대신 사용되었다.

북쪽의 이스라엘 왕국은 기원전 722년에 아시리아에 의해 멸망하고 그 후손은 사마리아인이라는 이름으로 불리며 불신앙의 대명사이자 정화되지 못한 이단자로 취급받았다. 이로 미루어 볼 때 히브리인들의 민족적·종교적 정체성은 기원전 10~8세기에 형성되기 시작한 것으로 추정된다. 이 과정에서 야훼를 숭배하는 유일 신앙이 '유대인'으로서의 집단적 정체성을 확인하는 중심 슬로건이 되었다.

남쪽의 유다 왕국은 북이스라엘 왕국이 불신앙으로 인해 망한 것으로 보고 유일신 신앙을 강화하는 사회·종교적 개혁을 시도했다. 특히 기원전 7세기의 요시아Josiah 왕은 예루살렘에 있던 바알Baal 신의 제단과 아세라Aserah 신의 목상을 파괴하면서 대대적인 종교개혁을 단행했다. 역설적으로 이는 북이스라엘 왕국이 멸망한 지 무려 100여 년이 지난 기원전 7세기까지도 남유다 왕국의 수도에서조차 다신 숭배가 야훼 유일 신앙과 병행했다는 사실을 말해준다.

북이스라엘 왕국 소멸 이후 130여 년을 더 버틴 유다 왕국은 기원전 597~582년 바빌로니아의 침공으로 멸망했다. 예루살렘과 성전은 파괴되었으며, 주민 대부분은 멀리 추방되거나 세 차례에 걸쳐 바빌로니아에 포로로 끌려가 지구라트 신전 건설 등에 노예로 동원되었다. 이를 '바빌론의 유수'라 한다. 이로써 이스라엘의 '제1성전 시대'는 막을 내렸다.

'바빌론의 유수'는 세계로 뿔뿔이 흩어지는 '유대인 디아스포라Jewish Diaspora'의 시발점이다. 이를 계기로 유대교는 가나안 땅 밖에서의 종교적 삶을 이어가는 새로운 방식을 발전시켰으며, 유대인들은 민족적 생존과 정체성을 확고히 지키려 노력했다. 바빌론 유수 이후 약 60년이 지난 기원전 538년 바빌로니아 제국은 페르시아 왕 키루스Cyrus 2세(개신교 성경의 고레스)에 의해 정복됐다. 키루스 2세는 노예로 살던 5만 명의 히브리인을 조건 없이 풀어줬다. 이들은 가축, 제사 기물 등을 모두 가지고 가나안 땅으로 귀환하도록 허용되었다.

피정복 주민들에게 관대한 정책을 펼친 키루스 대왕은 심지어 예루살렘의 성전 재건축까지 지원했다. 히브리 성서는 키루스를 이교도로서는 유일하게 '기름 부어진 자' 등 구세주 모세급으로 칭송하고 있다. 페르시아의 관대한 정책은 계속 이어져 한 세기 사이에 세 차례에 걸쳐 페르시아에 붙잡혔던 히브리인들이 귀환했으며, 2차 귀환은 성서의 중요 인물인 율법 학자 에스라Ezra가 인도했다. 포로로 잡혔던 많은 히브리인이 본국으로 귀환하자 예루살렘의 성벽이 중건되고 성전은 다시 만들어졌다.

신흥 강국 로마의 부상으로 헬레니즘 세계가 점차 쇠퇴하면서 이 지역을 통치하던 셀레우코스Seleucos 왕조도 약화되었다. 그 틈을 타 헬레니즘 사상이 만연한 데 불만을 품었던 일부 유대인들의 저항 운동이 일어났다. 마카베오Maccabee 형제들이 활약해 독립전쟁을 승리로 이끌고 하슈모나이Hasmonean 왕국(기원전 142~63년, 하스몬 왕조)을 세웠다.

450년 만에 독립된 유대 국가를 이룬 하스몬 왕조의 왕들은 내친김에 이웃인 암몬, 모압, 에돔 세 나라를 복속시켰다. 정복을 통해 모든 사람을 하나의 문화 속에 통합한다는 알렉산드로스 대왕의 세계관을 기조로 하스몬 왕조는 이 세 나라의 주민을 모두 유대교로 개종시켰다. 1000여 년 동안 독립된 국가를 이루고 살아온 이들은 짧은 기간에 자신들의 종교와 전통을 상실하고 역사에서 완전히 사라졌다.

이 사건은 당시의 유대인들이 자신들의 정체성을 혈통에 바탕을 둔 종족의 개념이 아니라 유일신 신앙을 가진 종교·문화적 공동체로 인식한 일면을 보여 준다. 유대인들의 이러한 성향은 오늘날에도 상당 부분 지속되고 있다. 아무튼 성서의 초기 기록에서 그토록 자주 심판과 타도의 대상으로 언급된 이교도 부족들이 완벽하게 유대인 공동체에 흡수된 것은 아이러니라 하지 않을 수 없다.

수백 년 만에 겨우 독립 국가를 이룬 히브리인들의 하슈모나이 왕국은 내부 분열로 내내 혼란스러웠다. '단결된 유대인'이라는 일반적 선입관과는 거리가 멀었다. 이는 당시의 히브리인들이 헬레니즘적 사고에 젖어 있던 사실과 무관하지 않다. 가나안 지역의 유대인 사회는 종교적 율법과 경건함을 중시하는 유대교의 전통과 현실의 삶을 중시하는 헬레니즘적 사고방식 사이에 놓인 다양한 스펙트럼의 사람들로 구성되어 있었다.

헬레니즘적 현실주의를 반대하며 율법과 종교 의식을 중시한 바리사이파, 형식적으로는 제사장이지만 권력을 장악하고 헬레니즘 문화에 개방적이며 내세를 믿지 않은 사두개파, 금욕과 공동체 생활을 고집한 에세네파, 유대 순혈주의를 내세운 과격 혁명당이 그들이다. 결국 기원전 63년 내분의 와중에 자신들이 불러들인 로마에 의해 하슈모나이 왕국은 불과 80여 년 만에 멸망했다.

얼마 후 유대인들의 나라는 로마의 속국 형태를 취한 채 헤로데 왕국으로 몇십 년 더 연명하다 기원전 4년 완전히 사라지게 된다. 그 후 2000여 년 동안 나라 없이 지낸 유대인들은 1948년에야 다시 이스라엘이라는 국호로 독립했다.

구약(히브리) 성서의 성립

구약 성경은 오랜 기간 복잡한 과정을 거쳐 완성됐다. 구약 성경은 단일 저자가 아니라 다양한 저자와 편집자에 의해, 여러 세대를 지나면서 기록·편집·확립되었다. "모세가 구약의 첫 다섯 권(토라)을 썼다"라는 전통적인 관점이 있지만, 학문적 관점에서는 이 주장을 복합적으로 해석한다.

구약 성경은 크게 세 부분으로 나뉜다.

첫째는 율법서(토라Torah)이다. 《창세기》, 《출애굽기》, 《레위기》, 《민수기》, 《신명기》이다. 둘째는 예언서(네비임Nevi'im)이다. 《여호수아》, 《사사기》, 《사무엘서》, 《열왕기》 등과 대·소 예언서를 포함한다. 셋째는 성문서(케투빔Ketuvim)이다. 《시편》, 《잠언》, 《욥기》, 《아가》, 《다니엘서》를 말한다. 히브리 사람들은 이 셋을 각각의 첫 글자를 따 '타나크TaNaK'라고 부른다.

유대교와 기독교 전통에서는 모세가 율법서, 즉 《창세기》부터 《신명기》까지를 기록했다고 본다. 이 견해는 주로 《신명기》 31장 24절("모세가 이 율법의 말씀을 다 기록하여 책에 써서 마친 후")과 같은 구절에 근거한다. 그러나 근대 성서학자들은 모세의 단독 저작설에 의문을 제기하며, 다음과 같은 이유를 들어 다중 저자 이론을 제시한다.

첫째, 《창세기》에 같은 사건을 반복적으로 서술하는 다른 버전의 이야기가 나타난다(예: 《창세기》 1장과 2장의 창조 이야기). 둘째, 율법서에 기록된 일부 내용은 모세 이후(예를 들어 가나안 정복 이후) 시대를 반영하는 것으로 보인다. 앞에서 언급한 《신명기》 34장에는 모세의 죽음과 장사를 언급하는 구절이 있어, 모세 이후에 쓰였을 가능성이 있다. 셋째, 율법서는 여러 전승과 전통의 조합으로 형성되었다는 이론이다. 즉 J(야훼 전승), E(엘로힘 전승), D(신명기 전승), P(제사장 전승)의 네 가지 주요 문헌이 합쳐졌다는 주장이다.

구약 성경이 유대교에서 경전으로 공식 확립된 것은 바울로Paulus의 주도로 초기 예수 공동체가 활발히 활동하던 기원후 1세기 말, 얌니아Jamnia(현재의 야브네Yavneh) 회의 이후다. 이때 예수 공동체에 합류하는 유대인이 늘어나고 있었고, '70인 번역본' 유대 경전이 사용되고 있었다. 장차 유대인의 독자적 경전이 될 신약 성경의 초기 문서들도 작성·유포되고 있었다.

이에 바리새파 중심의 랍비 유대교는 위기감을 느꼈다. 당시 유대교는 관습에만 의존했지, 특별히 규정된 경전은 없었다. 바리새파 랍비들은 기원후 90년경 로마 제국이 유대 종교법 학교 설립을 허가한 얌니아에 모여 회의를 열었다. 이 시기를 구약 성서 '정경화Canonization'의 최종 단계로 간주한다. 이 회의에서 바라새파 랍비들은 경전의 범위를 규정하고 랍비 유대교가 나아갈 방향을 논의했다.

아울러 이들은 기독교를 유대교에서 추방하기로 결정했다. 유대교에 따르면 메시아는 이스라엘을 외세에서 구원해 통치할 지도자이자 군사 지휘관인데, 예수는 이런 일을 시도한 적도 없이 압제자의 손에 처형당했다. 구원은커녕 두 명의 강도와 함께 십자가의 형을 받고 죽은 실패자가 메시아가 될 수 없으므로, 이를 믿는 자들을 유대교도로 볼 수 없다는 게 추방의 이유다. 그때가 예수 사후 약 60년 경이다.

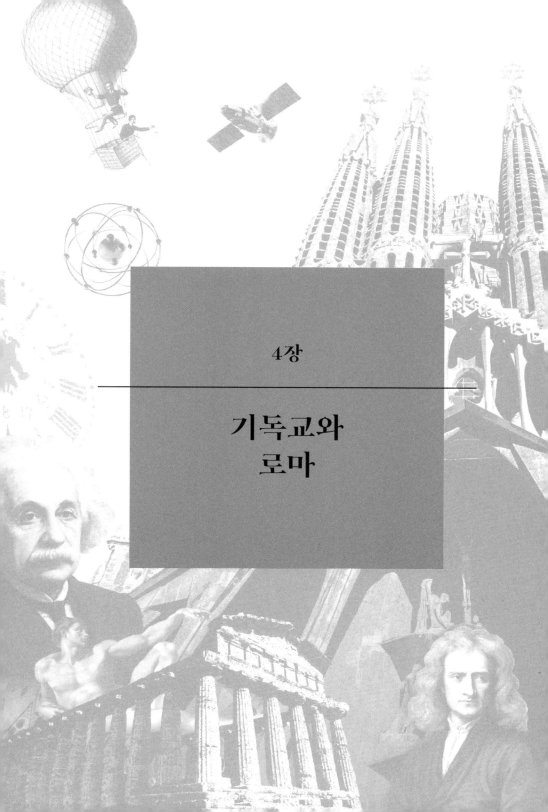

4장

기독교와
로마

기독교 탄생의 배경과 중요성

기독교를 빼놓고는 서구 문명의 발전과 인류의 역사를 이해할 수 없다. 기독교 사상의 이해 없이 서구 문명을 논한다는 것은 상상할 수 없는 일이다. 기독교의 탄생으로 인류 역사의 흐름은 전과 달라지고, 인류의 삶은 새로이 전개되었다. 이 장에서는 기독교의 탄생 및 전파 과정을 알아보고, 교리와 사상이 어떻게 다듬어져 정립되었는지 살펴볼 것이다. 기독교가 당시 세계 최대의 제국, 로마와 만나 발전해 온 역사적 과정도 따라가 볼 것이다.

원래 기독교는 유대교의 한 분파에 지나지 않았다. 로마 제국 변방 약소 피정복민의 일부가 믿던 신앙에 불과했다. 그러나 기독교는 바울로 등이 정교히 다듬은 교리를 내세우면서 유대교에서 독립했다. 이후 매우 급속히 로마 제국 여러 지역에 형성된 유대인 사회로 퍼진 기독교는 불과 3세기 만에 대제국 로마를 장악했다. 이는 한 신흥 종교가 대종교로 발전한 사건에 머물지 않고 당대, 더 나아가 서구 사회의 사상적·윤리적·사회적 패러다임에 근본적인 변화를 불러온 변환점이 되었다.

기독교가 전파한 메시아에 의한 구원과 내세적 교리는 헬레니즘 사상에 바탕을 둔 그리스·로마 세계의 다신교적·현세적 세계관과 극명히 대조됐다. 이 새로운 개념은 사회 체제의 근본적 변화뿐 아니라 존재의 본질, 윤리 기반, 그리고 인간 삶의 궁극적 목적에 대한 기존의 철학적 논의를 새로운 차원으로 발전시켰다.

기독교는 오늘날에도 정치·사회적으로 막강한 힘을 발휘하고 있으며, 세계의 많은 인구가 믿고 있다. 세계에는 기독교뿐 아니라 이슬람교와 불교 등 다른 큰 종교도 많다. 오늘날 세계의 큰 종교는 2500~1500년 전의 사람들이 만든 믿음 체계이다. 우리가 사는 21세기는 합리적 이성에 바탕을 둔 과학의 시대이다. 불과 반세기 전까지만 해도 상상할 수 없던 근원에 대한 혁신적인 지식이 쏟아지고 있는 시대다. 그 덕분에 종교와 철학, 신앙과 이성의 관계에 대해 깊이 성찰할 기회를 가질 수 있게 되었다.

예수는 누구인가?

예수의 생애

예수 그리스도는 기원후 1세기 초 유대 지방에서 활동했다. '예수'란 히브리어 인명인 '여호수아Jehoshua'의 축약형인 '예슈아Jeshua'의 코이네 그리스어식 표기이며, '그리스도'는 히브리어의 메시아(마쉬하)를 뜻하는 '기름 부음을 받은 자'를 그리스어로 번역한 '크리스토스Christos'의 우리말이다. 한마디로 '구세주 예수'이다.

예수는 기원전 4년쯤 베들레헴 또는 나사렛에서 태어난 것으로 알려져 있다. 나사렛은 예수가 처음으로 활동을 시작한 작은 마을이다. 예수는 목수인 양아버지 요셉과 어머니 마리아, 형제자매와 어린 시절을 보낸 것으로 성경에 기록되어 있다. 그러나 가톨릭과 정교회는 예수의 형제자매는 친형제가 아니라 친척 또는 요셉의 전처소생이라고 해석하며, 마리아는 평생 동정녀였다고 믿는다. 반면, 개신교에서는 예수의 형제자매를 요셉과 마리아 사이에서 태어난 친형제로 해석한다.

예수의 어린 시절과 청소년기에 대해서는 거의 알려진 것이 없다. 성서는 그의 출생 시 일화를 비교적 자세히 소개한 후 십자가의 죽음을 맞이한 마지막 1년(혹은 3년)간의 활동을 보여 준다. 성서에 의하면 그가 설교, 제자 모집, 병자 치유 등으로 공적 활동을 시작하고 대중에게 알려졌을 때는 대략 30세쯤이다. 그 후 약 1년(공관 복음) 혹은 3년(《요한 복음서》) 동안 활동했다. 예수의 활동은 유대 사회에 큰 반향을 일으켰다. 그는 메시아의 도래가 임박했다고 주장하면서 기적에 의한 병자 치유 등으로 추종자를 모았지만, 동시에 기존 종교 지도자들과의 갈등도 초래했다. 이 시기는 로마의 지배에 대한 유대인들의 불만과 반란의 위험이 높은 때였다. 유대인 사회는 정치적·종교적으로 혼란스러웠고, 다양한 종파와 사상들이 공존하고 있었다.

이들 종파 중 예수의 설교 내용과 활동에 호의적인 그룹은 별로 없었다. 종교 지도자들은 예수의 활동이 기존 종교의 권위를 부정한다고 보았고, 메시아와 관련한 예수와 제자들의 발언을 신성모독으로 여겼다. 로마에 협조적인 유대 사회 지도자들은 체제를 흔드는 위협으로 간주했다. 예수는 동족의 고발로 예루살렘에서 체포되어 로마 총독 폰티우스 필라투스Pontius Pilatus(본디오 빌라도)의 명령으로 십자가에 못 박혀 처형된다.

예수의 메타노이아

예수가 대중에게 전파한 메시지의 핵심을 신약 성서를 토대로 요약하면 다음과 같다.

첫째, 하나님 나라의 도래이다. 예수는 하나님의 통치가 이미 시작되었으며, 곧 완성될 것이라고 선포했다. 예수의 가르침에서 가장 직접적이고 핵심적인 메시지 중 하나가 "하나님의 나라가 가까이 왔으니 회개하라"이다. 여기서 '회개'로 번역된 그리스어 단어 '메타노이아metanoia'는 도덕적 혹은 종교적 죄의 반성을 뜻하는 '회개(테슈바teshuvah)'와 다른 의미이다. 메타노이아는 '기존 체제를 버리고 새로운 질서인 하나님의 나라를 받아들이라'는 삶의 자세에 대한 전환을 뜻한다.

둘째, 율법의 재해석이다. 유대교의 율법은 문자 하나까지 엄격하게 지켜야 하는 심한 형식주의에 빠져 있었다. 예수는 유대교의 율법을 폐기하지는 않았지만, 그 정신을 강조하며 새롭게 해석했다. "안식일이 사람을 위해 있는 것이지, 사람이 안식일을 위해 있는 것이 아니다"(《마르코 복음서》 2장 27절)라는 설교는 이러한 태도를 잘 보여 준다. 율법의 속박에서 벗어나고자 하는 인간의 내적 자유를 무시해서는 안 된다는 것이었다. 예수는 복잡한 율법 체계와 제도적 관행을 통해 개인의 삶을 규율하는 이러한 율법주의가 본래의 목적(인간의 행복과 사랑)을 잃고 형식적 억압으로 변질되었다고 비판하면서 영혼의 해방과 내적 자유, 그리고 하나님과의 관계 회복을 강조했다. 반면, 인간이 통제할 수 없는 외적 요인은 받아들이라고 권고

했다. 예를 들어, 당시 유대 민족은 로마 제국의 식민지로서 정치적·경제적 억압 속에서 고통을 받고 있었다. 예수는 바리새인들과 헤롯당 사람들이 자신을 함정에 빠뜨리려는 질문을 던지자 "카이사르의 것은 카이사르에게, 하나님의 것은 하나님께"(《마태오 복음서》 22장 21절, 《마르코 복음서》 12장 17절, 《루카의 복음서》 20장 25절) 바치라고 했다.

셋째, 사랑과 용서의 윤리이다. 예수는 원수까지도 사랑하라는 당시로서는 급진적으로 보이는 윤리를 가르쳤다. 이는 '눈에는 눈'이라는 당시의 보복 윤리와 대비된다. 무조건적·헌신적 사랑은 성경에서 약자 보호라는 구체적 실천으로 강조되며, 특히 과부, 고아, 장애인과 같은 경제적 약자를 돌보라는 언급이 여러 번 나온다. 구약 성서와 신약 성서는 이러한 배려를 하나님의 공의와 사랑의 실천으로 여겼다. 여기에서 그의 박애 사상이 보인다.

넷째, 차별 금지의 가르침이다. 당시의 율법으로는 성별, 장애, 직업에 따른 차별이 관행이었다. 그러나 예수는 당시 유대사회에 만연해 있던 각종 차별을 철폐하라고 주장했는데, 다음이 그 예이다.

여성에 대한 평등 사상은 예수가 당시 유대인들이 기피하던 사마리아 여인에게 물을 달라고 하는 장면, 12년 동안 혈루증을 앓은 여인이 예수의 옷자락에 손을 대 치유해준 사건에서 확인할 수 있다. 예수는 이방인인 자신에게 물을 주는 그녀의 믿음을 칭찬했고, 당시 사람들이 부정한 존재로 여긴 혈루증 여인을 차별 없이 구제해주었다.

예수는 중풍 환자를 치유함으로써 장애는 죄라는 당시의 편견을 거부하였다. 당시 사람들은 장님 등의 신체적 장애가 죄 때문이라고 믿었다. 예수의 이런 행동은 장애인에 대한 사회적 편견을 부수는 파격적인 행동이었다.

예수는 직업에 따른 차별도 앞장서서 철폐하는 모습을 보였다. 예수는 세금 징수인(세리) 자케우스Zacchaeus(삭개오)의 집을 찾아 함께 식사했다. 세금 징수인은 유대인 사회에서 멸시받은 직업이었다. 마태오Matthaeus도 세금 징수인이었으나 예수는 "나는 의인을 부르러 오지 않고 죄인을 부르러 왔다"라며 제자로 삼았다.

요약하자면, 예수는 '하느님 나라의 도래', 사랑과 용서, 율법의 재해석, 차별 철폐 등을 설파했다. 물론 이를 기록한 신약 성서는 예수의 사후 수십 년이 지난 뒤 그를 생전에 보지 못했던 사람들이 대부분의 저자였지만, 핵심 메시지는 담겨 있다는 전제에서 이는 당시의 고정관념을 벗어 버리라는 외침, 즉 '메타노이아' 그 자체였다. 근세 유럽에서 사랑과 자유, 평등을 중요한 가치로 생각한 것은 이러한 전통에 바탕을 둔 것으로 볼 수도 있다.

예수의 부활

예수의 죽음은 당시 소수 유대인 사이에서 일어난 사건에 불과했다. 그러나 예수가 죽은 지 사흘 만에 부활하여 제자들에게 나타났다는 '목격담'이 성경에 기록됨으로써 이 사건은 기독교 역사에서 가장 중요한 사건이 되었다.

바울로가 "그리스도의 부활이 없었다면 기독교인의 모든 믿음은 헛된 것"이라고 강조할 정도로 예수의 부활은 기독교 신앙의 핵심이다. 부활을 통해 기독교의 주요 교리인 구원과 삼위일체 등이 형성되었기 때문이다. 예수의 부활과 관련해 가장 오래된 성경 기록은 예수 사망 후 약 20년이 지난 서기 50년경 바울로가 쓴 편지이다. 이에 따르면 예수는 금요일 오후 십자가에서 숨을 거두었고, 그 시신은 아리마대 출신의 요셉이라는 사람이 자신의 새 무덤에 안치했다. 무덤은 큰 돌로 막혔고 경비병들이 지키고 있었으나, 사흘 후 예수의 시신이 없어진 것을 마리아 막달레나Maria Magdalena와 다른 마리아Maria가 발견했다고 한다.

네 복음서 중 가장 먼저 쓰인 《마르코 복음서》는 부활한 예수의 모습에 대한 구체적인 묘사는 없이 빈 무덤에 있던 청년이 예수의 부활을 전하는 내용을 기록하고 있다. 다른 복음서들은 부활한 예수가 제자들에게 나타난 사건을 더 자세히 전하고 있다. 초기의 많은 기독교인은 예수의 부활을 문자 그대로 받아들였고, 오늘날 근본주의 기독교인들도 이를 믿는다. 반면, 자유주의 신학자들은 예수의 부활을 제자들이 절망 속에서 희망을 찾는 경험을 나타낸 신학적 사건으로 해석하기도 한다. 결과적으로, 예수의 부활과 그의 죽음은 팔레스타인 지역에 큰 변화를 일으키며 기독교가 유대교에서 독립해 새로운 종교로 자리를 잡게 했고, 이후 서양 문명에 큰 영향을 미쳤다.

초기 기독교 공동체의 형성

예수의 죽음 이후 제자들은 처음에는 두려움과 혼란에 빠져 있었다. 그러나 부활한 예수를 만난 경험을 공유하면서, 그들은 추종자를 모아 새로운 신앙 공동체를 형성했다. 이 초기 교회는 예루살렘을 중심으로 활동했다. 전통적으로 예수의 죽음부터 12사도, 즉 예수의 제자 중 마지막 사람이 죽을 때까지의 기간을 '사도 시대'라고 부른다.

처음 형성되었을 당시 이 첫 공동체는 기독교가 아니었다. 구성

원도 모두 유대인이었다. 그들은 종말론적 신앙을 가진 '제2성전 유대교' 분파의 하나였다. 야훼가 유일한 참 하나님이자 이스라엘의 신이라고 믿었으며, 토라(모세 오경)를 충실히 지켰다.

이 공동체는 예수를 히브리 성서에서 예언된 메시아(그리스도)로 여긴 점이 달랐다. 그들은 유대 성전에 가서 다른 유대인들과 똑같이 유대 예배에 참여하면서 동시에 예수의 가르침을 전파하고 그의 부활을 증언했다. 제자와 신자들은 예루살렘의 성전과 개인 가정집에 정기적으로 모였다. 가정집에서의 모임은 더욱 친밀하고 자유로운 분위기에서 이루어졌으며, 여기서 새로운 예배 형식과 공동체 문화가 발전하기 시작했다. 또한 '떡을 떼는' 의식, 즉 함께 식사하는 것이 중요한 공동체 활동의 하나로 자리 잡았다. 이는 단순한 식사가 아니라 예수 최후의 만찬을 기념하고 그의 '계심(임재)'을 체험하는 종교적 의미를 담은 행위다.

예루살렘 공동체에는 두 부류의 유대인이 있었다. 아람어 사용자와 그리스어를 말하는 유대인이었다. 아람어는 셈계 언어로 당시 팔레스타인, 요르단, 시리아 등 지중해 동부에서 현지민들이 사용하던 언어였다. 예수도 아람어를 사용했다.

한편, 웬만큼 배운 사람들은 헬레니즘 시대의 공용어였던 코이네 그리스어를 사용했다. 코이네어는 행정 용어로도 쓰였다. 로마가 유대 지방을 통치한 지 얼마 안 된 때라 로마어는 거의 쓰이지 않았으며, 히브리어는 성전에서 경전을 읽을 때나 겨우 사용되는 언어였다. 그런데 바빌로니아에서 귀환한 유대인의 후손이나 다른 지역 출신 유대인, 즉 디아스포라에서 돌아온 유대인은 모두 그리스어를 사용했다.

이들은 자유주의 성향이 있어 성전 의식 등을 엄격히 지키지 않았다. 따라서 아람어를 사용하는 유대인들이 혐오하는 대상이었다.

바울로와 기독교의 탄생

바울로의 회심(신앙적 전환)

예수는 생전에 자신의 메시지를 갈릴래아와 유대 지방의 유대인에게만 전했으나 그를 따른 사도와 초기 신도들은 복음을 로마 제국 내의 유대인 디아스포라로 확대했다. 십자가의 사건이 있은 지 10여 년 만에 예수 공동체는 예루살렘과 시리아의 안티오키아(안디옥)와 다마스커스(다메섹), 소아시아의 콜로사이(골로새)와 에페수스(에베소), 그리스의 코린트(고린도), 데살로니카와 필리피(빌립보), 그리고 로마에 이르기까지 40개 이상으로 늘어났다. 여기에는 바울로라는 인물의 역할이 매우 컸다.

바울로는 그리스어 파울로스Paulos의 신·구교 공동 번역어로, 가톨릭에서는 '바오로', 개신교에서는 '바울'로 부르는 인물이다. 본래 이름은 '사울'이며, 소아시아 타르수스Tarsus(다소, 현 튀르키예) 출신 유대인이다. 천막 만드는 일을 업으로 삼았지만 그가 작성한 서신 등으로 미루어 그리스 문학과 유대 율법에 능통한, 일정 수준 이상의 교육을 받은 사람이었다. 서기 5년경 태어나 서기 64~67년경 사망한 사울은 예수보다 조금 어린 동시대 사람이었지만 예수를 보거나 만난 적이 없다.

율법에 엄격한 바리새파 사울은 많은 유대인이 예수 공동체의 첫 순교자인 스테파노를 옹호하며 바리새파에 반발하는 것에 크게 분개했다. 그는 대제사장을 설득해 다마스커스의 유대교 회당 지도자들 체포를 위한 전권을 위임받아,《사도행전》에 쓰인 대로 '살기등등'하여 다마스커스로 향했다. 도착 무렵 하늘에서 갑자기 큰 빛이 비추어져 눈이 먼 채 쓰러진 그는 "사울아, 나를 왜 박해하느냐"라는 예수의 말을 들었다. 사울 옆에 있었으나 아무것도 보지도 듣지도 못한 동행자들은 사울을 부축해 다마스커스로 향했다.

사울은 사흘 동안 먹지도 마시지도 못하다가 시력을 회복하고 세례를 받았다. 이것이 유명한 바울로의 '회심' 사건이다. 이때부터 그는 사울이 아니라 바울로라는 이름으로 새로운 삶을 시작한다. 그는 세 차례의 선교 여행을 포함한 활발한 활동으로 로마 제국 곳곳에 기독교를 전파했다.

바울로의 등장은 기독교 역사에서 매우 중요한 사건이다. 갓 형성되어 성격이 모호했던 예수 공동체를 외형과 교리 면에서 제대로 틀을 갖춘 종교로 발전시킨 초석을 놓았기 때문이다. 후대에서는 "예수가 없었다면 바울로도 없었고, 바울로가 없었다면 기독교도 없었다"라고 평한다.

무엇보다, 바울로는 변방의 보잘것없는 신앙 공동체 기독교를 지구 서쪽의 거대 세계인 로마 제국 전역에 확산시킬 발판을 다져놓았다. 그의 활동 덕분에 기독교는 로마 각지로 확산했으며, 이어 로마의 국교가 되고 최종적으로 세계적 종교로 성장했다.

바울로는 대략 서기 35~60년 사이에 북아프리카 지역을 제외한 로마 제국의 주요 도시를 두루 거치며 무려 2만 킬로미터나 여행하며 선교 활동을 했다. 세 차례의 장기간 선교 여행 중 유대인에게 다섯 번 매를 맞고, 세 번 채찍형을 받고, 한 번 돌팔매를 당하고, 탔던 배가 세 번이나 난파했다. 이와 같은 인물이 초창기에 등장한 것은 기독교에 엄청난 행운이었다.

바울로의 해석(대속과 부활)

바울로는 생전에 예수를 만난 적이 없다. 단지 예수의 제자들로 부터 여러 가지 사실을 전해 들었을 뿐이다. 그러나 바울로는 '예수 의 십자가 죽음과 부활'을 하나의 상징으로 해석하였다. 당시로서 는 매우 독창적이고 획기적인 접근이었다. 십자가는 본래 가장 치 욕적이고 고통스러운 형벌의 상징이었지만, 바울로는 이것을 구원 의 상징으로 새롭게 해석했다. 세속적 관점에서는 패배와 수치의 상징인 십자가가, 종교적 관점에서는 하나님의 구속 능력으로 재해 석될 수 있다고 보았다.

바울로는 예수의 십자가 죽음과 부활을 구속Redemption의 중심 사건으로 해석했다. 기독교 신학에서 구속은 예수 그리스도가 십자 가에서 인류의 죄를 대신하여 속죄하였다는 것을 의미한다.《코린 토 신자들에게 보낸 서간》(고린도서) 15장에서 바울로는 예수의 부활 이 기독교 신앙의 핵심이라고 선언하며, 부활이 없다면 기독교 신앙 은 무의미하다고 말한다. 바울로는 예수의 십자가 사건을 죄와 죽음 에 대한 승리로 해석하며, 이 사건이 모든 인류를 구원할 열쇠라고 강조했다. 바울로의 구속론은 예수의 죽음과 부활을 새로운 신학적 차원에서 설명함으로써, 기독교의 중심 교리로 자리 잡게 했다.

구속은 대속Atonement과 깊이 연결되어 있다. 대속은 구속의 과 정과 방법을 가리킨다. 예수가 십자가에서 죽음으로써 인류가 마땅 히 받아야 할 죄의 형벌을 대신 짊어졌고, 이를 통해 인간은 하느님 과 화해할 수 있게 되었다는 것이 대속의 핵심 개념이다.

구속과 대속의 관계를 더 살펴보자. 문자적으로 구속은 '되찾다' 혹은 '값을 치르고 되사다'라는 의미다. 기독교 신학에서는 인간이 죄와 죽음의 권세 아래 놓인 상태에서 예수 그리스도의 희생으로 구원받는 것을 뜻한다. 구속은 인간을 죄와 사망에서 해방하기 위한 예수의 희생적인 행위를 의미한다.

대속은 예수 그리스도가 인류의 죄를 대신 짊어짐으로써 인간과 하느님 사이의 관계를 회복시킨다는 개념이다. 대속은 인간이 직접 치를 수 없는 죄의 값을 예수가 대신 지불함으로써 이루어진 속죄의 행위다. 즉 예수의 죽음을 통해 인간이 용서받고 하느님과의 관계가 회복되는 것을 뜻한다. 따라서, 구속과 대속은 상호 보완적인 개념으로 이해할 수 있다. 구속은 전체적인 구원의 과정이며, 대속은 그 구속이 이루어진 구체적 방식이라고 할 수 있다.

원죄와 속죄의 관계 파악도 기독교 교리를 이해하는 데 필요하다. 원죄는 인간이 태어날 때부터 죄의 영향을 받아 하느님과 단절된 상태로 태어난다는 교리이다. 원죄는 인간이 자발적으로 선택한 것이 아니라, 인류의 조상인 아담과 하와가 최초의 죄를 지음으로써 인간 본성에 영향을 미친 죄이다. 예수 그리스도의 속죄는 인간이 스스로 해결할 수 없는 원죄를 해결하여 하느님과의 관계를 회복하기 위한 구원의 길을 제공했다. 예수의 대속은 원죄뿐 아니라 각자가 지은 자범죄(개인적인 죄)에도 적용된다. 즉 인간은 원죄의 결과로 죄를 짓는 경향을 가지고 있고, 실제로 삶에서 여러 가지 죄를 짓게 된다. 예수의 대속은 원죄뿐 아니라 이러한 자범죄로 인해 받게 될 형벌도 대신 짊어짐으로써, 하느님과 인간이 다시 화해할 수 있도록 했다.

속죄와 구원은 연결되어 있다. 예수의 속죄는 모든 인류를 위한 구원의 가능성을 열어주었지만, 개인이 이를 받아들이고 믿음으로 응답할 때만 구원받을 수 있다고 본다. 기독교에서는 원죄와 자범죄가 예수의 속죄와 구속을 통해 용서받고 새로운 삶을 시작할 수 있다고 믿는다.

　바울로는 예수의 율법 재해석을 더 발전시켜, 구원이 인간의 율법 준수가 아니라 하느님의 은혜로 주어진다는 개념을 강조했다. 《로마 신자들에게 보낸 서간》(로마서)과 《갈라티아 신자들에게 보낸 서간》(갈라디아서)에서 바울로는 인간의 행위로는 구원을 얻을 수 없으며, 오직 예수 그리스도를 통한 믿음과 은혜만이 구원의 길이라고 주장했다. 이 교리는 유대 율법에서 벗어나 새로운 구원관을 제시한 바울로의 신학적 창조성이 엿보이는 부분이다. 바울로는 이를 통해 기독교를 율법의 굴레에서 해방하고, 인간의 연약함 속에서도 하느님의 은혜에 의한 구원의 가능성을 열어 두었다.

　바울로는 《로마 신자들에게 보낸 서간》과 《갈라티아 신자들에게 보낸 서간》에서 이 개념을 설명하면서 율법이 아닌 믿음이 하느님의 나라로 인도하는 길이라는 점을 강조했다. 바꾸어 말해, 할례 등의 율법을 지키지 않는 이방인도 예수의 십자가 죽음과 부활만 믿으면 누구나 구원받을 수 있다고 설파했다. '믿음이 율법을 우선한다'라는 이 논리는 바울로 사상의 핵심이다. 마르틴 루터Martin Luther가 종교개혁을 할 때 내세운 모토, '오직 믿음으로Sola Fide'가 바로 바울로가 《로마 신자들에게 보낸 서간》에서 설파한 소위 '이신칭의以信稱義(믿음으로써 의롭다 여겨진다)'라는 교리이다. 그 결과로 개신교가 분리되어 나갔다.

기독교의 탄생

　바울로는 회심 후 "나보다 먼저 사도가 된 자들을 만나려고 예루살렘에 가지 않고 아라비아와 다마스커스에 가서 3년을 보냈다"라고 회고했다. 일부 학자들은 그가 아라비아에서 후에 전개할 신앙적 교리들을 다졌다고 추정한다. 바울로는 회심 후 3년 만에 처음으로 예루살렘을 방문해 15일간 머물며 베드로Petrus를 만나려 했으나 야고보Iacobus만 보았다고 기록했다.

그 후 바울로는 고향 타르수스에 머물렀다. 그 사이 대도시 안티오키아의 예수 공동체가 크게 성장했다. 스테파노의 순교 직후 일부 신도들이 유대인이 많이 사는 이곳으로 피난해 신도가 많아진 것이었다. 이에 예루살렘 지도부는 바나바Barnabas를 파견해 돕게 했다. 도시민의 선교에는 교육받은 이론가가 필요하다고 생각한 바나바는 예루살렘 지도자들을 설득해 바울로를 안티오키아로 초대해 함께 선교했다.

두 사람은 신자들을 가르치고 훈련했는데, 1년여 사이에 바울로는 신뢰받는 지도자로 떠올랐다. 그리고 안티오키아 교회는 이방인 선교의 출발지이자 중심지가 되었다. 앞서 언급한 대로 기독교인이라는 용어가 처음 사용된 곳도 이곳이었다. 안티오키아 교회는 예루살렘에 기근이 닥쳐왔을 때 구제금을 보낼 정도로 이방인 개종자를 중심으로 크게 성장했다.

이후 바울로와 바나바는 키프로스와 소아시아 남부에 파견되어 1차 선교 활동을 했다. 두 사람은 안티오키아에서 펼친 활동과 1차 선교 여행에서 개종을 원하는 이방인들에게 유대 율법 준수를 강요하는 것이 예수 공동체의 확산과 성장을 가로막는 큰 걸림돌임을 절감했다. 이에 동감한 안티오키아 교회는 이방인 문제를 해결하기 위해 바울로와 바나바를 예루살렘에 파견했다. '예루살렘 공의회Council'로 불리는 기독교 최초의 종교회의는 이렇게 해서 열렸다.

공의회라고는 하지만 요즘처럼 웅장한 건물에서 교황과 주교가 모이는 성대한 회의가 아니었고 예수의 마지막 만찬이 열린 마르코Marcus의 2층 다락방 비슷한 곳에 10여 명이 참석한 작은 모임이었을 것이다. 그러나 예수의 동생인 초기 교회의 지도자 야고보, 베드로와 제자들, 그리고 스스로 '이방인들의 사도'라고 불렀던 바울로 등 기독교의 역사적 인물이 모두 모인 회의였다. 이 회의에서는 이방인들도 유대인과 마찬가지로 반드시 할례를 해야 한다는 베드로 등 예루살렘 지도부와 이에 반대한 바울로 사이에 격렬한 논쟁이 벌어졌다. 긴 논쟁 끝에 야고보의 절충안이 채택됐다. '사도령 Apostolic Decree'이라 불리는 이 절충안은 '개종을 원하는 이방인을 괴롭히지 않기 위해' 할례는 면제하나 우상에 바쳤던 고기, 목메어 죽인 고기, 동물의 피, 그리고 음행을 멀리하는 4개의 율법은 지키라는 조건부 승인이었다.

이것이 《사도행전》 15장에 기록된 "평화스럽게 진행되어 역사적인 결론을 도출했다"라는 제1차 공의회의 모습이었다. 유대 율법을 준수하지 않아도 이방인이 예수 그리스도의 구원을 받게 되었다는 것이다. 그러나 바울로는 신약 성서 《갈라티아 신자들에게 보낸 서간》에서 다소 감정 섞인 어투의 다른 뉘앙스로 공회의를 기술했다. "거기에서 나는 소위 지도자라는 (혹은 유명하다는) 사람들과 따로 만나 내가 이방인들에게 전하고 있는 복음을 설명해 주었습니다. 그것은 내가 지금 하는 일이나 지금까지 했던 일이 허사가 되지 않게 하려는 것이었습니다. 우리는 그들에게 잠시도 굴복하지 않았습니다. 소위 지도자라는 사람들이 과거에 어떤 사람들이었든 간에 나에게는 아무 상관도 없지만, 그들도 나에게 어떤 새로운 의무를 부과한 일은 없습니다. 오히려 그들은 마치 베드로가 할례받은 사람들에게 복음을 전하는 일을 위임받았듯이, 내가 할례받지 않은

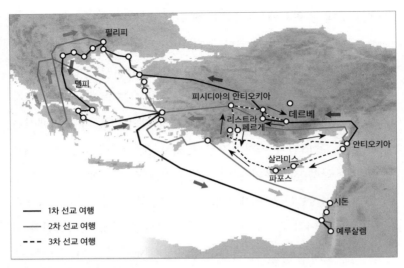

바울로의 기독교 선교 경로

- ─── 1차 선교 여행
- ─── 2차 선교 여행
- ─ ─ ─ 3차 선교 여행

(지도 내 지명)
필리피 / 델피 / 피시디아의 안티오키아 / 데르베 / 리스트라 / 페르게 / 안티오키아 / 살라미스 / 파포스 / 시돈 / 예루살렘

사람들에게 복음을 전하는 일을 위임받았다는 사실을 인정하기에
이르렀습니다."(2장 1~10절)

게다가 평화롭게 합의가 이루어졌다는 예루살렘 공의회 이후에
바울로는 베드로를 비난했다. 그는 '안티오키아 사건'이라고 불리
는 분쟁을 언급하며 베드로가 자신은 이방인처럼 살면서 다른 사
람에게는 유대인의 관습을 따르라며 위선적 행동을 한다고 공개
비난했다.(《갈라티아 신자들에게 보낸 서간》 2장)

결론적으로, 이방인의 율법 준수 면제 문제는 예루살렘 공의회
에서 깔끔하게 정리되지 않았다. 바울로가 생전에 예루살렘 지도부
의 권위를 인정하지 않은 자세는 그의 서신에서 읽을 수 있다. 이는
한 번도 예수를 본 적이 없는 사람이 예수의 제자나 형제들에게 가
질 수 있는 인간적 자격지심自激之心 때문일 수도 있다. 그러나 이
보다는 초기 교회 안에 유대인 기독교와 이방인 기독교가 공존했

다는 사실이 문제였을 수도 있다. 이방인 신도가 수적 우세를 점하고 있었으나 정통성은 유대교 전통을 고수한 예루살렘 교회가 차지하고 있었다. 바울로의 열세는 당연한 결과였을 것이다. 뒤에서 살펴보겠지만 바울로의 승리는 그의 사후 수십 년이 지나 기독교가 유대교로부터 독립되어 나가면서 판가름 났다.

바울로는 로마 제국의 여러 도시를 돌며 이방인들을 개종시키고 공의회에서 승인한 대로 할례는 강요하지 않았다. 개종한 사람은 자유롭게 유대 회당과 성전을 드나들었다. 당시에는 기독교가 유대교의 한 분파로 인식되었기 때문이다. 개종자들은 자신들이 기독교라는 새로운 종교가 아니라 예수가 메시아이며 부활했음을 믿는 유대교의 한 분파로 개종했다고 생각한 것이다.

할례받지 않은 자들이 성전과 회당을 출입하자 다른 종파의 유대인들이 분노했다. 그 무렵 소아시아에서 온 유대인들은 바울로가 할례를 하지 않은 이방인들을 데려와 성전을 더럽혔다고 고발했다. 죽이라고 외치는 분노한 유대인들의 소동을 정리하러 출동한 로마 호민관은 바울로를 체포해 채찍으로 심문하려 했다. 바울로는 자기가 로마 시민임을 밝히고 유죄 판결 없는 형 집행에 항의하며 황제에게 직접 호소할 권리를 주장했다. 로마 당국은 이를 받아들여 그를 로마로 보냈으나 호송선이 난파되는 등의 우여곡절 끝에 도착하는 데 몇 년이 걸렸다. 로마에서는 가택연금 상태로 황제의 재판을 2년 동안 기다렸다.

그 사이 네로 황제가 로마의 대화재를 주동한 혐의로 유대인들을 박해한 사건이 일어났다. 바울로는 당시 로마에 있던 베드로 등 다른 유대인들과 함께 취급되어 같은 날 처형되었다. 이 사건은 서기 64~68년 사이에 행해진 것으로 추정된다. 기독교의 가장 중요한 두 사도가 다른 곳도 아닌 수도에서 순교했는데 연대도 확실히 전해지지 않았다는 사실은 당시 예수 공동체의 교세가 매우 미미했음을 시사한다. 당시의 기독교는 로마에 전혀 위협이 되는 존재가 아니었다. 네로가 이들을 처형한 것은 알려진 바와 달리 기독교도여서가 아니라 유대인이었기 때문이다. 일부 분석가들은 1세기 말의 기독교 인구를 로마 인구의 0.1퍼센트인 1만 명 이내에서 수천 명으로 추산했다. 사도 바울로가 그렇게 열심히 전도했지만, 그것은 씨앗을 뿌린 데 불과했다. 다만, 로마의 모든 곳이 아니라 동부 지역에 골고루 뿌린 씨앗이었다. 그것은 400여 년에 걸쳐 서서히 싹이 트다가 때가 되자 활짝 개화했다.

사도 바울로에 대한 후세의 평가는 실로 다양하다. 정통 기독교에서는 신약 성서 27권 중 13권이 그의 저작일 만큼 절대적 위치를 차지한다. 무엇보다도 기독교를 유대인이 아닌 전 인류의 것으로 만든 성인으로 추앙받는다. 아우구스티누스Augustinus는 바울로의 《로마 신자들에게 보낸 서간》(로마서) 13장을 읽은 후 개종했으며, 마르틴 루터도 믿음을 통한 구원을 강조한 《로마 신자들에게 보낸 서간》을 읽고 감명받아 종교개혁 운동을 시작했다. 장 칼뱅Jean Calvin 역시 《로마 신자들에게 보낸 서간》에 감동된 종교개혁가였다.

유대교에서 바울로는 경전에 쓰인 하느님의 율법을 맹신적 믿음으로 대체한 이단자이자 배신자이다. 무슬림도 바울로를 이교도적인 십자가 신학을 만들고, 원죄와 대속 등의 불필요한 개념을 도입해 예수가 하느님으로부터 받은 원래 계시를 타락시킨 인물로 평가한다. 현대의 일부 학자들은 예수가 전파한 정의와 사랑의 단순한 메시지를 바울로가 복잡한 신학으로 왜곡했으며, 그가 만든 교리의 통일성이 초기 기독교 공동체의 자율성과 다양성을 지나치게 제한했다고 비판하기도 한다. 평가야 어쨌든 작은 키에 대머리, 구부러진 다리에 굽은 코를 가졌다고 묘사된 바울로는 기독교의 실질적인 틀을 만들어 결과적으로 서구와 세계의 역사를 바꾸어 놓은 인물이었다.

콘스탄티누스와 삼위일체

콘스탄티누스는 누구인가?

기독교는 서기 313년 서방 정제 콘스탄티누스 1세Constantinus Magnus(재위 306~337)가 동방 정제 리키니우스Licinius와 합의해 공포한 밀라노 칙령으로 비로소 합법화되었다. 이 칙령(혹은 서신)은 기독교와 다른 종교들도 자유롭게 믿도록 허용했다. 그러나 과거에 몰수했던 교회의 모든 재산을 돌려주라는 추가 조항이 있다는 점에서 콘스탄티누스가 기독교를 염두에 두고 공표한 칙령으로 볼 수 있다.

콘스탄티누스 1세는 오늘날의 세르비아 니시에서 로마 장군 아버지와 어머니 헬레나Helena 사이에서 태어났다. 어머니 헬레나는 그의 아버지가 친위 장교로 소아시아에서 복무할 때 반해서 결혼한 여성으로 여관집 딸, 선술집 딸, 창녀, 마구간 하녀 등 여러 설이 있는 미천한 출신이었다. 그러나 가톨릭과 동방 교회에서 성녀로 추앙받을 정도로—아마도 성년 이후 어떤 시점에 세례를 받은— 신심 깊은 기독교도였으며, 훗날 아들의 정책에 큰 영향을 주었다. 콘스탄티누스의 아버지는 서로마에서 많은 전공을 세웠는데, 서방 정제 막시미아누스의 눈에 들어 헬레나와의 관계를 청산하고 그의 딸과 결혼했다. 그리고 얼마 후 서방의 부제가 되었다. 버림받은 어머니는 고향으로, 어린 아들은 일종의 볼모로 동방 정제 디오클레티아누스Diocletianus에게 보내졌다.

불행한 가족사를 겪은 콘스탄티누스는 디오클레티아누스의 궁정에서 미묘한 위치를 차지하며 성장했다. 궁정의 권력 암투 속에서 현명하게 처신한 그는 경계의 눈초리 속에서도 동방의 정제와 부제를 도와 무공을 세우고 경력을 쌓았다. 그러나 디오클레티아누스가 퇴위하자 도주하다시피 서방 정제가 된 아버지에게 달려갔다. 1년 후 아버지가 원정 중 병으로 죽자 그는 부하들의 만장일치 추대로 서방 정제에 올랐다. 부제도 거치지 않고 정제가 된 것은 사두정치의 원칙을 깬 것이어서 다른 황제들은 이를 인정하지 않았다. 결국 동방과 서방의 정제와 부제들 간에 서로 물고 물리는 19년의 내전이 일어났다.

앞서 말한 밀라노 칙령도 내전 중에 나왔다. 콘스탄티누스는 4만 명의 군대를 이끌고 로마에 있는 마르쿠스 막센티우스Marcus Maxentius 황제를 공격하러 나섰다. 로마 북쪽에서 그의 군대는 테베레강 너머 19만 명의 적군과 대치했다. 운명의 전투가 벌어진 312년 10월 28일 그는 병사들에게 전날 자신의 꿈에 나타난 표식을 방패에 달도록 하고 전투에 나가 대승을 거두었다. 막센티우스는 패주해 밀비우스 다리로 강을 건너려는 병사들에 떠밀려 익사했다. 콘스탄티누스는 전투에 나서기 전에 "어제 꿈에서 '이 표식을 달고 전쟁터로 나가라'라는 음성을 들었다"라며 그 표식을 단 방패와 깃발을 병사들에게 들고 나가라고 명령했다. 승리 후 콘스탄티누스는 기독교인들에게서 이 표식은 '라바룸Labarum'이며 그리스어로 '그리스도'의 첫 자와 마지막 자라는 말을 듣는다. 콘스탄티누스는 아버지로부터 버림받은 가엾은 어머니가 믿는 예수 그리스도가 도와주었다고 믿고 다음 해에 그 보답으로 기독교를 합법화하는 밀라노 칙령을 공포한 것이다.

내란은 한때 황제가 6명이나 될 만큼 혼란의 연속이었지만, 결국 서기 325년 콘스탄티누스가 최종 승자가 되었다. 이듬해에 그는 나머지 잠재적 정적도 모두 처형하고 제국의 유일한 황제가 되었다. 19년에 걸친 대혼돈의 시대를 마감한 그는 로마를 정치적·군사적·사상적으로 '하나의 황제' 밑에 뭉치는 강력한 통합 제국으로 변모시킬 필요성을 절감했다. 콘스탄티누스는 정치적·군사적으로는 그것을 이미 어느 정도 달성했다.

문제는 정신적·사상적 통일이었다. 당시 로마는 이탈리아반도 안에서 다신교 신앙에 만족하고 살던 예전의 나라가 아니었다. 로마가 신봉해 온 전통적 다신교는 여러 명의 황제가 동시에 난립하는 사분오열의 문제점을 노출하며 수명을 다했다는 생각이 싹텄다. 거대 제국으로 성장해 각양각색의 민족을 품게 된 로마를 하나로 묶으려면 다신교보다는 기독교와 같은 유일신 종교가 더 유리하고 통제도 쉬울 것이었다.

이러한 새로운 변화를 이끌 장소로 다신교의 온상인 기존의 수도 로마는 적합하지 않았다. 기독교의 발상지이자 많은 교회와 신도들이 이미 뿌리 내린 제국의 동부가 제국의 근거지로 유리해 보였다. 대부분 야만족의 터전으로 변한 서방 영토와는 달리 동방은 문화적으로 앞선 곳이었다. 내란이 끝나가던 서기 324년 콘스탄티누스는 비잔티움을 새 수도로 결정하고 도시를 확장하도록 지시했다. 마침내 서기 330년 5월 11일 '새로운 로마'라는 뜻의 '노바 로마Nova Roma'를 로마 제국의 공식 수도로 선언하고 봉헌식을 올렸다. 노바 로마는 얼마 후 그의 이름을 따 콘스탄티노폴리스Konstantinoupolis, 콘스탄티노플로 개칭되었다. 로마 제국이 분리된 후에는 동로마의 수도로 이어져 총 1100년 동안 로마의 수도로 기능했다. 현재는 이스탄불이다. 콘스탄티누스는 수도 건설이 완성된 후에도 옮겨가지 않고 그곳에서 멀지 않은 니코메디아Nicomedia 황궁에 주로 머물다가 7년 후 생을 마쳤다. 니코메디아는 오늘날 튀르키예의 이즈미르Izmir로 사두四頭 체제 시절 동방 정제의 황궁이 있던 곳이다.

삼위일체론

기독교가 합법화된 지 불과 5년이 지나지 않아 콘스탄티누스의 의도에 장애가 되는 일이 기독교 내부에서 벌어졌다. 교부敎父(교회의 아버지)들과 주교, 사제 등 성직자들이 박해받은 것을 까맣게 잊은 듯 서로 파문하고 추방하는 내분에 휩싸인 것이다. 발단은 이집트의 알렉산드리아에서 일어난 주교와 성직자들 사이의 다툼이었다. 처음에는 알렉산드리아 주변의 지역적 분쟁이었으나 지중해 세계 전역으로 번졌다.

이집트에 기독교의 씨를 뿌린 인물은 앞에서 나왔던《마르코 복음서》의 저자 마르코이다. 자신을 아들처럼 여긴 베드로를 따라다니며 통역관 역할을 한 그는 베드로 사후에 이 도시에 들어와 활동하다가 주민들에게 맞아 죽으며 순교했다. 현재 이집트는 이슬람 국가이나 인구의 15퍼센트인 약 1200만 명은 마르코를 수호성인으로 추앙하는 콥트(이집트) 기독교도인이다. 수천 개의 교회가 있으며 신도들은 남쪽 아프리카 선교까지 하고 있었다. 이집트 기독교의 출발점이나 다름없는 알렉산드리아에서 4세기 초 대주교 알렉산드로스Alexandros와 사제들 사이에 극심한 다툼이 벌어진 것이다. 그중 오늘날 기독교에서 사악한 이단자로 낙인찍혀 있는 아리우스Arius와의 논쟁이 대표적이다.

어느 날 알렉산드로스가 성직자들을 모아놓고 '성스러운 삼위일체의 단일성'이라는 제목으로 설교했다. 하느님과 예수 그리스도, 그리고 성령은 세 실체처럼 보이지만 본질은 하나이며 동일하다는 내용이었다. 이에 사제 아리우스는 이 설교를 공개 비판하면서 자신의 주장을 펼쳤다. 그는 "만일 성부(하느님)가 성자(예수)를 낳았다면, 성자는 태어났으므로 그것은 예수라는 존재에 시작이 있었다는 의미이다. 따라서 성자가 없던 때가 있었다"라고 주장했다. 다시 말해서 예수는 창조물이므로 하느님과 같을 수 없다는 주장이었다. 아리우스의 주장은 예수를 낮추려 한 것이 아니라 하느님의 유일성을 강조한 것이다. 즉, 하느님만이 무한하고 영원하며 전지전능하므로 그 신성神性이 사람과 함께 생활하다 처형당한 예수의 신성보다 커야 한다는 의미였다. 사실 이런 주장은 3세기 신학자 대부분이 받아들였으며, 특히 동부 지역에서는 알려진 견해였다. 아리우스는 그것을 공개적으로, 그리고 거칠게 표현했을 뿐이었다.

분노한 알렉산드로스는 알렉산드리아의 주교와 사제 등 성직자들을 소집했다. 그리고 예수의 신성을 모독하고 총대주교의 권위에 공개적으로 도전한 아리우스를 심문하고 동조자들과 함께 파문했다. 알렉산드리아에서 추방된 아리우스는 동방의 교회를 방문하고 주교들에게 서신을 보냈다. 그들 대부분이 아리우스를 지지했다. 그중에는 황궁이 있는 니코메디아의 주교로 콘스탄티누스 황제의 신임을 받던 에우세비우스Eusebius 등 쟁쟁한 교부 신학자들이 대거 포함되어 있었다. 이렇게 되자 아리우스 논쟁은 알렉산드리아 대교 구를 넘어 로마 제국 기독교 전체의 문제로 번지고 대중들에게도 알려졌다.

콘스탄티누스는 이 분쟁이 제국의 안정을 깰 수 있는 민감한 사 안이자 묵과해서는 안 될 내분임을 깨달았다. 황제는 알렉산드로스 와 아리우스에게 화해를 간곡히 당부하는 장문의 공개 편지를 썼 다. 그리고 전부터 신뢰해 온 서방의 코르도바 주교 호시우스Hosius of Corduba에게 해결을 부탁했다. 그는 서신에서 "제국을 통합하기 위해 노력한 결과 군사적으로는 어느 정도 성취했으나, 이 문제는 화해를 독려하는 것 이외에는 방법이 없다"라고 서두를 꺼낸다. 이 어 "할 일 없는 자들이 벌이는 말장난 같은 하찮은 것에 두 사람이 왜 그렇게 목을 매고 싸우는지 이해가 안 간다"라는 취지로 말한다. 그리고 "제발 화해하고 서로 용서해 나라의 통합에 기여할 것을 눈 물로 당부한다"면서 '눈물'이라는 표현을 몇 번이나 반복한다. 그의 본심이 무엇이었는지를 떠나 이 편지는 오늘날 종교 간, 종파 간 다 툼을 하는 사람들에게 보여 주고 싶은 글이어서 일부를 정리해 소 개한다.

서기 323년(혹은 324년) 콘스탄티누스가 알렉산드로스 주교와 아리우스에 게 보낸 편지

(…) 내 의도는 첫째, 모든 민족이 신에 대해 내린 다양한 판단이 정착되 고 통일된 상태로 만드는 것이었습니다. 둘째, (…) 다른 하나는 군사적 권위의 힘으로 바로잡으려고 했습니다. (…) 나는 (알렉산드리아가 속한) 아 프리카 전역이 참을 수 없는 미친 어리석음의 정신에 물들어 있다는 것

을 알게 되었고, 이는 (…) 사람들이 종교를 여러 종파로 쪼개고 (…) 나는 이 혼란을 억제하고자 했지만 (…) 여러분에게 사람을 파견해 논쟁자들이 상호 화합을 회복하도록 돕는 것 외에는 이 상황에서 더 좋은 다른 해결책을 찾을 수 없습니다. (…)

(…) 나는 당신들의 도움으로 다른 사람들의 오류를 바로잡을 수 있기를 원했으나 당신들이 그들보다 더 치유가 필요한 상태입니다. 그럼에도 나는 이러한 차이점의 기원과 뿌리를 주의 깊게 조사한 결과, 그 원인이 참으로 하찮은 것이며, 그렇게 격렬한 논쟁을 벌일 만한 가치가 전혀 없음을 알게 되었습니다. (…) 당신들은 이런 작고 하찮은 문제들에 대해 계속 논쟁하는데, 하나님의 많은 백성들이 당신들의 판단에 따라야 하는 것은 적절치 않습니다. 당신들은 이렇게 분열되어 있기 때문입니다. 나는 이런 일이 생긴 것은 어울리지 않을 뿐만 아니라, 확실히 사악하다고 믿습니다. (…) 당신들은 그렇게 사소하고 절대로 중요하지 않은 문제에 대해 논쟁을 벌이고 있기 때문입니다. 이것은 저속하고 오히려 유치한 무지의 특징이며, 성직자와 상식적인 사람의 지혜와도 어울리지 않습니다. (…) 이제 여러분은 서로 우정, 사랑, 존경의 감정을 되살리십시오. 사람들에게 익숙한 포옹을 돌려주십시오. 그리고 마치 여러분의 영혼을 정화하듯이 다시 한번 서로를 인정하십시오. (…) 그렇지 않으면 나는 끊임없이 눈물을 흘리며 애통해야 할 것이며, 여생을 평화롭게 보낼 수 없을 것입니다. 나와 함께 일하는 하나님의 백성이 불합리하고 해로운 다툼의 정신으로 이렇게 분열되어 있는데, 내가 어떻게 마음의 평화를 유지할 수 있겠습니까? 그리고 나는 이 일로 인해 내 슬픔이 얼마나 컸는지 증거를 보이겠습니다. (…) 그러니 이제부터 당신들의 일치된 판단으로, 내 뜻에 반대되는 당신들의 불화를 끝내고 내가 갈 수 없었던 동방으로 가는 길을 열어 주십시오. 나에게 당신들과 다른 모든 국민이 함

께 기뻐하는 모습을 빨리 보게 해주고, 모든 사람에게 하나가 된 화합과 자유가 회복된 것을 찬양과 감사의 언어로 하나님께 합당한 감사를 드리게 해주십시오.

호시우스가 전달한 편지에도 불구하고 두 사람은 화해하지 않았다. 이에 호시우스는 동방의 안티오키아로 달려가 동방의 주교들을 소집해 회의(시노드synod)를 주재했다. 회의 참석자들은 로마의 모든 교회 대표가 모이는 공의회를 권고했다. 호시우스에게서 보고받은 콘스탄티누스가 공의회 개최를 수락, 니코메디아 황궁에서 멀지 않고 여름 별궁이 있는 니케아Nicaea(현재 튀르키예의 이즈니크)에서 회의가 열리게 됐다. 콘스탄티누스는 이 기회에 기독교의 분쟁을 해결하고 아울러 그의 통치 20주년을 기념하는 성대한 행사를 함께 열어 위대한 통합의 황제로 부각되기를 원했다. 그는 로마 제국 전체 주교들에게 공의회 참석을 요청하는 정중한 초청장을 보냈다.

아울러 모든 여행 경비와 체재 비용은 황실 재무국에서 전액 지불하며, 사제와 부제도 각 2~3명씩 데려올 수 있도록 배려했다. 참석한 주교는 최종적으로 250~318명으로 추정된다. 수행한 사제들까지 포함하면 1200~1900명이 참석했을 것이다. 동방 교회 출신이 대다수였다, 페르시아 주교 등 외국에서도 몇 명 참석했다. 로마의 실베스테르Silvester 1세 총대주교(교황)는 여행하기에 고령이어서 사제 2명을 대신 보냈다. 아리우스는 주교가 아니어서 정식 초대장은 못 받았으나 참석했다. 알렉산드로스는 후일 삼위일체론의 대표적 옹호자가 되어 평생 아리우스파 공격에 앞장선 아타나시우스Athanasius를 부제로 데리고 갔다.

서기 325년 5월(혹은 6월)부터 7월 초까지 열린 니케아 공의회는 역사적인 기독교 모임이었다. 그전까지 주교들이 지역별로 열었던 시노드는 일종의 협의체 혹은 자문회의의 성격으로 구속력이 없었다. 그러나 니케아 공의회는 최초로 전 세계—실제로는 당시 로마제국이었지만—기독교 대표들이 모두 모여 교리와 중요 사항을 결정한 세계 공의회 Concilium Ecumenicum(또는 보편 공의회)였다.

공회의는 황제의 여름 별궁 대형 홀에서 개막되었다. 콘스탄티누스는 금색과 보라색 망토를 걸치고 라틴어로 개회사를 했다. 콘스탄티누스는 어떤 결론이든 통합을 위해서는 만장일치 합의를 권유하고 결정된 사항은 절대적으로 따를 것을 강조했다. 그가 원한 것은 특정한 교리의 채택 여부가 아니라 자신이 공인한 기독교의 분란을 해결한 위대한 군주로 인정받는 것이었다. 로마 원로원 회의 방식으로 진행된 이 회의에서 그는 가끔 참석해 회의를 이끌거나 결정을 독려하기는 했으나 투표권은 행사하지 않았다.

최고의 예우 속에서 진행된 이 회의는 한마디로 격세지감을 느끼게 했다. 회의에 참석한 주교 중에는 얼마 전의 디오클레티아누스 박해 때 고문을 당해 한 눈이 먼 사람, 한 팔이 없는 사람, 양치기로 연명하던 주교도 있었다. 회의의 핵심 논쟁거리는 예수와 하느님이 본질적으로 같다는 뜻의 '호모우시오스 Homoousios'의 인정 여부였다. '호모우시오스'는 '동일한 본질'을 뜻하는 단어이다. 공의회 중 중립을 유지해 온 콘스탄티누스는 며칠이 지나도 분쟁이 계속되자 약간 위압적인 분위기에서 참석자들에게 '호모우시오스'가 추가된 신앙 고백문, 즉 〈니케아 신조〉에 서명하라고 독려했다.

주교 대다수는 콘스탄티누스의 설득에 넘어가 〈니케아 신조〉에 서명했다. 처음에는 서명을 거부한 아리우스파 주교들도 서명하고 마지막에는 아리우스와 주교 2명만 서명을 거부했다. 사실상 만장

일치였다. 아리우스 등 3명은 파문당하고 일리리아 지방으로 추방되었다. 공의회는 7월 초에 끝났고, 결정 사항은 편지로 제국 전역에 배포되었다.

주교들은 7월 25일 콘스탄티누스 즉위 20주년을 기념하는 성대한 행사에 초대받아 참석했다가 돌아갈 때는 푸짐한 선물까지 받았다. 외형상으로는 화합과 단결의 해피엔딩이었고 극소수만 배제된 완전한 타결이었다. 그렇다면 이 역사적 공의회를 통해 삼위일체론이 확립되고 기독교계의 분쟁은 깔끔히 해결되었을까?

아리우스는 어떻게 처리되었을까? 공의회 얼마 후 아리우스파 주교들은 아리우스의 복권을 탄원했다. 2년 후인 327년에는 아리우스도 황제에게 탄원서를 보냈다. 황제는 그를 소환해 니케아의 결의를 받아들인다는 약속으로 신앙 고백문을 제출하라고 했다. 아리우스가 이를 이행하자 콘스탄티누스는 공의회 결정 후 3년도 지나지 않아 관련자들을 모두 복권해 주고 추방 명령도 취소했다. 서기 335년 황제가 참석한 대규모 주교회의는 아예 아리우스주의를 공식 승인하고 아리우스를 복권해 주었다. 그러나 아리우스는 이듬해인 336년 복권을 성대하게 공표하기로 예정한 날 아침 급사했다. 삼위일체를 지지하는 후일의 주류 기독교 측에서는 그가 설사로 내장이 터져 나와 죽는 벌을 받았다고 주장했다.

니케아 공의회의 승자인 알렉산드로스 측도 수난을 당했다. 그의 뒤를 이어 삼위일체 수호의 선봉에선 아타나시우스는 서기 335년의 주교회의에서 살인과 마술, 반역 혐의로 알렉산드리아 총대주교직을 박탈당하고 게르만의 트리어로 추방당했다. 그는 무려 5번의 파문과 복권, 추방을 거듭하며 총 20년 유배 생활을 했다. 니케아 공의회가 있은 지 약 50년이 지난 후에 유배지에서 쓸쓸히 세상을 떠났다.

콘스탄티누스는 예수의 13번째 사도로 칭송받는 기독교의 성인급 인물이다. 그냥 황제가 아니고 큰 황제, 즉 '대제大帝'가 이름 뒤에 붙는다. 그는 정말 칭송받을 만한 성인이었을까? 개인적 문제와 내란, 황권 다툼 과정에서 장인을 죽이고 처남을 죽였다. 이복누이의 남편인 매부, 심지어 후계자인 친아들과 황후까지 죽였다. 역사상 이만한 패륜은 보기 드물다. 기독교에서는 세례를 받으면 모든 죄가 사해지며 새 사람으로 거듭나 구원을 받는다고 한다. 콘스탄티누스는 이후에도 많은 죄를 저지르고 죽기 직전에 세례를 받았다. '저질러야 할 죄'를 다 저지른 후 용서받아 천국에 가려고 한 것이다. 황제가 입는 보라색 망토 대신 흰옷을 입고 세례를 받았다. 62세 때였다. 세례를 준 사제는 니케아 공의회에서 자신이 단죄했던 아리우스파의 대표 지지자 에우세비우스 주교였다.

그가 죽은 후 제국은 세 아들인 콘스탄티누스 2세와 콘스탄티우스Constantius 2세, 콘스탄스Constans가 삼분했다. 동방을 통치한 콘스탄티우스는 강력하게 아리우스주의를 지지했다. 353년 콘스탄티우스가 로마 제국을 통일하자 아리우스파들은 완전하게 교회 세력을 장악하여 삼위일체론은 힘을 못 썼다. 그러나 '호모우시오스' 논쟁에서 이를 받아들인 중도파의 지원으로 반아리우스파가 최종 승리했다. 381년 콘스탄티노폴리스 공의회에서 아리우스파는 이단으로 몰려 이후 서서히 소멸했다.

요약하자면, 알려진 바와 달리 콘스탄티누스 대제는 결과적으로는 아리우스파, 즉 삼위일체론을 반대하는 입장에 더 가까웠다고 볼 수 있다. 그의 후계자 콘스탄티우스는 이를 더 분명히 했다. 이는 어찌 보면 당연한 결과였다. 왜냐하면 콘스탄티누스의 본거지였던 로마 제국 동부는 아리우스의 견해가 압도적으로 우세했던 곳이었기 때문이다. 콘스탄티누스 대제가 니케아 공의회에서 아리우스를 일시적으로 단죄할 수밖에 없었던 것은 제국 내 기독교의 분열을 종식하고 통합을 이룬 '제1 시민'인 황제로서의 입지를 확고히 하는 것이 훨씬 더 중요했기 때문이다.

알렉산드리아에 보낸 편지에 썼듯이 콘스탄티누스는 원래부터 삼위일체론을 하찮고 아무 쓸모 없는 말장난으로 여겼다. 실제로 니케아 공의회는 삼위일체론을 공식화하지 않았다. 즉 예수와 하느님이 본질적으로 같다는 '호모우시오스'가 핵심 논쟁거리여서 삼위일체의 또 다른 축인 성령은 거의 논의되지 않았다. 성령이 포함된 삼위일체 교리는 381년 150명의 주교가 모인 제1차 콘스탄티노폴리스 공의회가 아리우스파를 이단으로 규정하면서 비로소 모습을 갖추게 되었다. 최종적인 삼위일체 교리는 니사의 주교 그레고리우스Gregorius Nyssenus가 공식화했다.

사실, 성령Holy Spirit이라는 것은 이해하기 힘든 개념이다. 문자 그대로 성스러운 정신 혹은 영혼인데 그것이 어떻게 하느님, 그리고 그의 아들 예수와 같을 수 있는가? 하느님의 아들이라는 그리스도는 또 어떻게 하느님 아버지와 같을 수 있을까? 삼위일체 교리는 일반인이 논리적으로 받아들이기 어려운 개념이다. 과거 이래 적지 않은 수의 신앙심 깊은 기독교인이나 신학자들은 동의하지 않았다. 아리우스파가 소멸한 이후에도 삼위일체를 부정한 교파들이 끊임없이 등장했다. 대표적인 교파가 '여호와의 증인'이나 (초기의 4명을 포함해) 미국 대통령을 다수 배출한 '유니테리언 교회Unitarianism'이다. 가톨릭 백과사전조차도 "삼위일체 교리는 4세기 후반에 고안된 것으로 볼 수 있다"라고 솔직하게 기록하고 있다 (New Catholic Encyclopedia, vol. 14, p. 299, 1967). 그 점을 인정하지 않으면

4세기 이전의 순교자들이나 대부분의 기독교인은 잘못되거나 미비한 신앙을 가졌다는 모순에 빠진다. 결국 모든 교리는 사람이 만드는 것이다.

결론적으로, 삼위일체 교리는 서기 4세기의 교회 파벌들과 콘스탄티누스 및 그 후계자들의 이해가 서로 얽혀서 만들어진 정치적 산물이라고 볼 수 있다. 역사적 사건으로 기록되지만, 니케아 공의회의 요점은 교회들의 다툼이 세속 국가와 황제의 개입을 불러왔으며, 정치 세력은 이를 이용해 입지를 강화할 목적으로 발 벗고 종교 문제에 나섰다는 사실이다. 이는 이후 펼쳐질 서구 역사에서 바람직하지 못한 선례가 되었다. 독점 종교는 국가를 지배하려 하고, 국가는 종교에 간섭하며 되먹임하는 악순환의 선례였다. 머지않아 다가올 중세의 암흑시대와 종교개혁 이후에 벌어지는 전쟁과 혼란은 이때 서막이 준비된 것이다.

신약 성서의 성립

오늘날 기독교인들에게 성서는 신앙의 중심에 있는 중요한 기록이다. 근본주의 기독교에서는 성서를 문자 그대로 한 획, 한 자도 고쳐서는 안 될 신성한 기록으로 본다. 반면, 자유주의 신학에서는 그 속에 내포된 의미를 보아야 한다는 입장이다. 기독교를 믿지 않는 사람들은 모순투성이의 옛 기록으로 신뢰할 것이 못 된다고 여긴다. 성서는 터무니없는 기록일까?

고대 오리엔트와 그리스, 로마는 기록을 중시한 사회였다. 메소포타미아에서는 이미 기원전 3200년부터 수메르 문자로 종교는 물론 일상을 기록하는 전통이 있었으며, 전문적인 필경사 직업과 이들을 가르치는 교육기관도 있었다. 신약 성서, 더 거슬러 올라가 기독교의 모태인 유대교의 히브리 경전도 이 같은 기록 문화의 배경 속에서 탄생했다. 후대에 한 번에 창작된 것이 아니라 오랜 세월에 걸쳐 쓰인 기록들이었다. 그러나 대량 인쇄술이 발명되기 전의 고대 사회에서는 인구의 대부분이 글을 읽지 못했다.

초기 기독교도들도 마찬가지였다. 성서가 있었다 해도 그것을 가진 사람은 극소수에 불과했다. 양피지나 파피루스는 부피가 큰 고가의 물품이었다. 또한, 누구나 읽을 수 있는 독서용이 아닌 기록 보존의 목적으로 제작되었기 때문에 전문 교육을 받은 소수의 사람만이 접근할 수 있었다. 더구나 개인들이 홀로 소리 없이 읽는 묵독은 대량 인쇄로 책이 보급된 이후에 퍼진 관습이었다. 문자로 쓰인 기록은 소리 내어 읽거나 낭송하는 것이 전 세계 고대 사회의 일반적인 모습이었다. 부처가 직접 설교했다는 《아함경 阿含經》도 함께 모여 소리 내 읽는 합송 방식으로 전해진 것이다.

고대 유대교나 초기 기독교도 마찬가지여서 교리는 경전을 읽고 해석할 수 있는 소수의 학자나 종교 지도자의 암송이나 설명, 즉 말을 통해 민중에게 전달되었다. 예를 들어 유대교의 회당(시나고그 synagogue)은 랍비들이 경전을 암송하고 이를 해설해 주며, 이를 통해 율법을 배우는 장소로서의 역할이 컸다. 초기 예수 공동체에서도 전례liturgy, 즉 공식적 절차에 따라 진행되는 예배 때 듣는 교리가 신앙을 이해하고 전파하는 중요한 수단이었다.

이는 오늘날에도 마찬가지여서 말씀의 전례인 가톨릭의 강론이나 개신교의 설교는 미사나 예배의 중요한 부분이다. 가톨릭 교회의 경우, 1970년 이전까지도 모든 미사는 라틴어로 진행했지만, 교리 해설인 강론만큼은 신도들이 알아들을 수 있게 자국어로 했다. 동방 교회는 신도 대부분이 사용하는 그리스어가 초기부터 동로마 제국이 멸망할 때까지 주요 언어였다. 서방 교회는 3세기경부터 그리스어를 사용하다 나중에 공용어로 채택했다. 그 후 기독교가 로마 제국의 국교가 되자, 서기 313년 당시 지중해 세계의 만국어였던 라틴어를 교회의 공식 언어로 선포했다. 그에 따라 가톨릭 교회는 1500년 이상 미사를 라틴어로 행했다. 미사를 자국어로 하도록 허용한 것은 제2차 바티칸 공의회(1962~1965)의 개혁 방침에 따라 개정된 1970년의 '로마 미사 경본' 이후부터였다.

성경이라는 책이 신도들에게 중요하게 된 것은 근세 이후부터이다. 오늘날 기독교 성경은 잘 알려진 대로 구약 성서와 신약 성서의 두 부분으로 나뉘어 있다. 그러나 초기의 기독교는 신약 성서가 아직 없었기 때문에 모든 교리는 말로 전달되었으며, 당시에는 유대교의 일부였으므로 구약 성서가 경전의 전부였다. 기독교의 구약 성서는 히브리 경전의 타나크와 원칙적으로 같다. 타나크는《창세기》와《탈출기》가 들어 있는 모세 오경, 즉 토라와 예언서인 네비임, 성문서인 케투빔의 세 부분으로 구성되었다.

오늘날의 유대교 경전은 타나크 이외에도 기원후에 구전 율법과 그 해석을 담은《탈무드Talmud》와 랍비들의 경전 구절 해설서인《미슈나Mishnah》의 두 경전이 추가되었다. 그런데 초기 교회의 구성원인 유대인들은 아람어나 그리스어를 썼기 때문에 이를 읽고 이해하는 사람이 많지 않았다. 신실한 유대인들에게도 히브리어는 율법 교육이나 예배용 암송 이외에는 거의 사용되지 않는 언어였다.

초기 교회가 형성될 당시에는 '70인 번역본'으로 불리는 타나크의 그리스어 번역본이 유대인들 사이에 유포되어 있었다. 이 문서는 기원전 3세기 이집트 헬레니즘 왕조의 프톨레마이오스 2세가 자신이 자랑하는 알렉산드리아 도서관에 유대교의 경전도 포함시킬 목적으로 72명의 유대인 학자에게 의뢰해 작성되기 시작했다. 히브리어를 모르는 디아스포라 유대인들을 위해 그리스 코이네어로 번역된 이 문서는 100여 년 만인 기원전 130년경 완성되었다. 그런데 서기 1~4세기의 교부들은 대부분 그리스어 사용자였으므로 '70인 번역본'은 자연스럽게 초기 기독교의 경전으로 사용되었다. 오늘날도 동방 교회와 가톨릭 교회는 이 그리스어 번역본을 구약 성서의 표준으로 사용하고 있다.

이와 달리 개신교에서는 히브리어로 쓰인 타나크를 구약 성서의 표준으로 삼고 있다. 타나크에 없는 몇 개의 문서가 '70인 번역본'에는 포함되어 있기 때문이었다. 그러나 타나크는 '70인 번역본'보다 약 200년 후인 서기 90년경 유대인들이 얌니아 회의에서 유대 경전으로 최종 확정한 24개의 문서이다. 따라서 가톨릭 교회에서는 타나크에는 제외되었지만, 그보다 앞서 유대교의 12지파 대표 학자들이 작성한 '70인 번역본'에 포함된 개신교에서 '외경外經'이라 부르는 문서도 중요하다고 여겨 구약의 제2 경전으로 구별해 존중하고 있다. 이런 연유로 가톨릭의 구약은 46권으로 개신교의 39권보다 7권이 더 많다.

이제 기독교 성서의 또 다른 기둥인 신약 성서로 넘어가 보자. 신약 성서는 예수의 생애와 가르침, 초기 교회의 역사, 그리고 교리 해설을 담고 있다. 따라서 유대교에서는 인정하지 않지만, 예수로부터 시작된 기독교 측에서 보면 구약 성서보다 더 중요하게 여기는 경전이다. 신약 성서는 서기 1세기 후반부터 2세기 초 사이에 작성되었다. 구약 성서보다 나중의 문서여서 저자, 작성 시기 등이 덜 모호한 편이지만, 신약 성서 역시 공식 경전으로 확정되기까지 길고 복잡한 역사적·종교적 과정을 거쳤다.

신약 성서는 크게 네 부류의 문서로 나눌 수 있다.

첫째는 예수가 누구인지를 기록한 네 권의 복음서이다. 그의 행적(사역)과 설교, 죽음, 부활 등을 다루므로 기독교 성서의 핵심 문서이다. 따라서 신약 성서의 맨 앞에 배치했는데, 순서대로 열거하면 《마태오 복음서》, 《마르코 복음서》, 《루카 복음서》, 《요한 복음서》이다. 작성 시기는 서기 66~100년 사이로 추정된다.

각 복음서는 듣는 대상이나 작성자의 신앙적 필요에 따라 똑같은 예수의 행적이라도 조금씩 다르게 서술했다. 그러나 《마태오 복음서》, 《마르코 복음서》, 《루카 복음서》는 형식과 내용 면에 공통점이 있으므로 공관共觀 복음이라 부른다. 공관 복음서는 가장 먼저 기록된 복음도 십자가 사건 이후 무려 30~45년이 지나 작성되었다. 따라서 저자들은 생전에 예수를 직접 보지 못한 사도들의 제자 혹은 그 측근일 것이다.

네 복음서 중 가장 먼저 작성된 것은 《마르코 복음서》로, 그 시기는 서기 66~74년 사이라는 것이 정설이다. 저자인 마르코는 문맹이었던 베드로가 선교 여행을 할 때 통역사로 자주 데리고 다니며 아들처럼 아낀 인물이었다. 초기 교부의 한 기록에 의하면, 네로의 박해로 베드로가 로마에서 순교하기 전 그에게 예수의 행적을 기록하라고 부탁했다 한다. 그때까지 초기 교회에서는 예수의 언행이 '예수가 말씀하신 것', 즉 '로기온logion'이라는 단편적인 형태로 구전되고 해석되고 교육되었을 뿐 하나로 정리된 문서가 없었다.

《마르코 복음서》는 예수의 메시지에 대한 단편적인 해석이나 설명이 아니었다. '케리그마Kerygma', 즉 일방적인 '선포'였다. 예수가 전한 '기쁜 소식(복음)'이 무엇인지를 여러 사람에게 공개적으로 알린 것이다. 예수의 사후 40여 년 만에 예수가 어떤 삶을 살았으며, 그가 전하고자 한 메시지가 무엇인지를 알려주는 정리된 첫 문서가 《마르코 복음서》이다.

가장 먼저 나온 복음서여서인지, 《마르코 복음서》는 길이가 가장 짧고 담백하다. 이방인 기독교도를 위해 작성된 것으로 보이는 이 복음서는 어찌 보면 역사적 인물 예수를 가장 사실에 가깝게 기록한 것일 수 있다. 이 복음서에는 예수의 탄생 설화나 메시아임을 주장하기 위해 다윗의 후손임을 열거하는 족보가 없다. 사실, 처녀의 몸에서 잉태되었다면 예수나 양아버지가 되는 요셉이 다윗의 후손임을 증명하기 위해 족보를 열거하는 것은 모순이다.

《마르코 복음서》에는 예수가 부활 후에 나타났음을 증명하는 설명도 없다. 앞의 절에서 언급했듯이 예수의 빈 무덤을 보고 여자들이 놀라 도망갔다는 구절로 끝난다. 《마르코 복음서》의 특징은 '수난 복음'이라 불릴 만큼 분량의 3분의 1이나 할애해 예수의 수난을 강조한 점이다. 이는 문서가 작성된 시기와 무관치 않을 것이다. 당시 유대 사회는 서기 66~73년의 제1차 유대 독립전쟁 중 로마군에게 반란이 진압되는 과정에서 유대 지역 유대인의 4분의 1이 죽고 '마사다 요새'의 비극을 겪는 등 참담한 상태에 있었다.

한편, 《마태오 복음서》와 《루카 복음서》는 《마르코 복음서》를 토대로 덧붙이고 다듬어 쓴 문서로 추정된다. 이는 《마르코 복음서》의 661개 문장 중 《마태오 복음서》는 600여 개, 《루카 복음서》는 350여 개가 동일한 점으로 유추할 수 있다. 여기에 더해 두 복음서는 《마르코 복음서》에 없는 200여 문장이 동일한데, 이는 당시에는 있었으나 현존하지 않는 'Q문서'(독일어의 '출처'를 뜻하는 '퀠레Quelle'

의 약자)를 참조했기 때문으로 본다. 또한 《마태오 복음서》와 《루카 복음서》는 각기 M 및 L이라는 지금은 없는 문서도 추가로 참조했다고 추정된다.

네 번째 복음서인 《요한 복음서》는 나머지 세 공관 복음서와 뚜렷이 다른 형식과 문체로 예수의 전기를 기록하고 있다. 이 문서는 지적 수준이 높은 이방인들을 대상으로 쓴 듯, 초기 기독교의 초보적 신학을 그리스 철학과 접목시킨 특징이 있다. 저자는 예수의 애제자 요한이라고 전승되지만, 문서의 작성 시기나 문체의 교육 수준으로 미루어 가칭 '요한 학파'로 불리는 몇 명이 작성한 것으로 보인다. 작성 추정 연대는 복음서 중 가장 늦은 서기 90~110년이다. 역사적 예수를 기록한 세 복음서와 달리 《요한 복음서》의 예수는 그리스 철학이 가미된 교리를 길게 설교한다. 무엇보다도 자신이 메시아라는 사실을 알리지 말라고 명령한 세 복음서와 다르게 《요한 복음서》에서는 예수 스스로 자신이 그리스도임을 적극적으로 알리고 있다.

신약 성서를 구성하는 두 번째 부류의 문서는 《사도행전》이다. 이 문서는 초기 교회의 역사와 사도들의 활동을 기록하고 있다. 작성자는 《루카 복음서》의 저자인 루카로 추정된다. 이런 이유로 《루카 복음서》의 속편이란 별칭도 있다. 일설에 의하면 루카는 의학을 공부한 헬라(그리스)파 의사로 사도 바울로를 자주 수행했다고 한다. 그래서인지 사도 바울로의 선교 활동에 약 절반의 분량을 할애해 소개하고 있다. 《루카 복음서》과 《사도행전》은—아마도 본인의 출신도 반영했겠지만—바울로가 강조했던 이방인의 개종과 선교를 비중 있게 다루고 있다.

세 번째 부류의 신약 성서 문서는 바울로가 여러 지역 교회에 보낸 서신들로, 기독교 교리와 윤리적·신앙적 해석을 담고 있다. 바울로의 서신은 신약 성서 27권 중에서 13권이나 될 만큼 중요한 위치를 차지하고 있다. 하지만 성서학자들의 분석에 따르면, 이 중 7권만이 확실하게 바울로가 작성했으며, 나머지 2권은 분명치 않고, 4권은 다른 사람이 썼을 가능성이 높으며 1권은 위작이 분명하다고 본다. 이는 바울로의 영향력이 초기 기독교 공동체 내에서 얼마나 컸는지를 보여 준다. 이런 경향은 2세기 초 이후부터 더욱 뚜렷해졌다. 예루살렘 지도부를 제외한 로마 제국 각지의 많은 초기 교회 지도자들이 그의 권위에 의탁해 활동했다. 그러다 보니 그가 쓴 것으로 포장한 위서들도 등장한 것이다. 바울로는 생전에도 이를 알고 어떤 서신에서는 자신이 직접 썼다고 별도로 언급한 적도 있다.

바울로의 서신들은 예수의 '말씀'을 기록한 네 복음서보다 시기적으로 앞선 문서이다. 다시 말해 서기 50년경부터 작성된 신약 성서에서 가장 오래된 문서인 것이다. 말씀보다 해석이 먼저 작성된 셈이다. 바울로 자신도 예수의 설교 내용이나 행적은 거의 언급하지 않았다. 그가 강조한 것은 십자가의 죽음과 부활의 의미, 그리고 그것을 믿음으로써 죄에서 해방되어 구원된다는 해석이었다. 신약 성서의 마지막 네 번째 부류 문서는 일반 서신들과 묵시록이다. 즉, 베드로, 야고보, 요한 등 다른 사도들이 쓴 서신과 예언적 성격을 띤 《요한 묵시록》이 여기에 포함된다.

이상 살펴본 대로, 신약 성서의 문서들은 처음부터 경전이 되리라 예상하고 쓴 글들이 아니었다. 신약 성서의 약 절반을 차지하는 바울로의 서신만 해도 그렇다. 바울로의 편지들은 교리를 설명한 내용도 있지만 각 지역 교회의 설립이나 운영 문제, 안부 인사,

연락 사항 등 실무적인 사항을 그때그때 필요에 따라 적은 것들이었다. 복음서도 마찬가지였다. 곳곳에 흩어진 교회의 구성원이 누구인지 대상에 따라 전하는 내용을 맞춤형으로 작성한 문서들이었다. 글자 하나에 절대적인 의미를 부여해 쓴 글들이 아니었다. 이처럼 유연하게 작성한 문서들이었기 때문에 다른 사람들이 부분적으로 고치거나 삭제하거나 추가해도 아무 문제가 없었다. 그 과정에서 변경이나 오류도 있었을 것이고 개작자의 견해대로 변경도 했을 것이다. 대부분 문서의 저자가 누구인지 불명한 것도 그 때문이다. 옥스퍼드의 성서학자 존 바턴John Barton의 지적대로 당시에는 이런 것들을 포함해 대필을 하거나 가명을 사용하는 것 등이 관습이었다. 오늘날의 잣대처럼 부도덕한 행위가 아니었다.

성서의 내용들이 서로 좌충우돌하고 똑같은 사안을 다르게 기록한 것은 자연스러운 결과였다. 그래서 예수의 빈 무덤에 있었던 대상을 《마태오 복음서》는 '한 천사', 《마르코 복음서》는 '한 청년', 《요한 복음서》는 '흰옷 입은 두 천사'로 기록한 것이다. 거짓으로 각본을 꾸미려면 성서의 편집자나 선별자들이 조정했을 것이다.

그렇다면 기독교의 성서는 어떻게 편집되고 선별되어 교회가 공식적으로 인정하는 경전, 즉 정경canon이 되었으며, 왜 그런 과정이 필요했을까? 가령, 모든 종교에 정경이 있는 것은 아니다. 불교만 해도 수많은 경전이 있지만 특별히 정한 정경이 따로 없다. 따라서 정경이 아닌 다른 경전을 이단으로 취급하는 일도 없다.

예수의 죽음 직후 그를 따르던 사람들이 모여 형성된 소규모 공동체, 즉 초기 교회에서는 예수의 행적과 메시지가 제자들과 측근의 말을 통해 입에서 입으로 전달되었다. 시기적으로 서기 30~50년 사이의 초기 기독교는 문서화된 기록 없이 구전에만 의존해 신앙을 전파하던 작은 집단 단계에 머물러 있었다. 예수가 부활했으며 곧 다시 오실 메시아라는 내용 말고는 유대교와 뚜렷이 구분되는 교리가 없는 한 분파였기 때문에 독자적인 경전이나 문서의 필요성도 없었다.

그러나 서기 50년대와 60년대에 바울로가 로마 제국 동부의 여러 곳에 세운 예수 공동체에 편지를 씀으로써 기독교의 기본 교리와 윤리적 가르침이 점차 문서화되기 시작했다. 이어서 복음서들이 차례로 작성되었다. 가장 먼저 《마르코 복음서》가 서기 65~75년경에 쓰였고, 이어서 《마태오 복음서》와 《루카 복음서》가 80~90년경에, 마지막으로 《요한 복음서》가 90~110년경에 작성되었다. 비슷한 시기에 《사도행전》과 《요한 묵시록》 등 다른 중요 문서들도 저술되었다. 그러나 이 문서들은 구약 성서만큼의 권위를 인정받지는 못했다. 선교와 신도들의 교육을 위해 자유롭게 인용되는 참고용 자료 수준이었다.

그러나 서기 2세기 초반에 접어들면서 말뿐만 아니라 문서도 점차 중요해지기 시작했다. 예수를 생전에 직접 보았던 제자들이나 바울로 같은 사도들이 모두 세상을 떠나자, 구전되는 내용이나 기록이 그들의 것인지 진위 여부가 중요하게 된 것이다. 이에 따라 각 지역 교회들은 사도들의 편지와 복음서를 수집하고 공유하기 시작했다. 그러나 이 시기에도 복음서나 바울로의 서신 등은 구약 성서와 같은 경전으로 간주되지 않았다. 이전처럼 당시 교회들도 사도들의 것이라 추정되는 다양한 문서들을 선교와 신앙 교육에 참조로 사용했을 뿐이다. 어떤 문서를 인용해서 설교하는지는 중요치 않았다.

그중에는 《베드로 복음서》, 《토마스 복음서》(도마복음), 《헤르마스의 목자》 등도 포함되었다. 이 문서들은 초기의 여러 교회에서 중요한 신앙적 문서로 사용했지만, 후에 신약 성서 정경에 포함되지는 않았다. 각 지역 교회는 사도들의 문서를 토대로 예수의 가르침을 자신들의 방식대로 해석하고 전파했으며, 이러한 다양성은 초기 기독교의 특징이었다.

하지만 다양성 때문에 비롯되는 문제점과 그에 따른 정경화의 필요성이 2세기 중반부터 대두되기 시작했다. 170년경에는 '무라토리 정경Canon Muratori'이라는 교회 측 목록이 등장했다. 18세기에 이탈리아 밀라노에서 단편으로 발견된 이 라틴어 사본은 현재 기독교에서 사용하는 신약 성서의 대부분을 포함하는 정경 목록으로 평가된다. 이어 서기 180년경에는 리옹의 주교 이레네우스Irenaeus가 네 복음서(《마태오 복음서》, 《루카 복음서》, 《마르코 복음서》, 《요한 복음서》)의 중요성을 처음 언급하면서 구약 성서처럼 경전이 되어야 한다고 주장했다.

이후 서기 3세기와 4세기를 거치면서 신앙적 문서를 정식 경전으로 만드는 정경화 과정은 서서히 그러나 보다 면밀히 검토되었다. 3세기 초의 교부 오리게네스Origenes는 무라토리 목록의 대부분을 인정하면서 몇몇 문서에 대해서는 의문을 제기했다.

또한, 4세기 초의 교부 에우세비우스는 신앙적 문서들을 세 부류, 즉 널리 인정된 문서, 논란이 있는 문서, 거짓 문서로 분류하여 문제를 체계화했다. 정경화의 완성은 서기 367년 이집트 알렉산드리아의 주교 아타나시우스Athanasius가 부활절 서신에서 현재와 동일한 27권의 신약 성서 목록을 제시하면서 이루어졌다. 이 목록은 보다 후에 히포 공의회(서기 393년)와 카르타고 공의회(397년)에서 공식적으로 승인되었다.

신약 성서 목록의 문서들이 정경으로 선정된 데에는 네 가지 기준이 있었다. 첫째는 사도성으로, 사도나 그들의 측근이 작성했다고 여겨지는 문서였다. 둘째는 보편성으로, 교회에서 널리 인정받고 사용된 문서여야 했다. 셋째는 정통성으로, 교회의 기본 교리와 일치하는 내용을 담고 있어야 했다. 마지막으로 영감성으로, 성령의 계시로 작성되었다고 판단되는 문서였다.

이처럼 신약 성서의 정경화는 교회가 일방적으로 내린 행정적 결정이 아니라, 350여 년에 걸쳐 기독교 공동체 내에서 점진적이고 신중하게 이루어진 과정이었다. 물론, 최종적으로 포함된 목록에는 신약의 마지막 문서인《요한 묵시록》처럼 과도한 예언성 때문에 반론이 제기된 문서도 있었으며,《베드로 복음서》나《헤르마스의 목자》처럼 초기 교회 일부에서 중요시했던 문서들이 누락되기도 했다. 그러나 선별된 목록들은 대체로 초기 기독교 공동체에서 널리 인용되던 문서들이었다.

하지만 신약 성서의 정경화는 모든 철학 사상과 세계의 다른 종교의 교리가 그렇듯이 사람이 만들고 내린 판단의 산물이었다. 사도들과 그 측근들, 초기 교회의 교부를 포함하는 많은 사람이 작성하고 편집하고 선별하면서 300여 년에 걸쳐 다듬어지고 만들어진 결과였다. 자구 하나도 고쳐서는 안 될 절대적 기록은 아니었다. 만약 그렇다고 주장한다면, 서기 4세기 이전의 기독교에는 문서로 확정된 공통된 신약 성서가 없었다는 사실은 어떻게 설명해야 할까? 부활한 예수는 제자 베드로와 요한 등 제자들에게 나타나 복음을 전하라고 명령했다. 그러나 그들은 글을 읽을 줄 모르는 문맹이었다. 처음부터 복음은 경전이 아닌 말이자 의미였던 것이다.

교리 논쟁, 원죄와 자유 의지

아우구스티누스는 교부철학敎父哲學의 정립에 큰 영향을 미친 철학자이자 신학자이다. 교부철학은 기독교 교리를 철학의 틀로 보강하는 신학이다. 아우구스티누스는 354년 북아프리카의 타가스테에서 태어나 방탕하고 부박한 젊은 시절을 보내다가 기독교 신자인 어머니의 간절한 권유로 기독교에 귀의했다. 이후 《고백록 Confessiones》 같은 저서를 통해 죄로 말미암아 타락한 인간의 본성과 지성을 역설하며 남은 생을 보냈다.

아우구스티누스에 따르면, 인간은 태어날 때부터 죄된 성향을 갖고 태어나기에 죄를 지을 수밖에 없다. 그는 《고백록》에서 갓 태어난 아기도 죄를 갖고 태어남을 증명하고자 했다. 태어나자마자 우는 것을 그는 강력한 증거로 제시하였다.

따라서 유아도 죄를 씻겨 주는 세례를 받는 것이 필수였다. 죄는 유전되는 것이며 죄의 세력은 인간을 포로로 잡고 있어 인간은 거기서 빠져나올 수 없다. 하느님의 은총만이 인간을 죄에서 자유롭게 해준다고 했다. 그래서 그는 예수 그리스도를 의사로, 교회를 병원, 인간을 치료가 필요한 환자로 자주 묘사한다. 한편 아우구스티누스와 신학적으로 완전히 반대의 입장에 서 있던 펠라기우스 Pelagius는 완전한 인간 본성을 강력히 피력했다.

펠라기우스는 브리타니아 출신의 수도사였다. 성직자가 아니었던 그는 4세기 말~5세기 초 로마에 머물며 금욕적인 생활과 강연 활동을 했다고 전해진다. 펠라기우스는 죄란 하느님을 거슬러서 고의로 저지르는 행위일 뿐이라 했다. 인류는 죄 없이 태어났고, 본성상 죄된 성향이란 찾을 수 없다.

인간의 능력은 전혀 훼손되거나 손상되지 않으며, 인간은 언제든지 하느님의 계명을 수행할 수 있다. 육체의 약함은 변명의 대상이 되지 않는다. 교회에 참석할 수 있는 사람도 이렇게 도덕적으로 완전한 사람만 가능했다. 이러한 그의 낙관적인 인간관은 아우구스티누스식 원죄론을 철저하게 부정하였다. 아우구스티누스가 아담 안에서의 죄인을 얘기할 때 펠라기우스는 아담의 죄는 아담 당시로 끝나며 후세의 인류와는 관계가 없다고 주장한 것이다.

펠라기우스의 관점에 따르면 인간은 완전한 자유 의지를 갖고 있기에 자신의 죄에 전적인 책임을 져야 했다. 그에게 인간의 본성은 전적으로 자유로우며, 이해할 수 없는 약함에 의해 손상되지 않는 것이었다. 하느님이 인간의 결정에 직접 간섭하는 것은 인간의 순수성을 손상시키는 것이나 마찬가지였다. 하느님은 자신이 직접 인간을 지었기 때문에 그들이 무엇을 할 수 있는지 잘 알고 있었다. 따라서 인간은 하느님이 명령한 모든 계명을 지킬 수 있고, 또 지켜야 했다.

하느님이 인간이 못 지킬 명령 따위를 내릴 리가 없기 때문이었다. 그러므로 인간이 약해서 계명을 못 지켰다느니 하는 소리는 전부 핑계에 불과하다. 반면에, 아우구스티누스는 인간은 제한된 선택의 자유를 행사하지만, 이 자유는 죄로 얼룩져 계속 죄를 짓는 경향에서 벗어날 수 없는 소위 '포로 된 자유 의지'이며, 오로지 은총만이 이 경향에서 해방시켜 주는 유일한 수단이라고 보았다.

펠라기우스와 아우구스티누스는 신학적으로 완전히 반대되는 태도를 보인 사람들이었다. 인간의 능력과 자유를 강조하며 원죄를 부인한 펠라기우스와 하느님의 절대 주권과 은총 그리고 인간의 전적인 타락을 주장한 아우구스티누스. 그 둘은 결국 로마 교황청의 판단에 의존하게 되었다. 명망 높은 주교 아우구스티누스를 공격한 펠라기우스는 서기 415년에 14명의 주교에게 조사를 받았지만 자신의 정당함을 설득하는 데 성공했다. 그러나 이듬해 아우구스티누스의 고발에 의해 이단으로 단죄되었다. 418년에는 서로마 황제 플라비우스 호노리우스Flavius Honorius가 칙령을 내려 펠라기우스를 로마에서 추방하였으며, 같은 해 카르타고 공의회는 펠라기우스주의자들을 대대적으로 숙청했다.

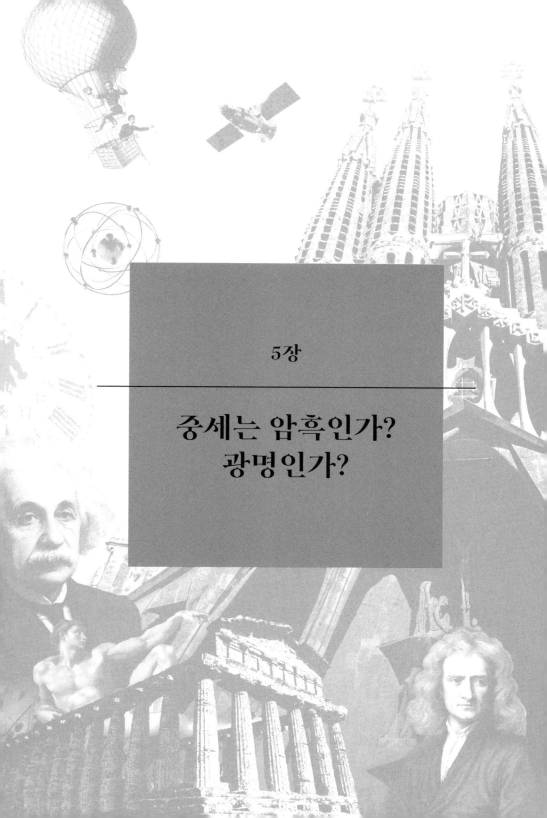

5장

중세는 암흑인가?
광명인가?

서양의 중세는 어떤 시대였나?

일반적으로 서양의 중세는 서기 5세기부터 15세기까지로 본다. 서기 476년, 서로마 제국이 몰락하고 유럽 사회가 봉건제로 변하면서 시작됐으며, 비잔티움 제국 멸망(1453년), 콜럼버스의 신대륙 발견(1492년)과 같은 큰 사건이 벌어진 15세기에 막을 내렸다는 관점이다. 르네상스의 시작과 종교개혁도 중세의 종료를 알리는 사건이다.

이 시기는 초기 중세(5~10세기), 중기 중세(11~13세기), 후기 중세(14~15세기)로 나눌 수 있다. 중세가 암흑시대Dark Ages라고 불린 이유는 르네상스와 계몽주의 시대의 학자들이 중세를 부정적으로 묘사한 탓이다. 이들은 중세를 학문과 예술이 침체하고 비합리적이며 종교적인 억압이 강했던 시대로 인식했다. 주요 이유는 다음과 같다.

첫째, 중세 초기, 로마 제국의 멸망 이후 고대 문명의 지식과 문화적 성취가 많이 사라졌다. 특히 이 시기 서유럽에서는 그리스와 로마의 철학, 과학, 예술이 크게 쇠퇴했다. 둘째, 중세에서 학문의 중심은 교회였으며, 교회는 성경과 종교적 교리를 중심으로 교육을 제공했다. 새로운 아이디어나 과학적 탐구보다는 종교적 교리가 우선되었고, 이에 반하는 학문이나 사상은 이단으로 간주돼 억압받았다. 셋째, 르네상스 인문주의자들은 고대 그리스와 로마의 문화를 이상적으로 여겼고, 중세를 문화적 암흑의 시기로 묘사했다. 이들은 고대 문명과 비교했을 때 중세가 학문적으로 빈약하며, 비합리적이고 미신적이었다고 비판했다. 넷째, 계몽주의 시기에 이르러 중세는 더욱 부정적으로 평가되었다. 이 시기의 학자들은 이성을 중시하고 과학적 사고를 강조하면서, 중세의 종교 중심적 사고를 후진적이라고 여겼다. 계관시인 프란체스코 페트라르카 Francesco Petrarca 등 14세기 르네상스 초기 인문학자들이 처음 사용한 암흑시대라는 용어가 이 시기에 다시 사용됐으며, 그 의미 또한 강화됐다.

유럽의 중세가 암흑시대로 불린 것과는 대조적으로 같은 시대 남쪽의 이슬람 세계는 새로운 번영의 시대를 맞았다. 서기 622년 아라비아반도에서 태동한 이슬람교는 종교와 결합된 독특한 정치·군사 체제로 불과 10여 년 만에 옛 헬레니즘 시대의 영토 대부분을 차지했다. 특히, 압바스 왕조(750-1258)는 학문적·문화적으로 크게 번영하여 중세 이슬람의 황금기를 구사했다. 이베리아반도까지 확장된 이슬람 제국에서는 고대 그리스, 로마, 페르시아 텍스트 번역 및 연구, 그리고 수학, 천문학, 의학, 화학, 철학 등 분야에서 획기적인 발전을 이루었다. 이 시기의 이슬람권은 종교적 맹신에 빠져 낙후된 암흑 속의 유럽과 달리, 종교적 관용, 이민족에 대한 포용성, 학문의 자유 등이 만개해 당시 지구상에서 가장 발전한 지식과 학문의 중심지로 떠오르면 다양한 분야에서 눈부신 발전을 이루었다.

한편, 11세기 말부터 200여 년 동안 지속된 십자군 운동은 거의 약탈 전쟁에 가까웠으나 많은 유럽인에게 외부 세계를 접할 기회를 주었다. 그 결과 베네치아, 제노바 등, 이탈리아 해상도시들이 세워지고 지중해를 통한 무역 네트워크의 확장, 은행 및 금융 시스템이 발달하는 계기가 되었다. 특히, 이슬람에서 번역된 아리스토텔레스의 저작, 아랍 의학, 수학, 천문학 등 지식의 유입되자 12~13세기에는 유럽에서도 대학들이 설립되기 시작했다.

십자군 전쟁과 함께 유럽의 중세시대가 막을 내리도록 해준 결정적 계기는 13~14세기의 몽골 제국의 확장이었다. 몽골의 침공으로 이슬람 제국들이 붕괴하고 동유럽의 정치 지형이 재편되었다. 유럽은 몽골의 기동전과 화약무기에 대응하기 위한 군사 기술의 혁신이 이루어졌다. 그러나 무엇보다도 몽골 제국에 의한 '팍스 몽골리카Pax Mongolica'로 유라시아 대륙 무역로인 실크로드가 안전하게 되자 이탈리아 상인들이 중국까지 직접 교역하는 것도 가능하게 되었다. 또, 인쇄술, 화약, 나침반 등 중국 기술의 서방 전파가 촉진되었다. 그러나 다른 한편으로는 몽골 제국을 통한 흑사병의 확산으로 유럽 인구의 30~60퍼센트가 사망하기에 이르렀다. 결국 유럽의 기존 정치, 경제, 사회 체제는 붕괴되었으며, 중세는 막을 내리게 된다.

이 장에서는 유럽의 근세를 열고 암흑시대를 종식시키는 데 기여한 중세 이슬람 제국과 몽골 제국의 확장과 그에 따른 동서양 문화의 만남에 대해 알아본다.

이슬람의 태동

무함마드의 생애

무함마드Muhammad는 서기 570년경 메카에서 태어났다. 어려운 가정 환경에서 자랐으나 성실한 상인이라는 평판 덕분에 부유한 미망인 카디자Khadijah와 결혼할 수 있었다. 명상과 기도를 위해 메카 근처 히라산에 자주 오른 무함마드는 610년경 이 산의 동굴에서 천사 지브릴(가브리엘)을 통해 유일신 알라의 계시를 받는다. 당시 메카는 아라비아반도의 주요 상업 도시로, 다양한 부족과 종교가 공존했다. 메카의 카바Kaaba 신전을 찾는 순례자들이 늘어남에 따라 메카는 경제적 번영을 이루었다.

그러나 무함마드가 히라산에서 받은 계시를 토대로 유일신 알라의 가르침을 전파하면서 다신교를 기반으로 한 메카의 경제적 기반이 위협을 받게 됐다. 이에 따라 무함마드는 메카의 기존 지도층으로부터 박해를 받게 된다. 무함마드는 서기 622년 박해를 피해 메디나로 이주했다. 이 사건을 헤지라Hejira라고 부르는데, 이슬람력은 이 해부터 시작된다. 메디나의 종교적·정치적 지도자가 된 무함마드는 움마Ummah라는 공동체를 형성하고, 종교와 정치가 결합한 새로운 형태의 사회를 이끌었다. 메카와 여러 번 전투를 치러 세력을 키운 움마는 630년 메카를 정복했고, 드디어 이슬람은 아라비아 전역으로 퍼지게 되었다.

왜 메카에서 시작되었나?

아라비아반도를 거쳐 지중해와 인도양을 연결하는 홍해 무역로의 중간 지점인 메카는 교역 중심지로서 중요한 역할을 했다. 메카의 교역은 4~5세기경 본격적으로 자리 잡게 되었다. 3세기 말부터 로마 제국과 사산조 페르시아 사이에 전쟁이 잦아지면서 기존의 육상 무역로인 실크로드가 불안정해진 게 원인이다. 홍해와 아라비아반도를 경유하는 해상 무역로가 더 자주 이용됨에 따라 메카는 이 경로에서 중요한 중간 기착지로 성장하게 됐다. 메카의 상인들은 인도, 페르시아, 아프리카 동부 등에서 온 향신료, 비단, 귀금속, 가죽 등 여러 고가의 물품을 거래했다.

다양한 부족과 종교를 포용한 메카는 일종의 중립 지대였다. 특히 여러 부족의 성지였던 카바 신전에서는 분쟁 없이 상업 활동을 할 수 있었다. 카바 신전 덕분에 메카는 상업의 중심지가 됐다. 상인들은 종교적 행사를 겸해 이곳에서 거래를 이어갔다. 메카의 상업이 활성화되면서 부유한 상인 계층이 형성되었다. 그중 주요 부족이 쿠라이시족이었는데 무함마드의 가문인 하심 가문도 같은 부족으로서 이러한 상인 계층의 일원이었으며, 자연스레 그의 초기 생애에서 상업이 중요한 역할을 차지했다. 또한 쿠라이시족은 메카의 카바 신전을 관리하는 역할도 했다. 무함마드가 유일신 신앙을 전파하기 시작했을 때, 쿠라이시 지도층은 그의 가르침이 카바를 중심으로 한 다신교적 경제 구조와 메카 사회의 전통에 위협이 된다고 보고 무함마드와 초기 이슬람 신도들을 박해하기도 했다. 이에 위협을 느낀 무하마드는 메카를 떠나 메디나로 이주했다가 힘을 키워 메카를 다시 정복했다.

메디나에 도피했던 시기 그곳에는 다양한 종교의 아랍인과 유대인 부족들이 물 문제로 다투며 살고 있었다. 그들은 분쟁의 조정자로 무함마드를 추대했다. 그리고 서기 622년 그들과 무함마드는 역사적인 〈메디나 헌장〉에 서약했다. 이는 오늘날까지 신정神政 일치의 근거가 되는 이슬람의 공식 헌법으로 분쟁 조정을 위한 획기적인 평화·사회 계약이었다. 그 내용은 파격적이어서, 무슬림과 비무슬림 아랍인인 딤미, 유대인, 기독교인은 각자의 종교적 자유와 경제권을 가지며 매우 낮은 세금만 부담한다는 것이었다. 더 놀라운 것은 외부의 공격이 있을 때는 함께 같이 싸우고 전쟁 비용은 분담한다는 것이었다. 다만 무슬림 사이의 전쟁에는 딤미, 유대인, 기독교인은 참전하지 않는다는 조건이었다. 이처럼 종교적 관용으로 굳건히 뭉친 결과, 불과 1만의 군사로 무함마드는 메카를 거의 무혈 입성하고, 2년 만에 아라비아반도를 접수했다.

카바 신전은 이슬람의 가장 성스러운 장소로서 '알라의 집'이라 불린다. 이슬람 전통에 따르면 하느님(알라)이 아담에게 신전 지을 장소를 알려주기 위해 떨어뜨린 돌이 있었는데 노아의 홍수 때 잃어버렸던 것을 아브라함(이브라힘)과 그의 아들 이스마엘(이스마일)이 천사의 도움으로 찾아 그곳에 지었다고 한다. 이슬람 신자들은 우상숭배를 금하지만 예외적으로 지금도 매일 이곳을 향해 기도한다. 카바는 높이 13.1미터, 길이 11.03미터, 폭 12.86미터인 육면체의 검은 건물로 내부에 그 돌이 있다.

이슬람의 교리적 특성

이슬람 교리의 대표적 특징은 다음과 같다.

첫째, 강력한 유일신 신앙의 종교이다. 알라 외에 다른 신은 존재하지 않으며, 알라는 창조주이자 전지전능한 존재이다. 알라는 신the God의 일반 명사가 관용어로 굳은 것이다.

둘째, 신과 나 사이에는 성직자와 같은 중간 매개자가 불필요하다. 기도로 직접 연결된다. (다만, 무슬림의 16퍼센트를 차지하는 이란 시아파에서는 성직자가 중요하다.)

셋째, 신은 관대해서 화내거나 처벌하지 않는다. 회개하면 배교를 포함해 모든 죄를 무조건 언제나 용서한다. 죄는 자기 자신에 대한 배신일 뿐이다. 아담과 이브의 죄도 이미 용서했으므로 인간은 원죄가 없다.

넷째, 신의 결정에 대해 인간이 자의적으로 해석하면 안 된다. 불행도 신의 뜻이므로 구복적 기도 대신 "신은 위대하다"로 신에 모든 것을 돌려야 한다.

다섯째, 이슬람은 신앙 고백(샤하다Shahadah)과 기도(살라Salah), 자선(자카트Zakat), 단식(사움Sawm), 성지 순례(하즈Haj)를 믿음의 필수적 실천으로 강조한다. 이를 이슬람의 다섯 기둥이라 한다.

이슬람과 기독교의 비교

'알라'는 이슬람교의 특별한 신이 아니라 기독교나 유대교의 '하느님'이나 '야훼'와 동일하다. 형제 종교인데다가 유일신의 신은 하나라고 보기 때문이다. 《쿠란》에는 이런 형제 종교를 믿는 자들도 무슬림과 동등하게 천국에 간다는 언급이 여러 차례 나온다. 따라서 유태교, 기독교인은 개종시킬 필요성이 없다는 것이 이슬람교의 예전부터의 공식 견해이다. 알라라는 단어는 신the God을 뜻하는 '알 일라al-ilāh가 변형된 것으로 초기 이슬람 문헌에는 '알라'와 혼용하고 있다. 예수가 사용한 아람어의 엘라Elāh, 히브리어 성서의 엘로아Elōah와 뿌리가 같다. 6세기 순교한 기독교 순교자 이븐 무함마드의 반지에는 "알라는 나의 주님이시다"라고 쓰여 있으며, 오늘날의 아시리아 동방 교회, 몰타의 가톨릭인들도 하느님을 알라로 부르고 있다.

이슬람의 교리는 유일신을 믿는 것 이외는 단순, 명료하며 복잡한 철학을 거부한다. 따라서 원죄, 삼위일체 등을 부정한다. 이슬람에서는 예수를 예언자 중 하나로만 볼 뿐 신의 아들 같은 신성과 관련된 존재로는 보지 않는다. 예수는 중요한 예언자이지만 신의 피조물로서 아들이 아니라는 것이다. 그 대신 최후의 심판 날에 어떤 역할을 하는 특별한 예언자로는 인정하고 있다. 최후의 계시는 무함마드를 통해 이루어졌다고 보지만 그 경우도 보통 사람으로 '경고자'일 뿐으로 간주한다.(《쿠란》 Al-Hijr, 15:89)

이슬람은 메카 입성 후 약 20년 만에 페르시아 지역, 90여 년 만에 이베리아반도까지 이르는 방대한 영토에 이슬람 국가를 세웠다. 기적에 가까운 국가 건설 속도 기록이다. 이는 이 지역의 지배자였던 동로마 제국과 사산 제국의 가혹한 폭정으로 탄압받던 민족들이 메디나 헌장에 입각해 타종교와 타민족에 포용적인 이슬람 세력의 확장에 협조한 것이 주요 원인이었다. 아울러 기독교인의 경우 동로마의 국교 정교회에 밀려 이단으로 변방에서 머물던 아리우스파, 네스토리아파 등에게 이슬람의 교리는 거부감이 덜했을 것이다.

수니파와 시아파의 분열

수니파Sunni는 무함마드의 후계자가 공동체(움마)의 합의로 선출되어야 한다고 주장했다. 그들은 무함마드의 혈통에 구애받지 않고, 가장 신앙심 깊고 리더십을 갖춘 인물이 지도자가 될 수 있다고 보았다. 무함마드 사후 첫 후계자가 된 아부 바크르Abu Bark는 무함마드의 가까운 동료였고, 그 뒤를 이은 우마르Umar, 우스만Usman도 모두 쿠라이시 부족 출신이긴 했으나, 무함마드의 직계 혈족은 아니었다. 사우디아라비아를 비롯한 대부분의 이슬람 신도들은 수니파이고, 이란과 이라크, 바레인을 중심으로 한 소수의 신도들이 시아파Shia이다.

무함마드는 딸을 자기의 사촌동생 알리와 결혼시켰다. 신성한 지식과 권위가 무함마드의 가족에게 계승된다고 믿은 시아파는 무함마드의 후계자는 반드시 그의 혈족이어야 한다고 주장했다. 이에 따라 후계자가 된 알리의 아들 후세인Hussein이 서기 680년 카르발라에서 수니파에게 살해되면서 수니파와 시아파의 분열은 그 골이 더 깊고 날카로워졌다. 시아파는 무함마드의 후계자를 이맘Immam이라고 부르며, 신의 대리인으로서 신앙적 권위와 최고 지도자 자격을 부여했다. 정리하면 수니파와 시아파의 갈등은 무함마드의 후계자를 혈족 중심으로 봐야 하는가, 아니면 공동체 합의로 결정해야 하는가에서 비롯되었다.

시아파는 알리의 아들 후세인이 카르발라에서 순교한 사건을 매우 중요시하며, 이를 통해 억압과 불의에 맞서는 저항 정신을 강조한다. 이러한 순교자 숭배는 페르시아 문화의 전통적인 영웅 숭배와 맞물렸으며, 특히 아슈라Ashura와 같은 순교 기념행사는 페르시아 문화에 깊이 뿌리 내려, 이란에서 중요한 종교적 의식으로 자리 잡았다. 아슈라는 후세인의 대참극 상황에서 그를 구출하지 못했다는 자책을 참회하기 위해 신체적 자해를 통해 당시의 고통의 재현하는 시아파 의식이다.

한편 수니파와 시아파 양측 모두에서 독자적인 전통으로 인정받는 이슬람 신비주의 전통인 수피즘Sufism이 있다. 수피즘은 지적인 학습보다는 직접적 체험과 영적 수행을 강조했기 때문에 문맹이거나 교육을 받지 않은 사람들도 다양한 예배 방식, 명상, 노래,

춤과 같은 수행을 통해 신앙을 체험할 수 있었다. 경전보다는 체험, 기도, 명상, 예배 의식을 통한 신앙 전달을 강조했기 때문에 문맹이 거나 교육을 받지 못한 사람들에게도 쉽게 접근할 수 있었다. 이슬 람 신앙은 수피즘을 통해 그 내면적이고 영적인 면모가 많은 사람 에게 전달될 수 있었다. 따라서 이슬람이 범세계적 종교로 성장한 데에는 수피즘이 결정적 역할을 했다고 볼 수 있다.

오늘날 가장 대표적인 수피 종단은 잘랄레딘 루미Jelaluddin Rumi 가 결성한 메블라나 종단이다. 터키의 콘야를 중심으로 뿌리를 내린 루미 추종자들은 알라의 99가지 속성을 외우면서 신을 찬미하는 산 비주의 음악에 맞춰 세마sema라는 회전 춤을 추며 엑스터시를 경험 하고, 자아를 던지며 신을 만나는 고도의 영적 수련법으로 유명하다.

결국, 오늘날 무슬림의 약 85퍼센트를 차지하는 다수의 수니파 (사우디아라비아 등)와 이란 중심의 소수 시아파의 분열은 결국 7세기 말 종교적 패권 싸움에서 비롯된 셈이다. 오늘날 이들의 교리에서 가장 큰 차이점은 성직자(종교 지도자)의 권위와 역할이다. 수니파에 쫓겨 이란 지역으로 피신한 시아파는 무함마드의 사위이자 사촌을 계승했다면서 종교 지도자인 이맘에 신성한 권위와 무오류성을 부 여하고 알라와 신자 사이의 중재자로 받든다. 반면, 알라와 신자 사 이에 중재자가 필요하지 않다고 보는 수니파에게 이맘은 단지 예 배를 인도하는 자일 뿐이다.

참고로, 이들의 7세기 내전 당시 휴전에 반대하며 같은 편의 지 도자 알리(시아파)를 암살한 과격 급진파가 카리지Kharijit이다. 이슬 람 테러리즘의 원조인 이들은 극소수가 아직도 남아 있는데, 수니 파와 시아파 모두의 적인 셈이다.

동서양 문화 교류

8세기 중엽 본격적인 이슬람 제국, 압바스Abbasid 왕조(750~1258)가 등장했다. 정치적 음모나 군사 쿠데타가 아니라 강력한 하부 조직에 의한 아래로부터 혁명이었다. 수도를 바그다드로 옮기고 중앙집권적 체제를 확립한 압바스 정권은 인종과 민족을 초월한 범이슬람 제국을 지향했다. 이는 아랍인이 주관하는 아랍인을 위한 제국이 아니라 종족이나 혈연과 상관없이 이슬람을 지지하는 모든 이를 포용하는 범이슬람 제국이자, 제국 인구 대다수가 거주하는 페르시아 지역의 무슬림이 새로운 지배 계층으로 떠오르는 것을 의미한다. 새로운 제국의 거버넌스 구축에는 페르시아의 제국적 전통이 절대적이었다. 중앙집권적 제도와 역참 제도, 군사 조직, 도시 정주 사회의 전통, 수준 높은 인적 자원과 문명의 하부 구조가 고스란히 압바스 제국으로 흘러들었다.

압바스 왕조는 5대 칼리파 하룬 알라시드Hārūn al-Rashīd(재위 786~809)와 그의 아들 알마문Al-Ma'mun(재위 813~833) 시대에 전성기를 맞이했다. 이때 바그다드는 당나라의 장안과 함께 지식과 교역, 문화의 중심지로 번창했고, 활발한 육해상 실크로드의 개척으로 동서 문물이 물밀듯이 유입되었다. 이슬람 세계가 동서양 교류에 기여한 바를 전쟁과 문화적·기술적 교류를 중심으로 살펴보자.

탈라스 전투(751년)와 제지술 유입

탈라스 전투(751년)는 압바스 왕조가 들어선 이듬해인 751년, 현재의 키르기스스탄에 있는 탈라스Talas 평원에서 압바스 제국과 당나라가 맞붙은 고대 최대 규모의 대전이었다. 전투에서는 고구려

유민 출신 고선지高仙芝(?~755) 장군이 이끈 당나라 군대가 패배했다. 동맹군으로 참전한 카를루크Karluk 군대의 배반이 결정적 원인이었다. 당군은 2만여 명이 포로로 잡히는 수모를 당했는데 그중에는 상당수의 제지 기술자가 섞여 있었다. 초기에 이집트산 파피루스를 사용하다가 그즈음 양피지로 대체한 이슬람 세계는 제지 기술자들을 우대하면서 종이 생산에 전념할 수 있게 했다. 나무껍질, 아마포, 넝마, 대나무로 만든 중국 종이는 가볍고 질기고 편편할 뿐만 아니라 대량 생산이 가능했기 때문에 이슬람 사회에서 큰 인기를 얻었다.

제지술은 이슬람 세계의 학문, 행정, 문화 발전에 중요한 기여를 했다. 9세기에 바그다드에 제지 공장이 설립되었고, 이를 통해 문서화 및 기록 문화가 확산되었으며, 이후 유럽에까지 전파되었다. 유럽은 이를 계기로 인쇄술과 지식 보급의 기반을 마련하게 되었다. 탈라스 전투는 단순한 군사적 충돌을 넘어 중앙아시아를 통한 동서 문명의 접촉을 촉진하는 계기가 되었으며, 향후 중국과 이슬람 간의 교류가 활발히 이루어지는 시발점이 되었다.

만지케르트 전투(1071년)가 유발한 십자군 전쟁(1096년~1291년)

압바스 왕조가 바그다드 문화를 크게 발전시키자, 서유럽은 내심 경계를 하지 않을 수 없었다. 때마침 압바스의 실질적 승계자인 셀주크 튀르크가 비잔티움 제국을 대파하고 아나톨리아를 점령했다. 그것이 1071년의 만지케르트 전투이다. 이 전투의 패배로 위기의식을 느낀 로마 교황은 예루살렘 성지 보호를 위한다는 명분으로 십자군 전쟁(1096~1291년)을 일으켰다. 아나톨리아는 이제 이슬람 세계와 유럽이 직접 접촉할 수 있는 전초 기지가 된 동시에 오스만 제국이 성립되는 계기가 되었다.

십자군 전쟁은 약 200년에 걸쳐 7차례 이상 진행되었다. 십자군 전쟁은 단순히 종교적 갈등이 아니라 정치적·군사적 이익을 위한 복잡한 전쟁이었으며, 전쟁 때마다 목표 지역과 관련 당사자들이 종교와 상관없이 각각 달랐다. 가톨릭 측에서는 프랑스가 거의 모든 십자군 전쟁에 주요 병력을 제공했고, 신성 로마 제국(독일)이 외교적 노력에서 중요한 역할을 했다. 제3차 십자군에서 영국은 리처드 1세가 직접 참여하여 여러 차례 승리했으나, 끝내 예루살렘을 탈환하지 못했다. 이슬람 측에서는 초기에는 셀주크 튀르크가 십자군을 주로 상대했으나, 제3차 전쟁에서는 아이유브Ayyubids 왕조의 지도자 살라딘Saladin이 이슬람 세력을 통합하여 십자군에 맞섰다. 살라딘은 특히 예루살렘을 재점령(1187년)한 것으로 유명하며, 십자군에 대항하는 상징적 인물로 서유럽에 널리 알려졌다.

십자군 전쟁에서 가장 의미 있는 사건은 제4차 십자군 전쟁(1202~1204년)이다. 가톨릭 측에서는 지중해 해상 공화국인 베네치아가 주도적으로 참여했다. 이슬람 세계를 목표로 내세운 십자군은 비잔티움의 풍요로운 수도였던 콘스탄티노플을 점령하고 약탈했다. 이는 오랫동안 로마 가톨릭 측과 그리스 정교회 문화권의 갈등과 상호 적개심의 원천이 되었다.

십자군 전쟁이 인류 역사에 공헌한 것이 있다면 유럽 민중과 무슬림, 서구와 이슬람 세계가 전방위로 만나면서 이슬람의 선진 문화가 서구를 크게 자극하는 계기가 되었다는 점이다. 이때 향료, 오렌지, 레몬, 커피, 설탕, 면화와 그 재배법, 고급 견직물이나 면직물 등 새롭고 진귀한 상품들이 물밀듯이 유럽으로 건너갔다. 십자군 전쟁은 기독교 세계와 이슬람 세계 간의 충돌이었지만, 동시에 문화와 기술 교류의 중요한 통로가 되었다.

유럽인들은 이슬람 세계에서 의학, 천문학, 수학 등의 지식을 배웠으며, 향신료, 비단, 도자기 등 동방의 상품과 문화를 접하게 되었다. 십자군 전쟁을 통해 이슬람 철학자들의 저술, 특히 아리스토텔레스에 대한 해석이 유럽으로 전파되었고, 이는 스콜라 철학과 르네상스의 기초가 되었다. 이슬람 의학서인 이븐 시나의 《의학의 법전》은 유럽 의학 발전에 중요한 기여를 했다. 또한 십자군 전쟁을 통해 이슬람의 건축 기술, 수차와 풍차, 화약과 군사 기술 등이 유럽으로 전해졌으며, 이는 중세 유럽의 발전에 큰 영향을 주었다.

팍스 몽골리카

몽골 제국은 13세기에 걸쳐 유라시아 대륙을 아우르는 인류 역사상 가장 광대한 영토를 가진 제국이었다. 초원의 유목민이었던 몽골인들이 어떻게 당대 최강국들을 연이어 정복하며 세계 역사의 흐름을 바꿀 수 있었을까?

몽골 제국 성공의 가장 중요한 요소는 제국의 창건자 칭기즈칸의 비범한 리더십이었다. 그는 분열되어 있던 몽골 부족들을 하나로 통합하는 놀라운 정치적 수완을 보여 주었다. 특히 전통적인 혈연 중심의 부족 체제를 해체하고, 충성심과 능력에 기반한 새로운 사회 구조를 창출했다. 이러한 혁신적인 조직 개편은 몽골 사회에 강력한 결속력을 부여했다.

군사적으로는 몽골군의 탁월한 강점은 기동성이었다. 말과 함께 자라난 몽골 기병들은 하루에 100킬로미터 이상을 이동할 수 있었으며, 이는 당시 다른 어떤 군대도 따라올 수 없는 속도였다. 몽골군은 이러한 기동력을 바탕으로 적을 기습하거나 포위하는 전술을 구사했다. 특히 투르크계 민족들로부터 배운 '퇴각 가장하기' 전술은 적을 혼란에 빠뜨리고 매복에 이끌어들이는 데 효과적이었다. 또한 몽골군은 공성전에서도 뛰어난 능력을 보여 주었는데, 중국과 페르시아 등지에서 획득한 선진 기술을 빠르게 습득하여 난공불락으로 여겨지던 성들을 함락시켰다.

몽골 제국은 정보 수집에도 혁신적이었다. 작전 시작 전에 정찰대를 보내 적의 지형, 병력, 정치 상황 등을 철저히 조사해 효과적인 전략 수립에 활용되었다. 몽골군의 조직 체계 또한 당시로서는 매우 혁신적이었다. 10진법에 기초한 군사 조직은 명령 체계를 단순화하고 효율성을 극대화했다. 이러한 체계적인 조직은 대규모 원정을 효과적으로 수행할 수 있게 해주었다.

몽골 제국의 또 다른 성공 비결은 중세 이슬람 제국이 그랬듯이 정복지의 문화와 종교에 대한 관용적 태도였다. 칭기즈칸과 그의 후계자들은 정복민들의 종교를 존중했으며, 다양한 문화적 배경을 가진 인재들을 적극 등용했다. 특히 행정, 과학, 예술 분야의 전문가들은 출신과 관계없이 제국의 발전에 기여할 기회를 얻었다.

교통과 통신 또한 몽골 제국의 성공에 큰 기여를 했다. 몽골 제국은 13세기 초부터 이슬람 세계를 침략하며, 바그다드를 포함한 주요 도시들을 정복하기 위해 인류 역사상 전례 없는 제도를 채택했다. 바로 역참 제도(얌Yam)이다. 역참 제도는 유라시아 대륙에 걸친 광대한 제국을 효과적으로 관리하기 위해 마련된 통신 및 물류 네트워크였다. 몽골 제국 전체에서 운영된 역참 제도에 사용된 말은 약 50만 마리로 추정된다. 각 역은 보통 50~400마리의 말을 준비해 두었으며, 말의 수는 지역과 역의 중요도에 따라 달랐다. 몽골 제국의 군대와 행정관들은 교대 시스템을 통해 빠르게 말을 교체하며 이동했으며, 하루에 최대 200~300킬로미터를 달릴 수 있었다. 이러한 시스템은 당시로서는 혁신적이었고, 몽골 제국의 군사적 기동성과 행정적 효율성을 크게 향상시켰다.

몽골 제국은 유라시아 대륙 전역에 걸쳐 약 1400~1600개의 역을 운영했다. 각 역은 약 25~40킬로미터 간격으로 배치되었는데, 이는 말을 교체하고 여행자가 쉬기 적합한 거리였다. 거리는 지형과 지역적 조건에 따라 조정되었다. 역은 말과 물자의 교체뿐만 아니라, 관리자의 숙소와 병참 기지로도 사용되었으며 물·음식·무기 등 여행자와 군대에 필요한 자원이 준비되어 있었다.

역참 제도를 통해 정보와 명령이 놀라운 속도로 전달되었다. 예를 들어, 칭기즈칸 시기에는 중국 북부에서 중앙아시아까지 5~7일 만에 메시지가 전달되었다고 한다. 역참은 지방 관리들이 직접 운영했으며, 중앙 정부와 지방 간의 원활한 소통을 가능하게 했다. 각 역은 지역의 자원을 활용해 자급자족이 가능하도록 설계되었다. 몽골의 역참 제도는 후에 유럽의 우편 시스템과 통신망 발전에 영향을 미쳤다. 이는 몽골 제국이 광대한 영토를 효과적으로 통치하고, 동서양의 교류를 촉진하는 데 큰 역할을 했다.

몽골 제국의 이러한 여러 혁신성은 제국의 통치 기반을 안정시키고, 다양한 지식과 기술의 교류를 촉진했다. 그 결과 몽골이 구축한 '팍스 몽골리카Pax Mongolica'는 동서양을 잇는 실크로드를 활성화시켰고, 이는 문화와 기술의 교류를 불러 왔다.

동서양의 문화의 교류와 유럽 중세시대의 종언

먼저, 이슬람 세계의 기여부터 살펴보자. 이슬람 세계는 특히 알히크마Bayt al-Hikma(지혜의 집)와 톨레도 번역학교를 통해 서양의 학

13~14세기 몽골 제국의 역참 네트워크

문 발전에 큰 영향을 미쳤다. 이슬람 세계는 고대의 지식과 학문을 체계적으로 보존하고 발전시키며, 이를 유럽으로 전달하는 중개자 역할을 했다.

바그다드에 위치한 '지혜의 집'은 압바스 왕조 시대(8~13세기)에 학문과 철학, 과학 연구의 중심지로 발전했다. 그리스, 로마, 페르시아, 인도 문헌을 아랍어로 번역하고 연구했다. 이슬람 학자들은 단순히 번역에 그치지 않고, 고대 지식을 비판적으로 검토하고 확장했다. 아리스토텔레스와 플라톤의 철학이 아랍어로 번역되었으며, 이븐 시나Ibn Sina(아비센나Avicenna), 알파라비우스Alfarabius 등은 이를 발전시켜 서양 철학에 큰 영향을 미쳤다. 알콰리즈미는 대수학을 체계화하고, 알고리즘이라는 개념을 발전시켰다. 이븐 시나의 《의학의 법전Canon medicinae》은 유럽에서 16세기까지 의학의 표준 교과서로 사용되었다. 이슬람 학문은 유럽의 스콜라 철학과 르네상스 학문 발전에 결정적인 영향을 미쳤다.

과학과 수학 또한 크게 발전했다. 이슬람 세계는 천문학, 수학, 화학, 의학 등에서 매우 혁신적인 성취를 이루었다. 알바타니Al-Battani의 구면 삼각법, 이븐 알하이삼Ibn al-Haytham의 광학 연구 등이 그 예이다. 대수학algebra의 발전에 크게 기여한 알콰리즈미Al-Khwarizmi의 이름은 알고리즘이라는 수학 용어로 남았고, 이슬람어로 화학, 향수 등을 의미하는 알키미야al-kymiya라는 단어는 알케미스트alchemist(연금술사)라는 이름에 녹아들어 있다.

스페인의 톨레도는 이슬람 세계와 기독교 세계의 경계선에 위치한 도시로, 이슬람 통치 시기 학문이 번성한 곳이었다. 1085년 다시 기독교 세력에 넘어간 톨레도는 이슬람 세계의 지식이 유럽으로 전파되는 중요한 거점이 되었다. 이슬람 학자들이 아랍어로 번역한 그리스 철학과 과학, 이슬람 세계의 독창적 성과가 라틴어로 번역되었는데, 이 작업은 특히 12~13세기경에 활발히 진행되었다. 이슬람 학자들, 특히 이븐 루시드Ibn Rushd(아베로에스Averroes)의 아리스토텔레스 주석은 유럽 스콜라 철학에 큰 영향을 미쳤다. 토마스 아퀴나스Thomas Aquinas는 아리스토텔레스 철학과 기독교 신학을 융합하며 이슬람 철학자들의 해석을 적극적으로 활용했다. 인도-아라비아 숫자 체계와 대수학이 유럽에 전파되었고, 이슬람 천문학자들의 연구가 유럽의 항해술과 지리학의 발전에 크게 기여했다. 이슬람 의학과 약학은 유럽에서 표준으로 자리 잡았으며, 이슬람 화학자들의 연구는 후대 유럽 화학의 기초가 되었다. 톨레도 번역학교를 통해 전달된 이슬람 세계의 지식은 유럽의 중세 후기 학문적 부흥을 이끌었고, 이는 르네상스와 과학혁명의 기초가 되었다.

이처럼 '지혜의 집' 시대와 톨레도 번역학교 시대는 이슬람 세계가 동서 교류의 중개자 역할을 했던 대표적인 시기로, 서양은 과학, 철학, 의학, 예술 등 다양한 분야에서 이슬람 세계의 문화에 깊은 영향을 받았다. 이슬람 세계는 단순히 고대 문명을 보존하는 데 그치지 않고 이를 발전시키고 융합했으며, 다시 이를 유럽에 전달함으로써 중세 유럽의 학문적 부흥과 르네상스의 발판을 마련했다. 단순한 지식의 전파를 넘어 동서 문명이 서로 영향을 주고받으며 발전할 수 있는 기반이 되었고, 이는 오늘날의 세계화로 이어지는 중요한 계기로 평가받는다.

몽골 제국의 등장 또한 서양이 중세 시대를 종식시키고 근세로 향하는 새로운 길을 여는 데 중요한 기여를 했다. 무엇보다도 가장 큰 공헌은 '팍스 몽골리카Pax Mongolica'라 불리는 유라시아 대륙의 평화 체제를 구축한 것이다. 동서양을 잇는 실크로드를 안전하게 만들어 무역과 문화 교류를 활성화했다. 마르코 폴로의 중국 여행도 이러한 배경에서 가능했다. 무역로를 통해 화약, 나침반, 인쇄술 등 중국의 발명품들이 유럽에 전해졌고, 이는 유럽 르네상스와 과학 혁명의 토대가 되었다. 특히 인쇄술의 전파는 구텐베르크의 활판 인쇄술 발명으로 이어져 지식의 대중화를 가속화했다.

또한 몽골의 침략은 유럽 봉건 제도의 약화를 가져왔다. 기사 중심의 전통적인 유럽 군사 체계가 몽골의 기동력 있는 기병대에 패배하면서, 서양 사회는 군사 체계와 사회 구조를 재고하게 되었다. 이는 중앙집권적 국가 체제의 발전으로 이어졌다.

몽골은 또한 흑사병의 확산에도 간접적으로 기여했다. 연결된 교역로를 통해 흑사병이 빠르게 전파되었고, 이로 인한 인구 감소는 봉건제의 약화와 함께 노동 가치의 상승, 기술 혁신의 필요성을 불러일으켜 자본주의의 초기 형태가 발전하는 데 영향을 미쳤다.

마지막으로, 몽골 제국은 세계관의 확장을 가져왔다. 유럽인들은 광활한 몽골 제국과의 접촉을 통해 세계가 자신들이 생각했던 것보다 훨씬 크고 다양하다는 것을 인식하게 되었다. 이는 후에 대항해 시대의 지리적 탐험을 자극하는 요인이 되었다. 이처럼 몽골 제국은 단순한 정복자가 아니라 동서양을 연결하고 중세 유럽의 폐쇄적 체제를 무너뜨림으로써, 르네상스와 과학 혁명, 대항해 시대로 이어지는 근세의 문을 열어 준 역사적 촉매제 역할을 했다.

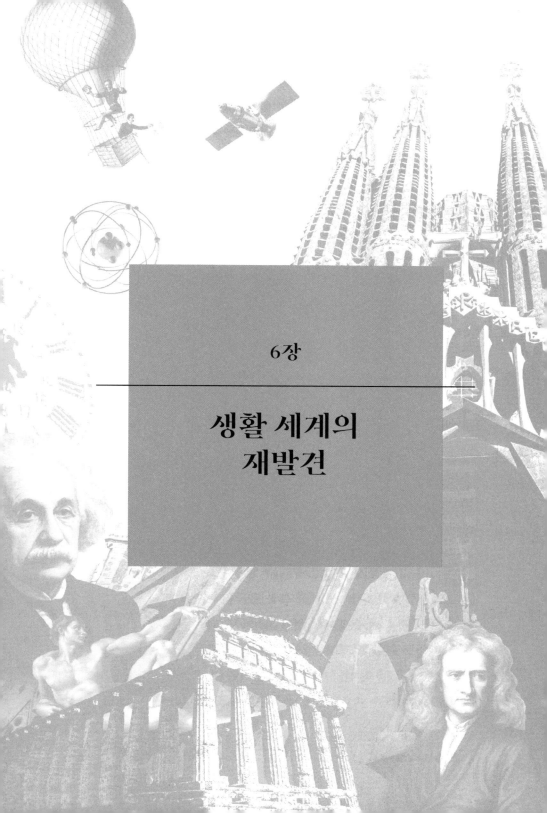

6장

생활 세계의
재발견

배경

중세 유럽 문명은 14세기를 기점으로 중요한 변곡점을 맞게 된다. 모든 문명은 일반적으로 발생 초기를 지나 완숙기를 거친 후 쇠퇴기를 맞게 된다. 중세 유럽 문명 또한 초기의 '암흑시대'를 지나서 11세기 이후 14세기 초까지는 완숙기를 맞지만, 그 이후 16세기 말까지는 흔히 말하는 쇠퇴기라기보다는 새로운 문명, 즉 근대 유럽 문명으로의 전환기라는 성격이 더 강하다. 즉 애벌레가 나비가 되기 위해 껍질을 벗는 탈바꿈의 기간에 가까운 것이다. 한 번 더 비유한다면, 뛰어난 농구 선수가 공중으로 뛰어오른 뒤 다시 뛰어올라 공중에서 2단 점프를 하는 것과 닮았다고 할 것이다.

역사학계에는 14세기에서 16세기에 이르는 이 300년을 중세와의 단절로 볼 것인가('근대로서의 르네상스', 야콥 부르크하르트), 아니면 중세의 연속으로 볼 것인가('중세의 가을', 요한 하위징아)를 두고 오랜 논쟁이 있었다. 이 논쟁에서 어느 쪽이 옳은지를 가리는 것은 이 글의 관심사가 아니지만, 이 시기의 주요한 변화가 무엇이었길래 이러한 논쟁이 나올 수밖에 없었는지는 깊이 생각할 필요가 있다. 그 변화의 성격은 바로 '생활 세계의 재발견'에 있다고 할 것이다.

중세 유럽 사람들이 자신들의 삶을 얽매어 온 익숙한 틀, 그 생활 세계는 이 300년 동안 완전히 새로운 틀에서 철저히 다시 만들어진다. 이는 시간상으로 일부 중첩되기는 하지만, 대략 '인간의 재발견', '땅의 재발견', '하늘의 재발견' 순서로 이루어졌다고 할 수 있다. 즉 르네상스, 지리상의 발견, 종교개혁이라는 3개의 대사건이 이 300년 동안의 변화에서 큰 맥을 이룬다. 이는 하나의 새로운 문명이 시작되면서 인간, 땅, 하늘을 새로운 관점에서 새로운 모습으로 '발견'한 것도 아니지만, 과거의 문명에서 규정되어 온 인간, 땅, 하늘의 모습을 '답습 및 고수'한 것은 더더욱 아니었다. 본래부터 늘 함께 있어 온 인간, 땅, 하늘의 모습을 보지 못하도록 가두고 있던 기존의 틀을 벗어던지면서 새로운 틀을 얻어 나가는 특이한 사건들이었으며, 그런 면에서 '생활 세계의 확장'이라고 말하는 것이 가장 적합할 듯싶다.

'생활 세계의 확장'은 유럽인들의 생각과 행동의 폭을 이전과는 비교도 할 수 없을 만큼, 지구상 다른 어떤 문명과도 비교할 수 없을 만큼 팽창시켰다. 이는 결국 유럽 문명뿐만 아니라 지구 위에 살아가는 전 인류에게 '근대'라고 하는 미증유의 새 시대를 열어젖힌다. 이 장에서는 유럽인들에게 인간의 재발견, 땅의 재발견, 하늘의 재발견이 안겨준 충격을 차례대로 더듬어 보겠다.

14세기의 위기-대기근과 흑사병

어느 역사가는 유럽의 14세기를 '재앙의 세기'라고 불렀다. 실제로 역사책을 보면 14세기 유럽에 태어나 살아간 사람들에게 깊은 동정심을 느끼지 않을 수가 없다. 먼저, 1315년에서 1322년 사이에는 대기근이 덮쳤으며, 1347년에서 1353년 사이에는 인류 역사상 최악의 팬데믹 중 하나로 꼽히는 흑사병이 터졌다. 14세기 후반에도 흑사병은 간헐적으로 계속 곳곳을 황폐화했으며, 그 폐허에 이전과는 규모와 강도에서 비교가 안 되는 참혹한 전쟁이 이어졌다.

대기근

중세 유럽의 인구는 11세기 중반에 폭발적으로 증가했다. 농업 기술이 비약적으로 개선되었으며 기후 또한 온난해 농업 생산력이 크게 상승, 먼저 농촌 인구가 급증했다. 농촌에서 도시로 넘쳐 나온 과잉 인구는 당시 발달하기 시작한 도시 중심 상업의 원동력이 되었고, 나아가 십자군 전쟁의 동력이 되었다. 그러나 14세기에 들어오면서 이러한 인구 팽창은 끝이 나는데, 그 시작은 일부에서 '소빙기'라고 부르는 유럽을 덮친 기상 이변이었다.

1315년, 그칠 줄 모르는 끝없는 비와 차가운 기후가 유럽 대륙 전반을 뒤덮었다. 겨울이 견딜 수 없이 추워졌고 길었다. 전례 없는 흉작으로 곡식이 부족했을 뿐만 아니라 긴 겨울을 견디지 못한 가축들마저 죽어 버리면서 육류 섭취도 불가능해졌다.

이후 목불인견의 참상이 펼쳐졌다. 여행 중이던 영국 왕 에드워드 2세조차 빵을 구하지 못해 굶을 정도였으니 다른 이들의 상황은 어떠했을까. 개나 쥐와 같은 동물을 잡아먹은 것은 말할 것도 없고, 사람을 잡아먹은 이야기는 당시의 연대기에 지속적으로 등장한다. 아이들을 서로 바꾸어 잡아먹는 이 시기의 이야기는 그림 형제의 동화《헨젤과 그레텔》의 역사적 연원으로 여겨진다. 무리를 지은 사람들이 약한 사람을 죽여 잡아먹기도 했으며, 무덤에 파묻힌 시체를 파내어 먹었다는 소문도 있었다. 영국 브리스톨의 감옥에서는 죄수들이 새로 들어온 죄수에게 달려들어 반쯤 살아 있는 상태에서 몸을 찢어 뜯어 먹는 일까지 있었다고 한다.

혹독한 추위는 1317년 무렵 물러났으나 종자 씨앗까지 모두 먹어 치운 데다 농사를 지을 수 있는 가축도 사라졌다. 살아남은 사람들도 각종 질병으로 극도로 쇠약한 상태였기 때문에 농업 생산력은 쉬이 회복되지 못했다. 기근은 대략 1322년경까지 이어져 유럽의 인구는 크게 줄어들었다. 영국이나 프랑스의 경우 사망률이 10퍼센트를 넘은 것으로 추산된다.

흑사병과 죽음의 춤

추위와 기근이 가져온 끔찍한 비극은 바로 몇십 년 뒤 흑사병이 불러온 대량 학살에 비하면 오히려 소소한 사건이었다. 중앙아시아에서 시작된 흑사병은 1343년경 크림반도에 이르렀다. 이후의 전달 경로와 매개체에 대해서는 논쟁이 많지만, 1347년에는 베네치아를 출발해 1353년까지 폴란드와 벨기에 등 일부 지역을 제외한 유럽 전역을 휩쓸어 중세 유럽 문명을 완전히 초토화한다. 그 결과 유럽 인구 3분의 1에서 2분의 1이 사망했다.

흑사병이 중세 유럽 문명에 가한 충격은 심대하면서도 근본적이었다. 핵전쟁이 문명 전체를 덮친 것과 같은 대참화였다. 위생 상태가 엉망이었던 도시는 붕괴했고, 인구 대부분이 몰려 있던 농촌에서는 일할 사람을 찾기 힘들어졌다. 이에 따라 농업 노동자의 임금이 상승해 농노와 영주들의 관계가 변화하기 시작했다. 이는 중세 봉건적 장원 체제의 붕괴로 이어졌다. 유럽 문명은 사회·문화·정치 질서 전반에 대충격을 겪게 된다. 무엇보다 큰 충격은 문화적·정신적 차원에서 발생했다.

중세 가톨릭 교회의 가르침에 따르면, 육신의 죽음은 '임시적 상태'일 뿐이다. 성실한 신도로서의 삶을 마치고 죽음을 맞이한 이들은 비록 육신은 땅에 묻히나 영혼만큼은 천국에 머물게 된다. 그러다가 예수가 다시 이 땅에 내려오는 순간 그 영혼도 함께 내려오며, 땅에 묻혔던 육신은 '완벽한' 육신으로 다시 태어나 영혼과 결합하게 된다. 한마디로 진정한 기독교인은 예수와 함께 새로운 세상인 '천년 왕국'으로 들어가게 된다는 것이다.

그러나 대기근과 흑사병을 거치면서 사람들이 목도한 죽음은 그런 성스러운 것도 아름다운 것도 아니었다. 귀족과 성직자와 평민을 가리지 않고 무참히 떼죽음을 맞이하는 가운데 죽음과 시체는 곳곳에 널려 있었다. 사제들은 병에 걸려 죽어가는 이들을 내팽개치고 도망가기 바빴다. 죽은 이들은 임종 성사는커녕 못자리도 제대로 얻지 못한 채 집단으로 매장되거나 화장됐다. 하느님은 어디에 있으며, 예수 재림으로 도래한다던 천년 왕국은 어디에 있는가? 가톨릭 신앙이 약속하고 보장한 안정된 삶은 끝났다. 이 세계는 더 이상 반석 위에 세운 견고한 구조물이 아니다. 삶은 그 자체로 불안의 대상이다.

이후 '죽음'은 유럽인들에게 너무나 익숙한 주제가 됐다. 썩은 시체나 해골이 기사, 사제, 상인, 농부, 젊은 처녀와 함께 손을 맞잡거나 어깨를 걸고 춤을 추는 그림, 이른바 '죽음의 춤Danse Macabre'

은 이 시대 미술에 나타나는 대표적인 풍유가 되었다. "죽음은 도처에 있다." "죽음은 언제나 우리와 함께 있다." 이는 이 세상에서의 삶에 대해 지극히 모순적인 두 가지의 태도를 가져왔다. 한편으로는 "죽음을 기억하라memento mori"라는 격언으로 대표되듯이 현세의 삶은 덧없는 것이라는 종교적 경건성의 메시지로 나타났다. 이러한 종교적 집착이 대성당 건축 등의 흐름으로 나타나기도 했다.

이 세상에 살고 있는, 있는 그대로의 인간

하지만 그보다 훨씬 중요하게 주목해야 할 것은 그와 정반대되는 태도이다. "언제 죽을지 모르는 허무한 삶, 현세의 지금에 집중하자"라는 것이다. 새롭게 나타난 이 태도에 더욱 주목해야 할 필요가 있다. 지금까지 가톨릭 교회가 제공하는 신의 섭리와 삶과 죽음의 이야기 속에 포근히 묻혀 있던 인간들이 깨어나, 생로병사에 시달리고 희로애락에 놀아나면서 사바 세계를 살아가는 자신들의 모습을 있는 그대로 재발견하는 계기가 되었기 때문이다.

14세기 후반기에는 이른바 교회의 대분열이 나타났다. 1378년부터 1417년까지인 대분열 시기에 로마와 아비뇽에 두 명의 교황이 병립하다가 피사에 세 번째 교황까지 나타나게 된다. 교황은 초월적 존재이기는커녕 사바 세계의 한복판에서 권력과 부귀영화를 먼저, 더 많이 차지하기 위한 아귀다툼을 벌이는 존재에 불과했다. 사람들은 하나님이 정하신 성스러운 질서라는 렌즈를 눈에서 떼어내기 시작했다. 교황도, 귀족도, 평민도, 모두 똑같은 인간들이다.

인간의 재발견-르네상스

이탈리아 북부 도시의 성장과 메디치 가문

서로마 제국의 멸망과 '암흑시대'를 거치면서 유럽의 상업은 크게 위축됐다. 품목의 다양성과 교역량이 줄어들었을 뿐 아니라, 그 공간적 규모 또한 축소되었다. 로마 제국 시대에는 지중해라는 내해를 두고 서아시아 및 북아프리카와 유럽 사이에 활발한 교역이 이루어졌으나 이제 그러한 원격 무역의 네트워크는 크게 위축되었다. 이 변화는 앞에서 살펴본 11세기 이후의 농업 생산력과 인구 증가에서 비롯했다.

특히 십자군 전쟁은 전쟁과 약탈이라는 폭력적인 방식이기는 했으나 서유럽이 다시 비잔틴 제국과 이슬람 세계 등 '동방'과 연결되는 계기가 되었다. 문화적으로나 물질적으로나 훨씬 앞선 비잔틴 제국과 이슬람 지역에서 '야만적인' 서유럽인들이 학살과 약탈을 감행하는 것에 가까웠던 십자군 전쟁은 유럽인들을 '문명화'하는 결과를 낳았다. 노략질한 장물을 잔뜩 가지고 집으로 돌아간 서유럽의 귀족들은 '동방'의 여러 물품에 대한 욕망을 떨치지 못했다.

'동방'과 서유럽의 원거리 무역이 재개됨에 따라 이탈리아 동북부의 베네치아가 두드러진 우위를 점하게 되었다. 유럽 대륙 내부에는 그동안의 농업 생산력과 인구 증가의 결실로 많은 도시가 발전하고 있었다. 이 도시 사이에는 서유럽 내부에서 생산되는 것들을 주고받는 자기들끼리의 교역 네트워크가 형성돼 있었을 뿐 아니라, 이제 '동방'과도 대규모 교역에 나서려 하고 있었다. 무역 도시 베네치아는 양쪽 세계를 잇는 '병목'의 위치에 있다. 이 지리적

이점 덕분에 베네치아가 결국 전 유럽의 수요를 모두 관장하는 위치가 되었다.

베네치아는 단순한 중개 무역으로 이윤을 거두는 것에 만족하지 않고 유럽 귀족의 입맛과 취향을 자극할 수 있는 귀중품과 사치품의 생산 기지로 발전했다. 유리 세공품, 금속 공예품, 악기 등이 유명했다. 그리고 이는 베네치아뿐 아니라 이탈리아 북부의 다른 도시들에도 상업과 여러 수공업의 발달을 가져오게 되었다. 모직물의 도시 피렌체가 전형적인 경우다.

피렌체는 내륙 도시다. 무역을 위해 해상에 접근하려면 아르노 강을 따라 70킬로미터를 내려가서 피사를 거쳐야만 한다. 이렇게 불리한 위치에 있는 피렌체의 상인들은 13세기 이후 모직물 생산으로 관심을 돌렸다. 아랍에서 수입한 모직물을 유럽에 판매해 온 그들은 더 큰 이익을 얻으려면 모직물을 자체 생산, 판매해야 한다는 데 생각이 미친 것이다. 피렌체의 모직 산업은 처음에는 이탈리아 북부에서 원료를 조달하다가 이후 사업이 커지면서 멀리 스페인이나 플랑드르에서까지 양털을 대량으로 수입하는 규모로 발전하게 되었다.

이탈리아 북부 도시 전반에서 상업, 모직물 제조업이 크게 발전하고 있었으나 그중에서도 피렌체가 두드러진 위치를 차지했던 것은 분명하다. 피렌체는 급성장했다. 13세기만 해도 8000명 정도에 지나지 않은 인구는 14세기 들어서 무려 8만 명으로 급증했다. 큰돈이 도시에 흐르면서 막대한 부를 축적하게 된 피렌체는 메디치Medici라는 걸출한 금융 가문이 나타나면서 르네상스라는 거대한 문화적 변화의 중심으로 자리 잡게 되었다.

메디치 가문은 본래 영국과 플랑드르에 걸쳐서 모직물을 거래하는 상인 가문이었다. 하지만 조반니 드 메디치Giovanni de Medici에 이르러 단순한 대상인이 아니라 큰 규모의 자금을 대여하고 융통하는 금융업의 큰손이 되었다. 메디치의 꿈은 원대했다. 그는 교황의 재무 담당자가 되어 가톨릭 교황청의 주거래 은행으로서 자신의 가문을 키우고자 했다. 서유럽 세계 전체에 교구를 촘촘히 두고 십일조를 거두어들이는 가톨릭 교회 조직, 그리고 그 정점에 있는 교황청은 유럽 최대의 현금 흐름을 자랑하는 거부였다. 조반니의 계획이 성공한다면 메디치 가문은 일약 유럽 세계 최대의 금융 가문으로 도약할 수 있을 터였다.

당시의 교황청 선거는 실로 가관이었다. 교황청 자체가 세 군데로 나뉘어 있었고, 각각에서 선출된 교황은 각각 자기야말로 성 베드로의 정통성을 가진 가톨릭 교황이라며 투쟁하는 판이었다. 조반니는 새로운 교황 선거가 열리는 피사 교황청에 줄을 섰다. '큰 장에서 크게 한몫 잡자'는 야심을 품은 조반니는 피사 교황청 선거에서 추문이 끊이지 않은 발다사레 코사Baldassare Cossa를 밀기로 했다. 자기를 찾아와 도움을 요청한 코사를 위해 조반니는 교황을 선출하는 추기경들에게 거액의 뇌물을 뿌렸다.

코사는 결국 1410년 피사의 교황 요한 23세로 선출됐으나 적법하지 않은 방법으로 선출됐다는 이유로 후세에 '대립 교황'으로 분류된다. 조반니는 교황청의 재무 담당이 되겠다는 뜻을 이룰 수 있었을까? 그럴 것처럼 보였지만, 큰돈을 들여 키운 코사, 즉 대립 교황 요한 23세는 곧 권력을 잃었다. 교황청의 분열을 종식하기 위해 열린 콘스탄츠 공회에서 대립하던 교황들을 일괄적으로 사퇴시키는 일이 벌어져 조반니의 꿈은 공중으로 날아가 버렸다. 그게 끝이 아니었다. 교황 자리에서 쫓겨나 그동안 제기된 온갖 의혹과 추문으로 재판을 받게 된 코사는 또 조반니에게 돈을 써서 자신을 풀어 달라고 요청했다. 큰돈을 날려버린 조반니는 어떤 심정이었을까?

여기에서 조반니의 인물 됨됨이가 드러난다. 그는 금융업자로서의 이름을 지키기 위해 다시 코사를 구명하러 나섰다. 결국 1418년 조반니는 3만 8500길더라는 거액의 돈을 쓰고 코사를 피렌체로 데리고 왔다. 그러나 코사는 그 이듬해인 1419년 피렌체에서 사망했다. 여기까지만 보면 허무한 종말이다. 하지만 역사는 예기치 못한 반전으로 가득하다. 모든 종교적·도덕적 규범이 흔들리고 적나라한 권력 투쟁이 지배하던 르네상스 시대는 더욱 그러했다.

당시 새로운 통합 교황으로 등극한 마르티노Martinus 5세는 주거래 은행의 파산으로 교황청의 새로운 재무 담당을 찾고 있었다. 금융업자로서 조반니의 굳건한 태도가 마르티노 5세의 눈에 띄었다. 조반니는 통합 교황청의 새로운 재무 담당으로 선임됐다. 메디치 가문이 유럽 최대의 금융 가문으로 성장할 확실한 발판이 마련된 것이다. 이후 메디치 가문은 피렌체 도시 공화국의 실질적인 지배자가 되었다. 조반니의 아들 코시모와 증손자인 로렌초에 이르기까지, 메디치 가문은 유럽 굴지의 금융가로서 벌어들인 재물을 피렌체의 발전과 번영을 위해 아낌없이 쏟아부었다.

메디치 가문의 지배자들은 단순한 장사꾼을 넘어서 정치, 외교, 전쟁 등에 다방면에서 뛰어난 재능을 보였다. 무엇보다 예술과 학문의 발전에 관심이 컸던 메디치 가문은 산드로 보티첼리, 레오나르도 다빈치, 미켈란젤로 등 예술가들은 물론이며 피코 델라 미란돌라, 마르실리오 피치노와 같은 대학자들 또한 후원하여 피렌체를 초기 르네상스의 중심지로 만들었다.

르네상스의 인간상

14세기의 대기근과 흑사병이라는 참혹한 재앙에 뒤이어 나타난 르네상스의 정신적 태도는 인간과 세계를 있는 그대로 받아들이고 묘사하는 것이다. 가톨릭 교회가 제공한 신의 섭리, 삶과 죽음의 이야기 속에 묻혔던 인간들은 대기근과 흑사병의 공격을 받으면서 생로병사에 시달리고 희로애락에 놀아나는 자신들의 모습을 '재발견'했다. 하나님이 정하신 성스러운 질서라는 렌즈를 눈에서 떼어낸 사람들은 교황도, 귀족도, 평민도, 모두 똑같은 인간임을 깨닫게 됐다. 이 '인간의 재발견'이 바로 르네상스의 핵심이다. 이렇게 새로운 흐름 속에서 나타난, 재발견된 인간은 어떤 인간인가? 신으로부터, 종교로부터 해방되었다는 말로는 충분치 않다. 그러한 틀을 벗어던지고 파악한 있는 그대로의 벌거숭이 인간의 모습은 어떤 것이었을까.

알프스산맥 남쪽과 북쪽 모두에서 진행된 이 르네상스라는 거대한 문화 운동 전체가 바로 그러한 '있는 그대로의 인간'을 포착하기 위한 노력이었다고 해도 지나친 말이 아닐 것이다. 조반니 보카치오Giovanni Boccaccio와 니콜로 마키아벨리Niccolo Machiavelli의 글에서 그려지고 있는 인간은 중세의 기사도를 찬양하는 발라드에 나오는 인간이 아니다. 레오나르도 다빈치 및 미켈란젤로에서 보티첼리에 이르는 미술 작품에 나타나는 인간의 모습은 중세 성화에 그려져 있는 팔다리 빈약한 인간들의 모습과 판이하다. 체사레 보르자Cesare Borgia와 카테리나 스포르차Caterina Sforza에 이르는 르네상스의 괴걸怪傑들은 경건한 신앙심과 정의의 구현자로 그려지는 중세 군주의 모습과 전혀 다르다. 이런 인간의 모습은 결코 종교적인 규범이나 도덕 따위로 빚어지거나 거기에 얽매이는 인간이 아니다. 오히려 우주의 비밀을 캐내고 진리 그 자체를 찾아내기 위해 영매靈媒를 통해 천사들과 이야기하려 했던 존 디John Dee, 심지어 악마와의 계약도 서슴지 않았다는 하인리히 아그리파Heinrich Agrippa 같은 인물들이야말로 전형적인 르네상스의 인물이다.

이러한 르네상스의 인간형을 가장 입체적으로 풍부하게 엿볼 수 있는 사례 중 하나가 《자서전autobiografia》으로 유명한 벤베누토 첼리니Benvenuto Cellini이다. 미켈란젤로의 제자인 첼리니는 금세공과 건축으로 나름 이름을 얻은 인물이다. 그러나 그의 이름은 자신의 삶을 서술한 이 《자서전》으로 인해 더 오래 남을 수 있었다. 그의 《자서전》은 근대인의 감성과 상식을 훌쩍 넘어서는 한 인간의 그림, 그것도 대단히 구체적이고 세세한 자화상으로서 르네상스 시대의 사람들이 새롭게 재발견한 인간의 모습이 어떤 것이었는지, 어떤 인간을 이상적인 인간으로 여겼는지, 어떤 긍지와 가치관을 가지고 있었는지 등을 매우 적나라하게 보여 준다.

알려지지 않은 채 묻혀 있던 이 《자서전》을 발굴하고 번역하여 세상에 널리 알린 이는 독일의 대문호 요한 볼프강 폰 괴테Johann Wolfgang von Goethe이다. 《자서전》에 나타난 첼리니는 조금만 자신의 기분을 어지럽히거나 마음에 들지 않으면 곧바로 폭력과 칼부림을 일삼는 인간이었다. 다른 사람의 목숨을 빼앗는 일은 아무렇지 않게 여겼다. 자기 동생을 죽인 원수를 찾아 몇 주 동안 뒤를 밟다가 등 뒤에서 칼을 꽂는 비열함도 보여 주었다. 성적인 방종 또한 말할 것도 없다. 자기가 찍은 여성은 어떻게 해서든 자기 것으로 만들었으며, 자기 작품의 모델로 선 여인들과의 관계는 자연스럽게 여겼다. 종교적 계율 같은 것도 우습게 알았다.

첼리니는 교회에서 가장 사악한 마술이라고 규정하여 엄금한 사령술necromancy, 즉 죽은 자의 영혼을 불러내는 마술도 서슴지 않았다. 세상의 법률 따위는 아랑곳하지 않았다. 법정에 소환된 첼리니는 불한당 패거리를 끌고 가서 법관과 변호사, 원고 쪽을 흠씬 패주고 칼로 찔렀다. 하지만 첼리니는 전혀 부끄러워하지 않았을 뿐만 아니라 이 모든 이야기들을 자신의 '미덕'으로 여기며 자랑스럽게 자기 입으로 털어놓았다. 회개나 뉘우침은커녕 자신처럼 정직하고 올곧은 사람은 반드시 하나님에게 구원을 받게 되어 있다는 '구원의 확신'을 과시하기까지 했다.

프랑수아 라블레François Rabelais의 걸작 《가르강튀아와 팡타그뤼엘Gargantua et Pantagruel》에 나오는 일종의 이상 사회인 '텔렘의 수도원'에는 오로지 하나의 원칙만 있다. "네가 원하는 것을 행하라." 이 말은 라블레의 상상 속에서만 존재하는 원칙이 아니었을 것이다. 첼리니라는 인물에서 우리는 르네상스 시대의 인간상을 뼈와 살과 피를 가진 형태로 만날 수 있으니까. 하지만 르네상스가 남긴 그 빛나는 예술 및 문학 작품은 '있는 그대로의 인간의 파악'이라는 원리만으로 이해할 수는 없다. 어쩌면 그 이상으로 중요한 요소는 19세기 영국의 문학평론가 월터 페이터Walter Pater가 주장하듯이 '아름다움과 기쁨'이라는 것은 오직 주관적 차원에서의 만족일 것이다.

인류는 아득한 태곳적의 깊은 동굴 벽화 이후로 항상 예술 활동을 했지만, 그러한 활동은 종교적·의례적 활동이나 기술적 활동과 같이 일정한 실용적인 목적에 복무하는 도구로서 이루어지는 경우가 많았다. 하지만 르네상스의 예술과 문학에서 뚜렷이 부각되는 측면은 무엇보다도 창작자가 어느 만큼의 정신적 에너지를 가지고 새로운 창조의 경지를 열어 내느냐, 그리고 수용자가 그것을 향유하면서 어느 만큼의 기쁨과 즐거움을 느끼느냐는 것이었다. 요컨대, 그동안 종교와 관습과 도덕으로 짓눌렸던 개인성과 감각적 즐거움을 매개로 인간이 스스로의 존재를 새롭게 발견하는 과정이었다는 것이 페이터의 주장이다. 물론 그의 이런 주장이 르네상스의 예술과 문학의 전모를 이해할 수 있는 시각은 아닐 것이다.

우리에게 놀라운 충격을 가져다주는 다빈치의 인체 조각을 생각해 보자. 이는 놀라운 창의성과 미학적 천재성의 발로이기도 하지만, 끊임없는 탐구와 경험적 관찰의 결과이기도 하다. 다빈치는 인체의 근육과 핏줄과 뼈가 서로 어떻게 연결되는지를 찾아내기 위해 무수한 인체 해부도를 작성하였고, 그 관찰의 정밀성과 정확도는 오늘날의 안목으로 보아도 실로 놀라운 것이다. 르네상스가 가져온 인간의 재발견은 인간의 어느 한 측면이나 모습만을 발견한 것이 아니었다고 해야 할 것이다. 있는 그대로의 인간을 실로 모든 측면에서 풍부하고 다각적으로 파악하고 접근하는, 그야말로 '인간의 재생renaissance'이었다고 해야 할 것이다.

땅의 재발견-지리상의 발견

땅은 그렇게 생기지 않았다

중세 유럽인들에게 후추는 대단히 중요했다. 육류를 장기적으로 보존하기 위해 훈제나 염장 등의 방법이 사용되었으나 고기에 남아 있는 불쾌한 냄새를 잡으려면 후추 같은 향신료가 필요했다. 후추는 물론 생강과 정향 등 향신료는 열대 식물이다. 결국 후추의 생산지로 유명한 인도네시아 동쪽 말루쿠제도에서 멀리 대서양 연안의 유럽을 잇는 긴 교역로가 펼쳐지게 되었다. 말루쿠제도에 사는 원주민 소녀들이 채취한 후추가 자바 상인들의 손을 지나 인도, 아랍, 이집트, 비잔틴, 베네치아 상인들에게 거래되어 유럽의 소매상에게 넘어갈 때까지 무려 12단계를 거치기도 했다.

그 긴 과정에서 후추 가격은 엄청나게 비싸지고 상인들이 취하는 이윤도 어마어마하게 커졌다. 이러한 유럽의 동방 무역은 앞에서 이야기한 대로 베네치아가 (한때는 제노아가) 독점했다. 따라서 후추 및 향신료를 비롯한 아시아의 물품을 수입할 수 있는 대안 교역로를 찾기만 한다면 엄청난 이익이 보장될 터였다. 게다가 마르코 폴로Marco Polo는 저 동쪽 끝에 황금으로 가득한 나라 '지팡그(일본)' 가 있다고 했다. 유럽의 남단 이베리아반도의 두 나라, 스페인과 포르투갈이 지중해를 우회하여 향료와 황금을 얻을 수 있는 항로를 찾기 위한 지리상의 탐험에 일찍부터 골몰하게 된다.

두 나라 모두 향료와 황금으로 가득한 말루쿠제도와 지팡그가 목적지였다. 그러나 동방을 찾아 나선 방향은 정반대였다. 포르투갈 왕실은 지중해를 거치지 않고 아프리카 대륙을 우회하여 동쪽으로 나서는 길을 모색한 반면, 스페인 왕실은 지구가 둥글기 때문에 아예 대서양의 서쪽으로 나가는 게 더 낫다고 믿은 이탈리아인 크리스토퍼 콜럼버스Christopher Columbus를 앞세워 서쪽 항로를 모색했다. 결국 두 나라 모두 목적지에 도달했다. 그리고 그 과정에서 두 나라 모두 거대한 제국을 건설했다. 두 나라 모두 지구와 땅에 대한 유럽인의 의식을 송두리째 바꾸어 놓았다. 유럽인들이 지구를 탐험한 이 이야기에서 3개의 장면만 일별해 보자.

첫째, 자신들이 알고 있던 이 땅의 생김새가 얼마나 잘못된 것인지를 알게 되는 극적인 순간이다. 서쪽으로 나아간 콜럼버스는 유럽인들의 지도에는 없는 거대한 대륙을 '발견'했다. 하지만 너무나 엄청난 발견이었는지 콜럼버스도, 동시대의 유럽인들도 이것이 새로운 대륙이라고 생각하지 못했고, 분명히 아시아에 도착한 것이라고 믿었다. 이곳이 별개의 대륙임은 이후의 아메리고 베스푸치 Amerigo Vespucci가 밝혀 냈다. 대륙의 이름 '아메리카'도 그의 이름에서 따온 것이다.

동쪽으로 나아간 포르투갈인들 또한 지도에 없는 세상으로 나갔다. 프톨레마이오스가 작성하여 15세기까지 사용된 유럽인들의 지도에 아프리카 대륙은 남극까지 이어져 있었으므로 우회할 수 있는 땅이 아니었다. 하지만 집요한 포르투갈 사람들은 남쪽으로 남쪽으로 나아간 끝에 드디어 1483년, 아프리카의 최남단인 희망봉을 발견하였다. 아프리카의 아래가 뚫려 있으며 그 너머에는 인도양이라는 새로운 바다가 열려 있음을 발견하게 된 것이다.

둘째, '추상적 공간'의 경험이다. 희망봉을 향해 남쪽으로 가던 포르투갈의 바스코 다 가마Vasco da Gama는 아프리카 연안을 따라 올라오는 해류를 피하려 대서양 멀리 크게 반원형을 그리는 경로를 택하였다. 그의 함대는 이후 3개월간 육지도 섬도 보이지 않고 지도에도 없는 망망대해에 갇히게 되었다. 선원들이 극도의 공포와 불안에 사로잡혀 선상 반란을 일으키려 했으나 그 주모자를 처형함으로써 간신히 막을 수 있었다.

남아메리카 남쪽 끝의 위험한 해협을 무사히 빠져나와 '고요하고 평안한 바다', 즉 태평양에 들어선 스페인의 페르디난드 마젤란 Ferdinand Magellan 함대 또한 똑같이 육지도 섬도 보이지 않고 지도에도 없는 망망대해를 110일간 항해했다. 식량은 모조리 바닥나고 배 위의 쥐들과 돛대의 가죽까지 씹어먹는 굶주림 가운데 선원의 10분의 1이 죽고 말았다. 이 '추상적 공간'의 경험은 이후 근대의 공간

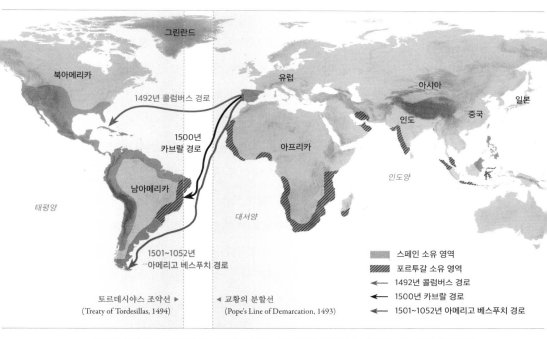

대항해 시대의 스페인과 포르투갈의 경쟁 카브랄의 항해로 브라질이 포르투갈 식민지가 되었다.

개념에 결정적인 주춧돌이 되며, 메르카토르 도법을 비롯한 각종 도법의 발달을 가져왔다.

셋째, 동쪽과 서쪽이라는 방위가 무의미해지는 순간이다. 1492년 콜럼버스가 아메리카 대륙에 도착하자 스페인과 포르투갈은 새로이 '발견'되는 땅들에 대한 영유권을 어떻게 할 것이냐를 놓고 다툼을 벌였다. 양국은 교황 알렉산데르 6세에게 중재를 요청했다. 1493년 교황은 칙령으로 아프리카 서쪽 대서양에 있는 서경 100리그(오늘날 카보베르데곶 서쪽 480킬로미터)를 기준으로 서쪽 지역(신대륙)은 스페인의 영토, 동쪽 지역(아프리카 및 인도)은 포르투갈의 영토로 하도록 권유했다. 간단히 말해 아프리카는 포르투갈이 먼저 진출했으니 포르투갈의 소유로 하고, 신대륙은 스페인의 몫이라는 것이다.

신대륙 경영에 참여할 수 없게 된 포르투갈은 불평과 불만을 감추지 않았다. 하필 교황 알렉산데르 6세는 스페인 보르자 가문 출신이었다. 결국 포르투갈은 스페인과 다시 협의하여 1494년 토르데시야스 조약을 체결하고 경계선을 더 서쪽으로 이동시키기로 합의했다. 새로운 경계선은 서경 370리그(약 1770킬로미터)로 조정되어, 오늘날 브라질 동쪽 해안선 리우데자네이루 부근까지 걸치게 된다. 그 후 1500년에 포르투갈의 페드루 알바르스 카브랄이 희망봉으로 가던 항로에서 잘못하여 오늘날 브라질의 해안에 닿았다. 포르투갈 왕으로부터 이를 확인해 달라는 요청을 받은 이탈리아의 아메리고 베스푸치는 희망봉을 가던 항로 중에 이를 확인하고 1503년에 보고하였다. 이로써 브라질은 남미에서 유일하게 포르투갈어를 사용하는 국가가 되었다. 자기들이 알지도 못하는 땅을 놓고 선을 그어 영유권을 주장하는 것도 황당하지만, '동쪽'과 '서쪽'이라는 구별이 무의미해지는 것을 경험하게 되는 것은 더욱 황당한 일이었다.

문제는 각종 향료 등의 주산지, 원거리 무역의 목적지인 말루쿠제도를 누가 차지하느냐는 것이었다. 일단 희망봉을 돌아서 동쪽으로의 항로를 개척해 나가는 포르투갈의 차지가 될 가능성이 높았다. 하지만 포르투갈 사람인 마젤란은 자기 나름의 계산 결과를 들고 스페인 왕 카를로스Carlos 1세에게 서쪽 항로로 나가도 말루쿠제도를 먼저 점유할 수 있다고, 즉 스페인 것으로 만들 수 있다고 설득하는 데 성공했다.

마젤란의 함대가 태평양을 항해하는 동안 포르투갈인들도 나름대로 속도를 내어 동쪽으로 나아갔다. 포르투갈이 1512년에 먼저 말루쿠제도에 도착하여 이미 교역을 시작한 뒤인 1521년 스페인의 마젤란 원정대도 말루쿠제도에 상륙했다. 당연히 스페인과 포르투갈은 말루쿠제도의 영유권을 놓고 갈등을 빚었다. 전례에 따라 양국은 1529년 사라고사 조약을 맺고 스페인과 포르투갈은 태평양에 새로운 경계선을 설정했다. 이 경계선은 말루쿠제도에서 동쪽으로 297.5리그(약 1400킬로미터) 떨어진 지점을 기준으로 설정되었다.

이로써 말루쿠제도는 포르투갈의 영향권에 속하게 되었으며, 서쪽에 있는 필리핀은 스페인의 관할 지역으로 결정되었다. 결과적으로 포르투갈이 향신료 제도를 차지하고, 스페인은 보상을 받고 필리핀으로 방향을 돌리게 되었다. 이제 '동쪽'과 '서쪽'이라는 구별은 둥근 지구를 둥글게 항해하게 된 유럽인들에게는 무의미해졌다.

'자연 상태'의 인간이란?(바야돌리드 논쟁)

유럽인들이 자신들에게 낯선 땅을 '발견'한 후 그 땅의 사람들과 사회를 어떻게 볼 것인가라는 문제도 대두되었다. 특히 아메리카 대륙 원주민의 삶을 관찰하던 유럽인들은 문명이 생기기 이전, '자연 상태에서의 인간 세상'이라는 독특한 문제를 상상하게 되었다.

스페인의 정복대장 에르난도 코르테스Hernándo Cortés의 군대가 아즈텍 제국에 들어갔을 때 아즈텍인들에게서 받은 인상은 결코 좋을 수 없었다. 대규모의 인신 공양, 조직적이고 체계적인 식인 풍습, 희생자들의 가죽을 벗기고 살을 발라낸 두개골로 탑을 쌓는 등 아즈텍의 문화에 그들은 경악했다. 아즈텍의 문화를 사악한 악마의 것으로 본 그들은 이에 필적하는 악마적 행태로 살육을 자행했다. 살육으로 점철된 정복 후에는 원주민의 재산과 토지를 빼앗아 자신들의 농장을 건설하였고, 원주민들을 그 농장의 노예로 만들어 가혹한 착취를 자행했다. 유럽에서 온 정복자들은 각종 질병도 가져왔다. 질병의 창궐로 원주민 인구가 격감했다.

　이런 식의 가혹한 통치가 지속 가능하지 않다고 본 스페인 왕 카를로스 1세는 1550년 '바야돌리드 논쟁'에서 이 문제를 본격적으로 다루었다. 이 논쟁의 가장 중요한 주제는 '아메리카 원주민에게 이성이 있는가'였다. 유럽인의 법 관념으로 볼 때, 이성이 있는 자는 자신의 목숨, 행동, 재산에 대해 스스로 결정할 권리가 있으며, 이를 폭력으로 침해하면 범죄가 된다. 이 논쟁에서 원주민은 이성이 없는 존재라는 결론이 나온다면, 그들의 생명을 빼앗고 인신과 행동을 속박하고 재산을 탈취하는 것은 정당화될 수 있을 뿐 아니라 문명화와 기독교 선교라는 이름으로도 마땅한 일이 된다. 반면 이들이 이성을 가진 존재로 인정된다면 이들의 목숨, 행동, 재산을 침해해서는 안 된다. 따라서 원주민들을 노예 상태에서 해방해야 하며, 이들에 대한 통치와 선교도 설득을 통한 자발성에 호소해야지, 무력과 강압에 의지해서는 안 된다는 결론이 나온다.

　당대 최고 석학 후안 히네드 데 세풀베다Juan Gines de Sepluveda와 도미니크 수도회 소속 라스 바르톨로메 데 라스카사스Bartolomé de Las Casas 수도사가 양측 주장의 대표로 나섰다. 세풀베다는 인신 공양과 식인 풍습 등을 들어 원주민들이 아리스토텔레스가 말한 '자연적 노예'라고 주장했지만, 라스카사스는 똑같이 인신 공양 등의 관습이 있었던 북유럽의 켈트족 또한 초기 기독교도들에게 선교의 대상이었지 정복의 대상이 아니었다는 점을 들어 반박했다. 나아가 그는 원주민들이 버젓한 문명을 건설하고 오랫동안 유지해 온 점을 들어 이성적 인간이라고 주장하며 노예제 폐지를 촉구했다. 그리고 이들이 자발적으로 기독교인이 되어 스페인 왕의 통치를 받아들이도록 설득해야 한다고 주장했다.

라스카사스의 주장이 옳은 것으로 드러났다. 원주민들은 급속하게 가톨릭으로 개종하고 유럽화하기 시작했다. 원래 예수의 보혈寶血을 강조하고 그의 몸과 피를 받아 먹음으로써 성스러워진다는 가톨릭의 교리는 아즈텍인들의 토착 종교와 대단히 큰 친연성을 가지고 있었기에 가톨릭은 순식간에 이들의 종교로 자리 잡게 되었다. 세풀베다 측의 강경론은 설득력을 잃었고, 라스카사스 등의 유화론이 우위를 얻으면서 원주민들에 대한 노예제는 폐지되었다.

그러나 불행히도 아메리카 대륙에서 노예제는 완전히 사라지지 않았다. 땅은 넓고, 유럽 이주민의 숫자는 한 줌일 뿐이며, 원래도 많지 않은 원주민 인구는 학살과 질병으로 격감한 상태다. 노예가 없다면 누가 그 땅을 경작할 것인가? 해답은 대서양 건너편에 있었다. 아프리카의 흑인들이 끌려와 인디오(원주민)를 대신했다. 라스카사스 수도사도 인디오들을 보호하기 위해 아프리카 원주민들을 데려와 노예로 쓰자고 제안했다. 아프리카 흑인에게는 '이성이 있는 존재'임을 검토하는 일조차 이루어지지 않은 것이다. (라스카사스는 훗날 흑인 노예의 비참한 삶을 보고 생각을 바꾸었다.) 이후 17세기 말 영국의 삼각 무역이 본격화되면서 아프리카의 원주민을 노예로 잡아 짐짝처럼 배에 실어 아메리카 대륙으로 실어 오는 끔찍한 관행은 당연한 규범적 일상으로 자리 잡았다.

'자연 상태의 원주민'이 이성도 없는 짐승인지 아닌지를 따지는 것과 정반대 방향으로 바라보는 시각도 나타났다. 이들이야말로 유럽인들이 문명의 때를 묻히면서 오래전에 상실한 원초적 숭고함과 자연적인 아름다움을 한 몸에 담고 있는 '고상한 야만인'이라는 관점이었다.

로마 시대 역사학자 타키투스Takitus는 《게르마니아Germania》에서 게르만족의 소박한 삶과 정직하고 성실한 그들의 미덕을 타락한 로마인들의 그것과 대비시킨 바 있다. 이 시대 유럽인 중 일부 지식인 또한 원주민들의 소박하고 정직한 삶을 보면서 이야말로 자연의 원초적 인간의 모습을 그대로 간직한 것이라며 높게 평가하기 시작했다. 미셸 드 몽테뉴Michel de Montaigne의 《수상록Essais》에 〈식인종에 관하여〉라는 글이 있다. "화형이라는 제도를 두어 인간을 산 채로 불에 태워 죽이는 잔인한 유럽 문명에 비하면 사람을 잡아먹는 것이 차라리 원초적 자연의 모습을 간직한 순진한 모습"이라는 내용이다. 몽테뉴의 이러한 태도는 훗날 장자크 루소Jean-Jacques Rousseau의 "자연으로 돌아가라"라는 주장으로도 이어졌다.

이러한 경험을 통해서 '자연 상태에서의 인간'이라는 개념은 유럽인이 인간 세상을 분석하고 재구성하는 사유의 근간으로 자리잡게 되며, 전부터 내려온 자연법 사상과 결합해 근대 사회 사상의 큰 기둥을 이루게 된다.

해상 제국과 사략단私掠團

엄청난 부와 권력을 안겨줄 새 항로를 독점하고자 혈안이 된 스페인과 포르투갈은 자신들의 항로와 연결된 바다와 육지에 거대한 해상 제국을 건설했다. 이 해상 제국은 영국, 프랑스, 네덜란드 등의 도전을 받으면서 쇠락의 길을 걷게 되지만, 지리상의 발견을 세계적 규모의 해상 제국 건설로 연결한 첫 단추는 이들이 꿰었다고 할 수 있다.

해상 제국의 출현과 함께 나타난 흥미로운 존재가 있으니, 바로 사략단私掠團, Privateer Corsair이다. 글자 그대로의 뜻은 '사적으로 조직된 약탈 집단'이지만, 배후에는 영국, 프랑스의 왕실이 버티고 있었다. 영국은 전설적 해적 프랜시스 드레이크Francis Drake와 같은 이를 앞세워 해적단을 조직했다. 배와 장비와 자본은 왕실 재산으로 조달되었다. 이 해적단은 대서양 바다로 나가 아메리카 대륙에서 값진 재물과 보화를 스페인 본국으로 가져오는 스페인 배들을 노략질했다. 일종의 국가 허가장을 받고 해적질을 한 '준공무원'인 셈이다.

영국 경제학자 존 메이너드 케인스John Maynard Keynes는 〈우리 후손의 경제적 가능성〉이라는 짧은 글에서 사략선의 약탈을 영국 자본주의의 시원始原이라고 했다. 1580년, 해적선 선장 드레이크는 스페인 상선을 털어 엄청난 수익을 올리고, 드레이크에게 투자한 엘리자베스Elizabeth 여왕 또한 상상을 넘어서는 이윤을 얻게 되었다. 영국 왕실은 이때 왕실 부채 청산을 넘어 4만 파운드라는 엄청난 자산을 쌓게 되었다. 이 4만 파운드가 레반트 회사를 거쳐 동인도회사의 자본금으로 들어가면서 결국 오늘날의 영국 자본주의를 만들어 낸 밑천이 되었다는 게 케인스의 분석이다.

하늘의 재발견-종교개혁

신의 진면목

항간에서 통속화된 종교개혁 이야기, 즉 "면죄부 판매로 타락이 극에 달한 가톨릭 교회에 대해 신앙의 순수성을 지키고자 일어섰던 정신적 개혁 운동"이라는 식의 서사에는 지나치게 강조된 것과 지나치게 무시된 것이 하나씩 있다.

첫째, 당시 가톨릭 교회의 타락상을 지나치게 강조하는 편향이다. 가톨릭 교회의 재산 축적과 영리 행위에 대한 비판은 오래전부

터 있었으며, 문제가 되는 관행들도 마찬가지이다. 면죄부 판매는
십자군 전쟁 때 전쟁 동원의 필요에 따라 생겨난 관행이며, 교회의
재정을 융통하기 위한 수단으로도 면죄부가 판매되었다. 신학자들
도 면죄부 판매를 정당화한 바 있다. 종교개혁은 유럽인의 정신이
깨어나면서 하늘과 신을 바라보는 안목이 넓어지고, 르네상스 운
동에서 인간의 재발견이 이루어진 것처럼 신을 재발견한 과정으로
보는 게 더 중요하다. 사람들의 안목이 새로워지고 넓어지면서 면
죄부 발부와 영성체 등 오래된 관행과 종교 의식이 낯설고 불합리
하게 보이게 된 재발견 과정이라고 할 수 있다.

둘째, 그러한 서사에서는 종교개혁의 정치경제학이 지나치게
무시되는 경향이 있다. 신은 이 땅에서의 최고 권력 기관인 국가와
불가분으로 결합해 있기 마련이다. 따라서 종교개혁은 교황과 황제
와 왕과 제후 들의 격렬한 권력 다툼의 과정이기도 하다. 이 점을
놓치면, 종교개혁이라는 대사건이 유럽의 현실에 가져온 충격을 절
반 아니 그 이상으로 보지 못할 수 있다. 이는 신의 재발견에서 자
연스럽게 이어지는, 국가 권력의 재발견이라고도 볼 수 있다.

"오로지 믿음만으로Sola Fide": 루터의 주장

루터가 개혁의 햇불을 쳐들기 전 영국에서 존 위클리프John
Wycliffe가, 보헤미아에서 얀 후스Jan Hus가 가톨릭의 관행에 반기를
들었다. 그들은 신 앞에서 농노, 평민, 귀족, 심지어 교황까지도 모
두 평등한 인간일 뿐이라고 강조하면서 신의 은총을 교회가 특권적
으로 독점하는 것에 반대했다. 후스파의 주장에서 특히 기억할 것은
'포도주 문제'이다. 그때까지 가톨릭의 성찬식에서는 '예수의 몸'인
빵만 나누어 주었을 뿐, '예수의 피'인 포도주는 성직자가 독점했다.

후스파는 여기에 문제를 제기했다. 왜 우리는 포도주를 나누지 못하는가? 예수의 몸과 피를 나누는 데 성직자와 평민 사이에 무슨 차이가 있단 말인가? 세상은 점점 이러한 평등주의 사상이 근본적으로 교회의 독점적 권위를 부인하는 방향으로 바뀌어 가고 있었다.

당시의 성서는 양피지에 필사한 것으로 일반인들은 구경하기조차 어려운, 그야말로 성스러운 책이었다. 보통 한 마리의 양이나 송아지에서 단 2~3장 정도의 양피지를 만들 수 있다고 한다. 성서 전체를 필사하면 약 1000~1500장의 양피지가 필요했다. 그러니 성서 한 권의 부피와 무게가 얼마나 컸으며, 그 값은 얼마나 비쌌을까? 개인적으로 소장하지 못하는 성직자도 있었다. 신도들이 성서를 직접 읽을 기회는 당연히 없었다. 그들은 성직자가 해주는 설명이 신의 말씀이라고 받아들였다. 루터가 독일어로 번역한 인쇄본 성서가 대중에 보급되면서 일반 신도들도 드디어 성서의 말씀을 직접 접할 수 있게 되었다.

마르틴 루터는 신약 성서《로마서》1장 17절 "의인은 믿음으로 말미암아 살리라"를 놓고 묵상하다가 면죄부를 사는 것 등 '행위 공로'를 강조한 당시의 구원론을 벗어나, '오로지 믿음'에 의해서만 구원된다는 깨달음을 얻었다. "예수의 십자가 죽음이 우리의 죄를 대신 갚아 준 속죄 행위였음을 믿어라! 그러면 구원을 받을 것이다"가 그 믿음의 내용이었다. 루터는 이처럼 "신의 은총에 이르는 길은 가톨릭 교회에 대한 순종과 그 의식에 참여하는 데 있지 않다. 교황이든 농노이든 신에게 이르는 길은 오로지 각자의 내면에 자리 잡은 신앙(믿음)에 있을 뿐"이라고 했다. 그렇다면 교회 조직의 독점적 권위는 어떻게 정당화되며, 그 권위에 바탕을 둔 각종 종교적 특권과 차별은 또 어떻게 정당화될 수 있는가?

루터는 인간의 '내면'이라는 것을 (재)발견한 것이며, 그를 통해 닿을 수 있는 하나님으로서의 신을 (재)발견한 것이다. 하느님 이외의 모든 것은 우상이요, 하느님에 대한 모독이라는 실로 험악한 메시지를 뿜어낸 것이다. 그러니 "돈통에 주화가 쨀랑 하고 떨어지는 소리에 영혼이 구원을 얻고 심지어 연옥에 갇혀 있는 죽은 자의 영혼도 천국으로 간다"라며 판매되던 면죄부라는 관행이 얼마나 거슬렸겠는가. 그는 가톨릭 교회의 면죄부 판매 관행에 정면으로 문제를 제기하는 〈95개조 반박문〉을 1517년 10월 31일 비텐베르크 교회 정문에 게시한다. 종교개혁의 본격적 시작이다.

종교개혁의 정치경제학: 왜 하필 독일이었나?

이러한 종교적·영성적 문제를 떠나 종교개혁의 정치경제학을 들여다볼 필요가 있다. 중세 문명 성립 이후 로마 가톨릭 교회가 누려온 정치적·경제적 권력과 특권은 실로 엄청난 것이었다. 모든 이들에게 적용되는 십일조, 성직자가 부임한 첫해의 수입을 교황청에 바치는 첫 수입세, 법의法衣 판매 수입, 면죄부 발행 수입 등 끝이 없었다. 따라서 성직자의 임면권, 교회 재산의 소유권, 교회에 대한 과세권, 교회 관련의 사법권 등을 놓고 왕과 군주들이 교황청에 도전하는 일이 빈번하였다.

프랑스나 영국처럼 영토 국가로서 일찍부터 왕권이 강화된 나라에서 이런 도전과 대립은 더욱 첨예하게 벌어졌다. 프랑스는 이미 14세기 필리프Philippe 4세 때부터 이러한 권리들을 놓고 교황청과 충돌해 아예 교황청을 아비뇽으로 포획해오는 일까지 감행했다. 그 결과 1516년에는 프랑스의 왕 프랑수아François 1세와 교황 레오Leo 10세 사이에 교회 조직에 대한 프랑스 국왕의 임면권, 과세권,

사법권을 확인하는 볼로냐 조약이 맺어져 프랑스 교회는 사실상의 국가 교회(갈리아 교회)로 거듭났다. 영국에서도 이미 13~14세기에 걸쳐 성직자 임명, 사법권, 과세권 등을 놓고 로마 교황청에 대한 영국 국왕의 독자성을 확립하는 조치들이 착실히 이루어진 바 있었고, 이것이 16세기 헨리Henri 8세의 손에서 영국 국교회(성공회)의 독립으로 나타났다.

독일은 예외였다. 이곳에는 허수아비나 다름없는 신성 로마 제국 '황제'가 있었을 뿐, 영국이나 프랑스와 같은 강력한 왕이 없었다. 수백 개의 작은 국가와 도시들로 찢어진 이 지역에서는 교회 조직의 임면권, 사법권, 과세권 등에 도전할 수 있는 강력한 권력의 중심이 없었다. 당시 독일의 많은 지역에서 로마 교황청의 가혹한 수탈은 극에 달했고, 황제 수입의 10배에 달했다고 한다. 루터는 왜 면죄부 판매에 분노했는가? 수도사인 요한 테첼Johann Tetzel 등 악명 높은 장사꾼들이 돌아다니며 판매한 이 면죄부 수입의 절반은 교황청으로, 나머지 절반은 당대 유럽 최대의 금융 조직이었던 푸거 Fugger 가문의 손에 들어가게 되어 있었다. 루터와 생각 있는 독일인들은 면죄부의 판매에 대해 분노하지 않을 수 없었다. 어째서 이런 일이 벌어졌을까? 문제는 마인츠 대주교의 영토였다.

알브레히트 폴 브란덴부르크Albrecht von Brandenburg라는 고위 성직자가 당시 공석이 된 마인츠 대주교의 자리를 꿰차려 했으나 교황청에 내야 하는 첫 수입세 3만 플로린을 감당할 능력이 없었다. 알브레히트는 이를 푸거 가문에서 빌려 냈다. 빚이 엄청났다. 당시 교황 레오 10세가 성베드로 대성당 건축 자금을 마련하기 위해 면죄부를 판매하겠다고 하자 알브레히트는 절반을 받는다는 조건으로 동의했다. 그 '절반의 수입'은 바로 푸거 가문의 금고로 들어갔다.

독일은 로마 교황청의 화수분으로 전락했다. 독일인이 로마 교회에 대해 극도의 반감을 가진 것은 필연적이었다. 당시 제국 의회에서는 다음과 같은 발언도 나왔다고 한다. "기독교의 참된 적은 이슬람 세력인 튀르키예가 아니라 로마에 있는 지옥의 개다!" 정치경제학의 차원에서 볼 때, 독일은 종교개혁이 벌어질 수밖에 없는 토양이었다. 마르틴 루터는 그 비옥한 토양에 떨어진 씨앗이었다.

인쇄술과 프로파간다

마르틴 루터가 종교개혁의 선배인 위클리프나 후스와는 달리 유럽 역사를 완전히 뒤집어 놓을 수 있던 중요한 계기가 하나 더 있었다. 바로 인쇄술이었다. 마르틴 루터와 그가 주도한 종교개혁은 걸음마 단계였던 인쇄술과 서적 혁명에 그야말로 불을 질렀다. 루터와 그 일파는 인쇄술과 서적 혁명을 활용, 자신들의 운동을 독일과 전 유럽으로 확장할 수 있었다. 매체를 활용한 체계적인 프로파간다의 시작이었다.

루터가 비텐베르크 교회 정문에 붙였던 〈95개조 반박문〉이 그 출발점이었다. 예전이었으면 한낱 종이조각으로 여겨져 찢겨 나가는 것으로 끝났을 반박문은 인쇄기에서 재생산돼 독일 전역에 퍼졌다. 순식간에 50만 부 이상이 배포됐다. 또한 루터는 은둔하고 있을 때 제대로 된 최초의 성경을 독일어로 번역해 온 독일에 배포한다. 인쇄술과 서적 혁명이 없었으면 상상할 수 없는 일이었다.

루터는 인쇄술을 프로파간다에 본격적으로 활용해 대단한 성공을 거둔 최초의 인물이다. 당시까지의 종교개혁가들은 주로 대중 연설과 설교로 호소했으나 루터는 방에 틀어박혀 글을 써내는 것을 무기로 삼았다. 결과는 놀라웠다. 루터가 끊임없이 써낸 저작에 힘입어 독일의 서적 출간은 1년 30종 정도에서 순식간에 100종이 넘게 되고, 루터의 저작은 1517년에서 1520년 사이에 30만 부 이상 팔린 것으로 추산된다. 3년 사이에 30만 부가 팔리는 책은 오늘날에도 드문데, 당시로서 기적과 같은, 그야말로 서적 혁명이다. 이를 통해 《그리스도인의 자유》를 위시한 그의 저작은 종교개혁이 단순한 폭동이나 소란에 그치지 않고 최소한의 일관된 내용과 이념을 가지고 나아갈 수 있었다.

"오로지 은총만으로Sola Gratia": 칼뱅의 주장

루터는 인간은 자신의 행위로 "의로워질 수 없으며", 오직 믿음을 통해서만 구원을 받을 수 있다고 했다. 구원은 믿음을 통해 하느님이 주는 선물이며, 인간의 공로와는 무관하다고 보았다. 그래서 루터의 주장은 "오직 믿음"이라는 표현으로 압축할 수 있다.

루터보다 26년 늦게 태어난 장 칼뱅은 달랐다. 칼뱅은 '구원론'에서 인간의 모든 삶은 하느님의 섭리 안에 있다며 하느님의 절대주권을 강조했다. 구원뿐 아니라 인간의 행위와 역사의 모든 면이 하느님의 계획에 속한다고 주장했다. 하느님이 창세 전에 어떤 사람은 구원받고, 어떤 사람은 정죄받도록 예정했다는 점을 명확히 강조했다.

칼뱅의 이 주장은 '이중 예정설Double Predestination'로 불린다. 하느님이 창세 전에 세운 계획인 이 두 가지 예정은 인간의 행위나 그가 이룬 공로와는 전적으로 무관하며 오직 하느님의 '주권적인 은총'에 따라 이루어진다고 본다. 그러면 어떻게 하면 구원을 받을 수 있을까? 나는 구원받은 사람으로 태어났는지 미리 알아볼 수는 없을까?

이중 예정설에 따르면 구원의 확신을 얻기 위해서는 언제 어디서나 하느님의 은혜를 감사하며 살아야 한다. 칼뱅보다 몇 세기 뒤에 태어난 막스 베버Max Weber는 유명한 저서《프로테스탄트 윤리와 자본주의 정신Die protestantische Ethik und der 'Geist' des Kapitalismus》에서 "칼뱅주의의 이중 예정설이 자본주의 정신의 기초가 되었다"고 했다. "구원 받도록 태어난 자라는 표시는 어디 있는가?" "나는 구원 받은 자로 태어났는가?" 베버는 이러한 질문이 가져온 긴장이 칼뱅주의 신자들로 하여금 '자신이 선택받았다는 표지'를 찾도록 만들었다고 보았다. 칼뱅주의자들은 직업을 생계를 위한 수단이 아니라, 하느님이 주신 소명으로 간주했다. 이런 생각은 사치와 낭비를 피하고, 절제와 검소한 생활로 이어졌다. 신자들은 세속적 성공과 근면한 삶을 통해 자신이 구원받았음을 확신하려 했다고 베버는 설명했다.

종교전쟁

가톨릭 측은 루터파의 세력 확장을 용인하지 않았다. 전쟁은 말로 해결할 수 없을 때 등장한다. 루터파의 힘이 커지면 자기들의 힘이 약해지고, 약해진 힘으로는 전과 같이 살 수 없었다. 신도가 줄고 수입이 줄기 때문이었다. 결국 가톨릭과 루터파 사이에 치열한 전쟁이 벌어졌다. 신성 로마 제국 안에서 벌어진 루터파와 가톨릭 황제 간의 전쟁이 '1차 종교전쟁(1562~1563)'이다. 양측의 피해가 극심해지자 가톨릭은 루터파에게 신앙의 자유를 인정하기로 하고 전쟁을 끝냈다. 즉 '종교를 결정할 권리Cuius regio, eius religio'는 각 지역의 통치자가 가진다고 가톨릭이 물러선 것이다.

오직 루터파에게만 이 권리를 허용한 것은 훗날 새로운 전쟁의 불씨가 되었다. 당장 1562년에 칼뱅파 개신교도인 위그노와 가톨릭 간의 내전(위그노 전쟁)이 벌어졌다. 1598년까지 계속된 이 전쟁의 희생자는 수십만 명에 달했다. 그중 가장 유명한 사건이 성 바르톨로메오 축일 대학살이다. 1572년 8월 24일(성 바르톨로메오 축일)부터 10월까지 가톨릭 측이 위그노파를 상대로 벌인 이 학살의 희생자는 3만 명에서 7만 명으로 추산된다. 이 전쟁의 결과 위그노들에게도 제한적인 종교 자유가 허용되었다.

위그노 전쟁에서 뿌려진 피가 채 식기도 전에 30년전쟁(1618~1648)이 일어났다. 첫째 전쟁으로 루터파는 일찍이 신앙 자유를 얻었고, 다음 두 번째 전쟁으로 위그노들도 이를 얻었다. 칼뱅파들도 신앙의 자유를 달라고 나섰다. 종교와 정치가 얽힌 대규모 전쟁이 유럽 전역에서 벌어졌다. 그러나 각국은 가톨릭을 지키는 것보다 내 나라 내 영토를 지키려는 속내를 노골적으로 드러냈다. 특히 전통적 가톨릭 국가인 프랑스는 같은 진영인 신성 로마 제국까지 공격했다. 이제는 신앙보다는 국경이 국익에 도움이 된다는 것을 깨달았다. 그 결과 루터파, 칼뱅파, 가톨릭 모두 서로의 종교를 인정하기로 합의하며 종교전쟁의 종식을 선언했다.

그 합의가 유명한 베스트팔렌 조약(1648)이다. 드디어 사람들은 하늘을 재발견하였다. 그러나 그 하늘은 두 쪽 난 하늘이었고, 하늘을 따라 국가도, 사회도 두 쪽으로 갈라졌다. 이를 어떻게 수습할 것인가? 방법이 하나 있다. 하늘 그리고 신 따위는 잊어버리자. 우리에게는 지금 살고 있는 이 세상에 평화와 안전과 번영을 가져다줄 강력한 권력체가 훨씬 더 절실하다. 이제 '무상無上의 권력'이라는 의미의 '주권Sovereign'을 가진 국가를 건설하자는 생각이 나오게 된다. 신이 찢어지고, 모든 사람이 신의 이름으로 싸움을 벌이는 세상, 신이 떠나 버린 이 세상에서 인간들이 질서와 평화를 회복하기 위해서는 "절대적이고 영구적인 권력을 공영체에 부여"할 필요가 있다는 것이었다. 그러한 절대적 권력을 형성하기 위해서는 사람들이 뭉쳐야 했다. 여기에서 우리는 가톨릭의 신, 프로테스탄트의 신에 이은 세 번째의 신, 즉 근대 주권국가를 만나게 된다. '국가'는 현대까지, 최소한 세속적 세계에서. 가장 센 힘으로 군림하게 된다.

유럽인들은 이제 인간, 땅, 하늘을 모두 재발견하게 되었다. 이제 그들에게 주어진 새로운 세상과 땅과 하늘을 수습하고 갈무리하는 과제가 남았다. 중세와는 다른, 근대의 철학이 시작되는 것이다.

근대 국가 체제의 성립

'폭력의 독점체'로서의 근대 국가

동서고금에 존재한 다양한 형태의 정치체 중 오늘날 인류의 생활을 지배하는 국가 형태는 '근대 국가'이다. 막스 베버의 고전적인 정의에 따르면, 근대 국가란 "정당성을 갖춘 물리적 폭력의 독점"을 본질로 삼는 독특한 형태의 국가이다.

역사에 존재한 모든 국가의 존재 기반에는 폭력이 있었다. 국가란 사회의 조직된 권력을 행사하는 조직이며 이를 뒷받침하기 위해서는 일정한 폭력의 역량이 따르지 않으면 안 된다. 따라서 '국가=폭력'이라는 등식이 잘못된 것은 아니다. 문제는 그 폭력의 '독점'에 있다. 근대 국가는 자신이 보유한 폭력, 즉 "경찰 조직과 군사 조직이 휘두르는 압도적인 폭력" 이외에는 어떤 존재든 어떠한 폭력도 행사하지 못하도록 법으로 금지하고 있다. 나아가, 이렇게 성공적으로 "물리적 폭력을 독점"한 다른 정치체들을 주권국가라고 인정하여 국제 체제를 형성하고 서로 대등하게 외교 관계를 맺기도 한다.

인류 역사상 이런 시대는 처음이다. 근대 이후의 유럽 문명을 제외하면, 어느 사회에서나 사람들 사이의 관계에서는 크고 작은 폭력이 난무하였으며 다양한 형태의 권력자(大상인, 토지 귀족, 종교 조직)는 저마다 부리는 폭력 조직을 보유하고 있었다. 하지만 근대 국가의 삶에는 폭력이 일절 금지되어 있다. 아버지의 원수를 갚겠다고 아들이 칼을 휘두르는 '사적 구제'는 물론 아이들을 훈육하려는 부모의 체벌마저 금지되어 있다.

이렇게 폭력의 독점에 성공한 근대 국가의 권위는 실로 압도적이다. 지금도 일부 나라에서는 지역 폭력 조직이 공식적인 국가 공권력을 무너뜨리고 위협하는 일이 벌어지며, 무장 단체의 준동으로 사실상 내란 상태에 있는 나라도 있다. 이런 나라들은 근대 국가 건설에 실패한 상태라고 보아야 한다. 일단 근대 국가를 형성하는 데 성공해 법과 질서를 확립한 나라에서는 어떤 조직이나 단체도 경찰과 군대를 뒷배로 삼은 근대 국가의 권력에 도전할 수 없다.

게다가 근대 국가는 물리적 폭력에 정당성을 부여한다. 근대 국가의 폭력은 오직 권력자의 명령에 따라 강압적·일방적으로 행사되던 과거의 국가 권력과는 분명한 차이가 있다는 말이다. 근대 국가는 권력의 주체인 '주권자'가 누구인지를 분명히 정하고, 그 주권자의 의지가 법과 행정 명령으로 나타나게 되는 과정을 예측 가능하도록 투명하게 정한다. 이런 과정을 통해 권력 혹은 폭력의 행사가 일부 세력이나 개인의 자의적인 행위가 아니라 사회 전체의 합의에 따라 이루어지는 '정당한' 것임이 분명히 드러났다. 이러한 독특한 형태의 근대 국가와 그 국가들끼리 맺는 근대적 국제 체제는 근대 초기 유럽 문명에서 생겨난 것이다. 그리고 이후 역사적 진화와 발전을 겪으면서 제2차 세계대전 이후에는 지구상 거의 모든 인류의 삶을 규정하는 지배적 정치 생활의 틀이 되었다.

상비군, 조세, 관료 조직

조직 국가가 나타난 이후 5000년이 넘은 인류 역사에서 이러한 형태의 근대 국가가 불과 몇백 년 전에, 그것도 인류 문명의 중심이라고 하기도 힘들었던 유럽에서 나타난 이유는 무엇일까?

이에 답하기 위해서는 폭력의 독점이 가능하기 위해 필요한 장치는 무엇인지 따져봐야 한다. 첫 번째 요소는 상비군이다. 왕이나 귀족들은 휘하에 훈련된 전문 전사 계급을 거느리고 있었지만, 이들을 부양하는 데 막대한 자원이 들기 때문에 그 규모는 항상 제한적이었다. 전사 계급에 더하여 큰 숫자의 병력 동원이 필요할 때는 평민을 동원할 수도 있었지만, 이는 항시적으로 행할 수 있는 게 아니었다. 돈을 주고 사는 용병도 있었지만 여기에도 큰돈이 든다. 또 이들과의 관계란 어디까지나 한시적 계약에 근거한 것이었으므로 이들로부터 기대할 수 있는 충성심이라는 것에도 한계가 있었다. 따라서 일정한 영토 내의 모든 폭력을 독점할 수 있을 만큼의 압도적인 물리력을 갖추기 위해서는 항시적인 전투 태세를 갖추고 필요하면 언제 어디에서나 동원할 수 있는 잘 조직되고 잘 훈련된 상비군이 있어야 한다. 16세기 초에 4만 명 정도였던 프랑스군은 루이 14세의 대외 전쟁이 극단을 달리던 18세기 초에는 무려 40만 명으로 증가하였다.

상비군을, 그것도 큰 규모로 유지하는 것은 엄청난 자원이 들어가는 일이다. 따라서 근대 국가가 상비군을 유지할 수 있는 능력은 전적으로 어느 만큼의 조세를 징수할 수 있느냐에 달려 있다. 본래 유럽의 왕들은 직할 영지 등으로 구성된 자기 재산으로 왕실 재정을 꾸렸으며, 전국적인 차원의 조세 징수는 전쟁 등과 같은 특수하고 급박한 상황에서만 발동되는 일이었다. 하지만 이렇게 큰 규모의 상비군을 유지하기 위해서는 전국적 차원의 조세 징수가 필수적이다. 이는 결코 쉬운 과제가 아니었다. 중앙 정부가 우선 처리해야 할 과제는 국가적 규모의 조세 징수가 자기들의 권력과 특권에 대한 침해라고 여긴 귀족과 도시의 반발과 저항을 억누르거나 달래는 것이었다. 이런 과정을 거쳐 조세 징수의 권력을 확립하는 일이야말로 근대 국가 건설에서 핵심적인 과제가 됐다.

전국적 조세 징수를 통해 큰 규모의 상비군을 유지하는 것은 주먹구구나 어림짐작에 근거한 명령으로는 절대 가능하지 않다. 면밀한 자료 분석, 정밀한 숫자 계산 등에 근거하여 정해진 절차에 따라 합리적으로 업무를 수행하는 관료 조직이 있어야 한다. 국가가 생겨난 이래 거의 모든 국가에는 어느 정도 이러한 합리적 행정을 맡아 보는 관료 조직이 발달해 있었지만, 근대 국가가 필요로 하는 관료 조직은 그 규모나 정교한 합리성에서 이전의 것들을 능가하는 것일 수밖에 없다.

군사 혁명

근대 국가는 이렇게 상비군, 조세 징수, 관료 조직을 모두 갖추고 언제 어디에서나 자신의 권위에 도전하는 안팎의 도전에 폭력으로 대응할 수 있어야 한다. 그 수단인 효율적 '전쟁 기계'는 어떻게 나타났을까?

14세기 후반, 유럽에서의 전쟁은 새로운 양상으로 변하기 시작했다. 그 이전에는 중무장 기사와 그를 따르는 종자들로 구성된 기사단이 들판에서 충돌하는 것이 전쟁의 주된 형태였다. 기사와 그들의 종자를 거느리려는 왕은 그들이 살아갈 영지를 떼어 줘야 했다. 영지의 분할은 권력의 분산으로 나타났다.

기사단에 의지하는 전쟁의 양상은 영국과 프랑스의 백년전쟁(1337~1453)을 시작으로 변하기 시작했다. 변화는 근본적이었다. 우선 양궁과 석궁 부대가 본격적으로 등장하면서 기존의 중무장 기병 중심의 전술이 무력화되었다. 양궁과 석궁은 기사와 말의 갑옷을 꿰뚫어 치명상을 입혔다. 긴 창으로 무장한 보병의 밀집 대형 또한 기사들로 구성된 기병대를 무력화하는 데 매우 효과적이었다. 백년전쟁 전반기, 기사 중심의 전통적 전술에 크게 의존한 프랑스는 이러한 양궁 부대 및 보병 부대를 효과적으로 활용한 영국에 번번이 패배했다. 백년전쟁 후반기에 이르러 프랑스가 화포라는 신무기를 기반으로 전술을 개량하고 전장에 나서자 영국의 양궁 부대가 무력해졌다.

이러한 전쟁 양상과 전술의 변화는 전쟁에 필요한 자원 동원의 논리에도 큰 영향을 주게 된다. 양궁 부대와 밀집 보병대는 기사들처럼 영지의 분봉을 매개로 하여 쌍무적 계약 관계를 맺은 사이가 아니라 돈을 주고 고용하는 직업 군인, 즉 용병일 때가 많았다. 강력한 기사가 몇 명이나 있느냐보다는 얼마만큼의 용병을 동원할 수 있는가, 즉 주화와 금은을 얼마나 가지고 있느냐가 더욱 중요해졌다. 제작과 운용과 유지에 어마어마한 돈이 들어가는 화포까지 감안하면 돈의 중요성은 점점 더 커졌다.

16세기에 들어서면서 종교전쟁과 맞물리면서 유럽 곳곳은 다시 전화에 휘말리게 되었다. 전쟁과 군사 기술은 다시 혁명적 변화를 겪었다. 화포에서 한 걸음 나아가 개인용 화기인 소총이 제작되고 보급되기 시작했다.

소총 보급 등 화기의 사용이 일반화되자 전쟁의 양상은 공성전과 포위전으로 변했다. 사방이 열린 들판에서는 기병이든 보병이든 제아무리 기세를 올리고 덤벼들어도 효율적으로 조직된 소총 부대의 일제 사격 앞에서는 먹잇감이 될 수밖에 없었다. 이제 성을 쌓은 기술, 축성술에서도 혁신이 벌어지게 된다. 화포의 공격을 견디도록 설계된 트라스 이탈리에느Trace Italienne라는 새로운 형태의 요새가 등장하게 된다. 이 모든 것이 다 돈이었다.

소총 제작과 보급, 소총 부대 조직과 운용에 돈이 끊임없이 들어갔다. 군주와 도시들은 새롭게 보강된 성벽의 강화·유지·보수에도 계속 돈을 쏟아야 했다. 이렇게 난공불락이 되어 버린 요새들을 공격하려면 이전보다 더 많은 병력이 더 오랫동안 포위전을 펼쳐야 했다. 14세기 이전의 전쟁은 무용을 뽐내는 기사들의 낭만과 기사도의 시대였으나, 16세기 이후의 전쟁은 오로지 돈의 문제가 되어 버렸다. 오래전, 로마 공화정 시대에 키케로가 말한 "돈은 전쟁의 힘줄이다"라는 격언이 유럽의 군주들 사이에서 절체절명의 지상과제로 떠올랐다.

'큰손 금융'의 대두와 금융 혁명

이제 각국의 재정에서 군비가 차지하는 비중이 폭발적으로 증가했다. 재정 규모 자체가 늘어났을 뿐만 아니라 평시에도 군비 지출이 예산의 절반을 차지하게 됐다. 전쟁이 벌어지면 아예 예산 전체 규모를 훌쩍 넘어서기도 했다. 군주, 그리고 공화국 도시들은 이 엄청난 전쟁 비용을 어떻게 조달했을까?

가장 간단하면서도 가장 많이 사용된 방법은 금융가들에게서 빌리는 것이다. 힘 있고 승산 높은 군주들에게 전쟁 자금을 빌려 주는 것은 금융가의 주요한 사업이었다. 전쟁에 승리했을 때 얻게 될 막대한 전리품과 이권을 외면할 금융가는 없었다. 15세기 피렌체의 금융 재벌 메디치 가문이 이른바 '큰손 금융'의 본보기다. 메디치 가문은 전쟁을 벌이려는 군주와 국가에 목숨줄이나 다름없는 전쟁 자금을 대출해 주면서 각종 이권을 챙겼을 뿐 아니라 국가 간의 세력 균형이 유지되도록 적극적으로 나섰다. 메디치 가문은 움켜쥔 권력을 배경으로 무려 4명의 교황을 배출했다.

16세기 합스부르크 왕조의 신성 로마 제국 황제 카를Karl 5세의 시대가 되면서 그의 전비 조달은 독일 남부에 뿌리를 둔 금융가 푸거 가문으로 이동했다. 유럽 전체를 통일하고, 나아가 대서양 건너편의 아메리카 대륙에까지 걸친 대제국을 건설하려 한 카를 5세의 야심은 끝이 없었다. 그 아들인 스페인 왕 펠리페Felipe 2세 또한 채울 수 없는 야심을 소유한 군주였다. 이들 부자는 수많은 전쟁을 벌였고, 돈은 끝없이 들어갔으며, 푸거 가문의 자산과 정치적 영향력 또한 끝없이 불어났다.

'붉은 방패', 즉 로스차일드Rothschild라는 금융가 집단도 '큰손 금융' 계보에서 빼놓을 수 없다. 메디치나 푸거 가문보다 나중에 등장한 로스차일드의 영향력이 정점에 달한 19세기에는 대영 제국 정부도 프랑스의 나폴레옹 정부도 미국의 링컨 정부도 이들에게 매달려 전쟁 자금을 조달했다. 로스차일드 또한 메디치 가문이나 푸거 가문의 전례를 따라 자신들의 위치를 십분 활용하여 부와 영향력을 한껏 키웠다. 19세기 유럽의 국제 정치와 전쟁 문제를 좌지우지한, 가장 결정적인 열쇠를 쥔 세력은 로스차일드 가문이라고 단정한 사람도 없지 않다.

　이러한 '큰손 금융'에 기대 전쟁 비용을 조달하는 데는 여러 문제가 따랐다. 빌려 주는 쪽에서는 돈을 빌려 간 국가가 전쟁에서 패배하거나 상환을 거부하는 억지를 피울 위험을 안고 있었다. 스페인의 펠리페 2세는 여러 전쟁에서 실패를 거듭하며 푸거 가문에 부채 상환을 미루거나 거부하는 일이 많았다. 17세기에 들어 푸거 가문의 힘이 크게 약화한 것은 펠리페 2세의 부채 상환 거부 때문으로 볼 수 있다. 빌려 가는 쪽에서도 만족스럽지 못했다. '큰손 금융'에게서 돈을 빌리려면 그들을 설득할 수 있을 만한 전쟁 능력이나 정치적 영향력이 있어야만 했다. 하나의 정치체로서는 생사가 걸린 전쟁이라는 위기 상황에서 서로 믿고 의지하기에 분명한 한계가 있었다.

　이제 영국, 네덜란드, 프랑스 등 대규모 해상 제국을 건설하고 항시적으로 전쟁을 벌인 국가들은 다른 전비 조달 방법을 모색하게 되었고, 이는 자국 내의 재정 및 금융 시스템을 새롭게 조직하는 '금융 혁명'으로 이어졌다. 방법과 아이디어는 달랐지만, 국가가 신용을 보증하는 공공 은행을 설립하여 국가적 규모의 은행으로 키우고, 국가는 전쟁 등 큰돈이 필요할 때 큰 자금 동원력을 가진 자국의 공공 은행으로부터 돈을 차용한다는 것이 그 골자다. 요컨대 조세 징수와 전쟁 등의 사업에 국가가 거두는 재정 수입을 담보로 신용이 보장되는 은행을 세우고, 국내 화폐 흐름의 중심에 그 은행을 자리 잡게 해 국가가 필요로 하는 자금을 국내 금융 시장에서 상시적으로 가져다 쓸 수 있게 한다는 것이었다.

　이러한 구상이 가장 성공적으로 구현된 예는 1694년 영국에서 설립된 잉글랜드 은행The Bank of England일 것이다. 이런 과정을 거쳐 나타난 근대 국가는 마침내 국제 금융은 물론 국내 금융 질서도 근본적으로 바꾸고, 국가가 재정을 관리하고 운용하는 방식 또한 완전히 새롭게 바꾸었다. 근대 자본주의의 발생이 이러한 근대 국가의 출현과 뗄 수 없이 하나로 연결되어 있다는 점은 아무리 강조해도 지나치지 않는다.

베스트팔렌 조약과 근대 국제 체제

17세기 초반의 30년전쟁과 그 사후 처리를 위한 베스트팔렌 조약은 근대 국제 체제의 형성에 중요한 분수령이 되었다. 30년전쟁은 처음에는 종교전쟁의 성격을 띠었다. 합스부르크 왕가의 신성 로마 제국 황제인 페르디난트Ferdinant 2세는 무력으로 독일 전역에 가톨릭 질서를 재확립하고 자신의 권력 기반을 강화하려고 했으나 루터파 이후 세력을 키운 새로운 개신교 종파인 칼뱅파는 자신들과 같은 종교를 가진 팔츠 선제후 프리드리히Friedrich 5세 휘하에 집결해 페르디난트 2세에 반기를 들었다. 1618년 신성 로마 제국의 한복판인 보헤미아에서 발발한 전쟁은 글자 그대로 30년을 끌어 1648년까지 독일, 나아가 유럽 전체가 전란의 아수라장에 휩싸였다.

종교전쟁으로 시작한 이 전쟁은 시간이 지나면서 최초로 유럽 내 세계대전의 양상을 띠게 되었다. 가톨릭을 내세워 유럽 전체에서 패권을 확립하려는 합스부르크 왕조의 공세에 맞서 스웨덴, 덴마크, 프랑스, 네덜란드 등이 신교도 세력을 규합했다. 전쟁의 끝자락에 이르자 종교와 신앙은 뒷전이 되고, 어느 지역이 어느 종파의 어느 군주가 지배하는 영토인가가 핵심적 문제가 되었다.

여기에서 영방 국가領邦 國家라는 근대 국가의 중요한 특징 하나가 두드러지게 되었다. 그때까지 유럽 군주들이 다스리는 영토는 사방에 찢어져 있는 경우가 다반사였다. 주로 결혼과 상속을 통해 세력을 펼친 합스부르크 왕가가 대표적이다. 이 왕가의 영지는 유럽 전역에 띄엄띄엄 흩어져 있었다. 30년전쟁이 벌어지면서 이러한 기존 질서는 무너지고 힘 있는 군주 각자의 영토를 늘려 나가는, 고전적인 '땅 따먹기'의 논리로 유럽의 지도가 재편됐다.

전쟁이 끝나고 영토 확정을 논의하기 위해 독일의 베스트팔렌에 모인 각국 대표들은 영토 확정 후 서로 동등한 주권을 가진 정치체로 인정했다. 신성 로마 제국, 기타 왕국 및 대공국, 백작령 등 다양한 정치체들이 무질서하게 공존한 기존 유럽 세계는 이제 모두 각각 주권을 가진 근대 국가라는 동질적인 국가들의 체제로 정리되었고, 이 국가들은 서로의 주권을 존중하여 종교 문제를 포함한 내정 간섭을 삼가는 것을 원칙으로 삼았다. 21세기인 오늘날에도 세계 질서의 근간을 이루는 근대 국제 체제가 태어난 것이며, 이러한 체제를 오늘날에도 '베스트팔렌 체제'라고 부른다.

자본주의와 상업 사회의 도래

화폐가 부富가 되다

화폐는 고대부터 있었다. 우리가 화폐와 동일시하는 주화(동전)는 서구의 경우 기원전 600년경 지금의 튀르키예에 있던 리디아 왕국에서 처음 주조되었다. 고대 그리스의 도시 국가들은 주화를 본격 사용하고, 로마 제국은 제국의 재정, 무역, 조세 등에 전면적으로 사용했다. 로마 제국이 멸망한 후 중세 유럽의 긴 기간 동안 화폐는 부를 상징하는 데 그다지 지배적인 위치를 점하지 못했다.

13세기 들어 도시 간의 교역과 북이탈리아에서의 활발한 상업이 나타나면서 화폐는 점점 더 사회 안으로 깊이 침투하지만, 아직은 '부의 한 형태'에 불과했다. 권력자들이 선호한 부의 형태는 화폐가 아니라 조세 수입으로 들어오는 현물, 지배 계급 사이에서 선물로 사용할 수 있는 보석이었다. 14세기의 흑사병 사태로 이러한 양상이 바뀌어 화폐나 금과 은이 다시 부의 지배적 형태가 되기 시작했다. 현물 지대地代 대신 화폐 지대가 확산되고, 시장과 상업적 관계가 확장된 결과였다.

달라진 전쟁 형태도 화폐 사용을 촉진했다. 14세기에 영국과 프랑스 사이의 백년전쟁을 계기로 용병이 등장했다. 군주들은 용병대의 충성을 확보하기 위해 확실한 대가를 지불해야 했는데, 그 대가는 금화 혹은 은화였다. 군인을 뜻하는 영어 단어 'soldier(솔저)'나 프랑스어 단어 'soldat(솔다트)'는 고대 로마의 금화를 뜻하는 단어 'solidus(솔리두스)'에서 나왔다. 16세기 이전부터 유럽의 군주들은 더 많은 양의 화폐, 그리고 그 재료가 되는 금과 은을 확보하기 위해 혈안이 되었다. 금과 은을 더 많이 얻기 위해서는 무슨 방법이 있을까?

군주들은 처음에 전쟁이나 정복을 통한 약탈에 의존했다. 금은의 약탈은 앞에서 살핀 '지리상의 발견'을 이끈 중요한 계기가 된다. 콜럼버스는 편지에 "황금은 놀라운 물건이다. 황금을 소유한 자는 원하는 것을 모두 손에 넣을 수 있다. 금만 사용할 수 있다면 심지어 자기 영혼을 천국으로 보낼 수도 있다"고 썼다.

하지만 이런 방법은 곧 한계를 맞게 되었다. 정복으로 약탈한 금과 은은 전쟁을 통해 다른 나라의 상인과 용병들에게 금세 빠져나가고, 군주는 다시 빈털터리가 되었다. '신대륙'에서 엄청난 양의 금과 은을 들여왔지만, 곧 국부의 유출로 힘든 처지가 된 스페인이 반면교사다. 남아메리카 대륙 어딘가에 황금이 무진장 쌓인 엘도라도El Dorado라는 도시가 있다는 소문이 있었으나 소문이었을 뿐, 아무도 발견하지 못했다.

금과 은을 획득할 다른 방법은 없을까? 있다. 상업이다. 상업을 통해 다른 나라에 물건을 내다 판다면 그 나라의 금과 은이 자기 나라로 유입될 것이다. 대신 자기 나라에 있는 금과 은을 외국의 상품을 사는 데 마구 써 버린다면 금과 은은 빠져나갈 것이다. 가급적이면 수출을 늘리고 수입을 줄여 그 차액만큼의 금과 은을 국내에 보유한다는 이른바 '차액 무역설'이 서서히 대안으로 떠올랐다. 훗날 중상주의라고 불릴 차액 무역의 관행은 17세기가 되면 영국, 프랑스, 네덜란드 등 주요 국가 사이에 뿌리를 내리게 되었다. 국가가 나서서 화폐 혹은 금은을 더 많이 벌어들일 수 있는 상업을 적극 육성하게 되었으며, 필요할 때는 스스로 상업에 뛰어들기도 했다.

이제 화폐가 '부'의 중심이 되었을 뿐만 아니라, 국가를 위시한 사회 전체가 더 많은 화폐를 벌어들이는 일을 적극 장려하는 상업 사회로 변모하기 시작했다. 초기의 자본주의가 나타난 것이다.

시장이 전 세계로 확장되다

처음에 무역은 '싸게 사서 비싸게 파는' 방법에 집중되어 있었다. 비싸게 팔릴 수 있는 진귀한 물건을 구하기 위해서는 원거리 무역에 나서야 하나, 이를 위한 무역로는 이미 기존의 현지 상인이나 권력자들이 장악한 경우가 많아 싸게 사오기가 어렵게 되었다. 따라서 유럽의 군주들과 그들을 뒷배로 삼은 상인들은 새로운 무역로를 뚫으려 노력하였다. 포르투갈, 스페인, 영국, 프랑스, 네덜란드의 상인들은 경쟁적으로 함선과 함대를 몰고서 전 세계로 퍼져 나갔고, 이에 유럽을 중심으로 한 세계 시장이 서서히 형성되기 시작했다.

하지만 시간이 지나면서 시장은 단순히 현지의 물건을 구해 오는 단계에서 벗어나, 현지의 지리적 조건, 생산 기술, 심지어 노예 무역까지 결합해 비싸게 팔 수 있는 물건을 대량으로 생산하는 성격으로 발전해 나갔다. 17세기 말 이후 벌어진 설탕의 대서양 삼각 무역이 전형적인 예이다. 설탕은 다량의 사탕수수를 정제하여 나오는 것이므로, 사탕수수를 재배할 수 있는 곳에서 가져와야 했다. 유럽인들은 알렉산드로스 대왕 이후로 인도에서 나오는 설탕을 비싼 값에 들여왔다. 하지만 17세기 이후 새로운 형태의, 훨씬 더 큰 이윤을 남길 수 있는 무역 방식이 출현했다. 먼저 유럽 각국에서 무기와 탄약, 천 등 상품을 실은 상선들이 서아프리카의 다호메이 왕국으로 출발했다. 유럽의 무기를 손에 넣은 다호메이 왕국은 매년 정기적으로 주변 지역과 전쟁을 벌여 붙잡아 온 이웃 나라 원주민들을 유럽 상인들에게 넘겼다.

유럽 상인들은 큰 배 가득히 이 원주민 노예들을 '화물'로 싣고 대서양을 횡단해 유럽인이 운영하는 사탕수수 대농장(플랜테이션)과 설탕 공장이 산재한 카리브제도에 도착했다. 노동력이 다수 필요한 이곳의 사탕수수 대농장에는 흑인 노예들이 투입되었다. 유럽 상선들은 노예들을 실어다 준 대가로 설탕을 받아 유럽 본국으로 돌아갔다. 이렇게 해서 대량의 설탕이 유럽의 시장으로 풀려 나가게 되었다. 이 과정에서 특히 노예로 팔려 간 흑인 원주민이 겪은 비인간적인 고초는 널리 알려졌듯 말로 다 표현할 수가 없다.

한 치의 공간이라도 남을세라 좁은 배 위에 짐짝처럼 빽빽이 실린 이들은 손발이 꽁꽁 결박당한 채로 오물과 배설물을 뒤집어 써 가며 험한 항해 도중 무수히 죽어 갔다. 풍랑이 심해 배의 무게를 덜어야 할 때는 가차 없이 바닷속으로 던져졌다. 유럽 상인들은 그 뒤에 천연덕스럽게 이 '화물 손실'에 대해 보험사에 보상을 청구하기도 했다. 천신만고 끝에 도착한 사탕수수 대농장에서는 가혹한 노동이 기다리고 있었다.

이러한 아프리카 흑인 노예들을 매개로 한 대서양 삼각 무역의 관행은 나중에는 18세기 영국의 산업혁명과 관련하여 아메리카 대륙의 면화 생산으로 이어졌다. 이 삼각 무역에서 우리는 이윤을 극대화하기 위해서는 세상의 가치나 윤리 따위는 무시하고 어떤 모험도, 어떤 행동도 서슴지 않는 인간의 모습을 발견할 수 있다. 오로지 화폐로 계산되는 이윤을 기준으로 만사만물을 평가하는 자본주의 정신의 본질적인 모습이 이미 나타나고 있던 것이다.

네덜란드 동인도회사: 국가 사업으로서의 상업

이러한 상업의 확장은 오로지 상인들의 주도로 이루어진 것이 아니다. 장거리 항해를 위한 선박이 특수 제작되어야 했으며, 목숨을 건 모험에 나서는 선원들에게도 큰 자본이 들어갔다. 따라서 영국, 프랑스, 네덜란드 등은 모두 국가 차원에서 '동인도회사'를 조직하여 자본을 조달하고 효율적인 무역 전략을 모색했다. 그중 가장 유명하고 또 17세기의 원거리 무역을 지배하다시피 했던 회사는 네덜란드의 동인도회사였다. 가톨릭의 왕국 스페인의 지배를 받던 네덜란드의 개신교도들이 반란을 일으키자 1576년 스페인의 펠리페 2세는 큰 무역 도시인 네덜란드의 안트베르펜을 대대적으로 약탈했다. 이에 대거 북쪽의 암스테르담으로 피신한 개신교도들은 1581년 함께 공화국을 건설하고 스페인에 독립을 선언했다.

이후 이곳의 상인들은 세계 곳곳에 독자적인 무역 기지를 건설하고, 스페인과 포르투갈이 독점한 해외 무역망에 도전하기 시작해 199퍼센트의 수익을 내는 등의 눈부신 성공을 거두었다. 네덜란드 내부에서 이런 성공에 크게 고무된 상인들이 서로 경쟁을 벌이자 수상 요한 반 올덴바르네펠트Johan van Oldenvarnevelt는 이들을 통합해 강력한 무역 독점체를 만들어야 한다고 주장했다. 1602년 마침내 통일 네덜란드 동인도회사가 탄생했다.

영국 동인도회사와 마찬가지로 네덜란드 최초의 주식회사인 네덜란드 동인도회사는 네덜란드라는 국가가 주체가 되어 설립한 회사라는 점에 주목해야 한다. 네덜란드 국가는 이 회사에 해군과 육군을 조성할 권리 등 여러 특권을 부여했을 뿐 아니라, 의회 차원에서 이 회사를 직접 감독하고 규제했다. 또 이 회사와 문서와 정보를 공유하면서 대규모 무역 전략 수립 등 의사 결정에 참여했다. 네덜란드 동인도회사가 출범한 직후, 국가는 그 주식을 매매하고 거래할 수 있는 최초의 주식시장을 암스테르담에 설립했다. 여기에 최초로 상장된 회사는 말할 것도 없이 네덜란드 동인도회사였다. 17명의 '으뜸 주주Herren Seventien'와 무한 책임을 지는 60명 정도의 '최대 투자자Ewindhebbers'가 지배한 이 회사는 네덜란드 시민이라면 누구나 그 주식을 사고팔 수 있었다. 즉 출자자 명부에 이름을 올리지 않더라도 그 주식을 시장에서 매도하고 매수하며, 회사에서 배당금을 받는 소유권자임을 주장할 수 있게 된 것이다.

이러한 국가 차원의 제도적 지원에 힘입어 네덜란드 동인도회사는 엄청난 양의 자본을 동원할 수 있었다. 네덜란드 동인도회사의 납입 자본금 총액은 642만 4588휠덴으로, 영국 동인도회사의 10배나 되는 금액이었다. 이러한 자본의 힘으로 네덜란드 동인도회사는 선박, 인원, 장비뿐만 아니라 군사력까지 조직해 더욱 효과적으로 스페인과 포르투갈의 무역 제국에 도전할 수 있게 되었다. 1603년 네덜란드 동인도회사는 싱가포르 동쪽 해안에서 포르투갈 선박을 공격해 중국 비단 1200꾸러미와 수백 온스의 사향을 노획하기도 했다. 이는 국제법적으로도 큰 문제가 될 수 있는 일이었으나, 네덜란드 동인도회사는 네덜란드의 천재 법학자 휘호 흐로티우스Hugo Grotius를 통해 자신들의 '해적질'을 자연법의 논리로 정당화하기도 했다.

상업 사회의 도래

자본주의 발전의 결정적 요인으로는 국가 독점 사업체를 앞세운 원거리 무역과 같은 '바깥으로부터의 변화'가 꼽힌다. 하지만 국내의 사회 또한 상업적 관계의 확장이라는 '안으로부터의 변화' 역시 자본주의 발전을 자극했다. 오랜 종교전쟁과 내란으로 상업과 산업이 파괴되고 후진적인 농업 국가로 내려앉은 프랑스는 1661년 루이Louis 14세가 장바티스트 콜베르Jean-Baptiste Colbert를 수상에 임명하면서 강력한 상업-산업 국가로 떠오르기 시작했다. 콜베르는 프랑스의 강력한 절대 왕권을 수단으로 국내 시장 통일과 산업 양성에 본격적으로 착수했다.

프랑스의 국내 시장은 여러 지역으로 찢어져 있었고, 그 지역들을 통과하는 상인들은 부당한 통행세를 내야 했다. 다른 지역에서 영업을 할 경우에는 그 지역의 상인 및 권력자의 텃세에 여러 불이익을 겪어야만 했다. 콜베르는 프랑스의 시장을 여러 갈래로 찢어놓는 통행세, 상이한 법정 시스템 등을 혁파하고 통일된 프랑스의 '전국적 시장'을 창출했다. 그는 또 프랑스의 무역 흑자와 조세 수입을 극대화하기 위해 국내의 산업을 적극 장려하였다.

콜베르의 적극적인 노력 덕에 프랑스에는 전국적으로 통용되는 일종의 '산업 표준'이 마련됐으며, 유럽 각지의 실력 있는 숙련공과 장인들이 프랑스로 유입됐다. 후진 농업국이었던 프랑스는 단번에 영국 및 네덜란드와 어깨를 나란히 하는 상업-산업 국가로 발돋움하게 됐다. 하지만 1683년 콜베르가 사망한 뒤 루이 14세는 과도한 사치와 무모한 전쟁 등으로 국고를 탕진해 콜베르가 힘겹게 조성한 상업-산업 기반 시설과 국가 경쟁력을 갉아먹는 어리석음을 저질렀다. 그래도 프랑스의 상업 사회로의 변화라는 조류는 18세기에도 지속됐다. 프랑스의 대귀족들은 자기들의 영지에서 나오는 수입을 담보로 거액의 화폐를 대출받아 사치에 탕진했다.

귀족들의 사치는 다시 시장 교역을 자극하는 중요한 계기가 되었다. 영국에서도 상업 사회의 팽창은 몇 세기에 걸쳐 거스를 수 없는 도도한 흐름으로 나타났다. 16세기의 이른바 '울타리 치기 Enclosures'가 일반화하면서, 관습에 따른 토지의 소유와 이용은 사라지고 양을 기르거나 수익이 큰 작물을 기를 수 있도록 토지를 임대하는 '농업 자본주의'가 원형적인 모습으로 나타나게 되었다.

그뿐 아니라 토지 임대로 수입이 늘어난 지방의 귀족과 향신 Gentry들은 런던에 둔 타운하우스에 매년 정기적으로 머물면서 당시 유행하는 소비의 추세를 따르기 위해 많은 돈을 쓰기도 했다. 자본주의의 발전으로 유럽, 특히 영국 등 북대서양 지역에서는 상업 사회라는 새로운 유형의 사회가 나타났다. 도시 바깥은 여전히 압도적으로 농업 지역이었으나 도시에서는 활발한 화폐 유통, 이에 의한 대규모 생산과 소비 등 이미 자본주의 초기의 모습을 그대로 담고 있었다.

전통적인 문화와 규범이 무너지고 대신 사치와 돈벌이를 미덕으로 삼는 새로운 도덕률이 나타났다. "사치와 탐욕이라는, 개인에게는 악덕에 해당하는 것이 결국 상업과 산업을 자극하여 공공에는 혜택을 가져다준다"라고 갈파한 유명한 《꿀벌의 우화Fable of the Bees》의 저자 버나드 맨더빌Bernard Mandeville 같은 사람이 18세기 초 영국과 인근 유럽 대륙의 여론을 흔들어 놓기도 했다.

개인의 탐욕 대 공공의 이익

맨더빌이 제기한 "탐욕이라는 개인의 악덕이 공공에는 번영의 동력이라는 이익이 된다"라는 명제에는 사실 유럽 문명사의 오래된 도덕적 아이러니가 담겨 있다. 그리스와 로마 시대의 고전 문헌은, 사람들이 개인적 이익과 탐욕을 지나치게 앞세우면 공공의 이익을 해칠 뿐만 아니라 나라 전체에 끝없는 갈등과 분란을 낳게 되므로, 이를 통제하고 억제해야 할 대상으로 다루었다.

기독교가 지배한 중세 이후로는 아예 종교적 저주까지 뒤집어쓰게 되었다. 재물과 소유는 마땅히 영원히 안전한 천국에 (더 구체적으로는 교회에) 쌓아 둘 일이며, 이를 탐하고 축적하려는 탐욕은 죽음에 이르는 일곱 가지 대죄의 하나였다. 따라서 중세 교회는 항상 상인들을, 그것도 돈이 많은 대상인들일수록 저주를 퍼부어 마지않았다.

이렇게 재물과 이윤에 악덕이라는 딱지를 붙이고 정죄를 행하는 정서는 15세기 이후 이탈리아 북부 도시 공화국과 영국에서 먼저 서서히 변화의 조짐을 보인다. 재물과 이윤은 개개인이 각자가 맡은 일에 충실하게 만들어 주는 장치일 뿐만 아니라, 나라 전체를 돌아가게 만들어 주는 활력의 원천이라는 것이었다.

따라서 공공의 질서를 해칠 정도의 과도하고 그릇된 탐욕이 아니라면 재물과 이윤은 악덕으로 정죄해야 할 대상이 아니라 긍정하고 장려해야 할 미덕일 수도 있다는 주장이 나타났다. 하지만 이렇게 새롭게 나타난 태도에서도 개인들의 과도한 탐욕은 공공선과 모순되며 공공의 질서를 파괴할 위험이 있는 것으로 여겨졌다. 결국 개인의 탐욕은 장려할 필요도 있으나 그것이 지나쳐서 사회와 공공의 이익과 질서를 파괴하는 것을 막고, 올바른 방향으로 나가게 하려면 국가의 효율적인 계도가 반드시 필요하다는 입장으로 귀결되는 것이 대부분이었다. 맨더빌 또한 이러한 생각에서 벗어나지 않았다. 결국 자본주의의 발생과 상업 사회의 팽창이라는 큰 변화 앞에서도 유럽인들의 생각은 고대 이후로 내려온 "개인의 탐욕이냐 공공의 이익이냐"라는 대립 구도를 벗어나지 못하고 있었던 것이다.

뉴턴의 자연법칙과 인간 세상의 도덕 법칙

영국의 아이작 뉴턴Isaac Newton이 발견한 자연법칙은 우주와 물리적 세계에 대한 이해에만 영향을 미친 것이 아니다. 18세기의 유럽인은 인간 세상은 물론 인간의 내면 세계에도 뉴턴의 방법론을 적용하여 '불변의 법칙'을 찾아낼 수 있으리라 기대했다. 이는 신을 자연과 우주의 설계자로서 상정하는 이신론理神論, Theism과 그에 상응하는 기계론적 세계관에 기반을 둔 사고방식이었다. 종교개혁으로 기독교가 두 쪽, 아니 무수히 많은 다른 교파 및 종파들로 찢어져서 서로 전쟁과 학살을 저지르고 난 뒤, 유럽의 지식 세계에서 신을 이전처럼 하나의 인격체로서 생각하는 사고방식은 크게 퇴조했다.

이들은 신의 존재를 의심하지도 않았고, 우주와 인간을 창조한 주체로서의 신에도 의문을 품지 않았다. 단지 신은 이 우주와 인간이 생겨날 적에 그 설계와 창조를 맡을 뿐, 그 이후로는 개입하지 않은 존재로 여겼다. 신은 완벽한 존재이며 그의 설계와 창조 행위 또한 완벽하다. 따라서 신의 설계와 창조에 따라 생겨난 우주와 인간은 모두 신이 뜻한 바대로 움직이는 기계 부품에 불과하며, 신은 자신이 만든 우주와 세상에 다시 개입할 이유도 필요도 없다. 따라서 신은 이 우주와 세상에 그 최초의 설계자로서만 존재할 뿐 그 이상의 어떤 존재가 아니라는 결론이 나온다.

이제 인간이 해야 할 일은 우주와 세상에서 신의 설계도, 즉 '자연적 질서'를 알아내고 그것에 따라 살아가는 것이 된다. 여기에서 흔히 등장하는 비유는 시계와 시계 설계자이다. 시계는 18세기라는 시대와 그 정신을 상징하는 물건이라고 해도 과언이 아닐 정도로 당대 사람의 상상력과 사고방식을 고스란히 담고 있다. 무수히 많은 부품이 서로 건드리고 움직여서 제각각 활동하도록 하며, 아무런 관계가 없어 보이는 그 활동들은 결국 하나의 조화와 질서를 이루어 시간의 흐름을 정확하게 보여 주었다.

이러한 놀라운 일은 애초에 설계자가 개개의 부품들을 의식할 수 없는 목적에 맞게 움직이도록 질서를 부여해 놓은 결과라는 것이다. 뉴턴의 발견은 사람들에게 이러한 신의 섭리에 맞춘 설계도를 찾아내는 일이 가능하다는 자극을 주었다. 뉴턴이 물리학적 세계의 운동 법칙을 발견했듯, 인간의 내면과 사회가 작동하는 형태에서도 신의 설계도를 발견할 수 있다고 본 것이다. 만약 이게 가능하다면, 자본주의와 상업 사회를 만들어 내는 법칙 또한 찾아낼 수 있을 것이며, 그러한 법칙을 찾아낸다면 '개인의 탐욕 대 공공의 이익'이라는 도덕적 딜레마도 넘어설 수 있게 될 터였다.

일견 모순되는 두 측면도 신이 만든 '설계도'만 찾아낸다면 서로 어떻게 연결되어 있고 어떻게 조화를 이루는지를 알아낼 수 있을 터였다.《국부론the Wealth of Nations》의 저자 애덤 스미스Adam Smith는 인간의 도덕적 심성과 인간 세상의 작동 모두에서 신의 조화를

담고 있는 '근본 원리'가 존재할 것이라고 믿었고, 이를 찾아내려고
시도하였다.

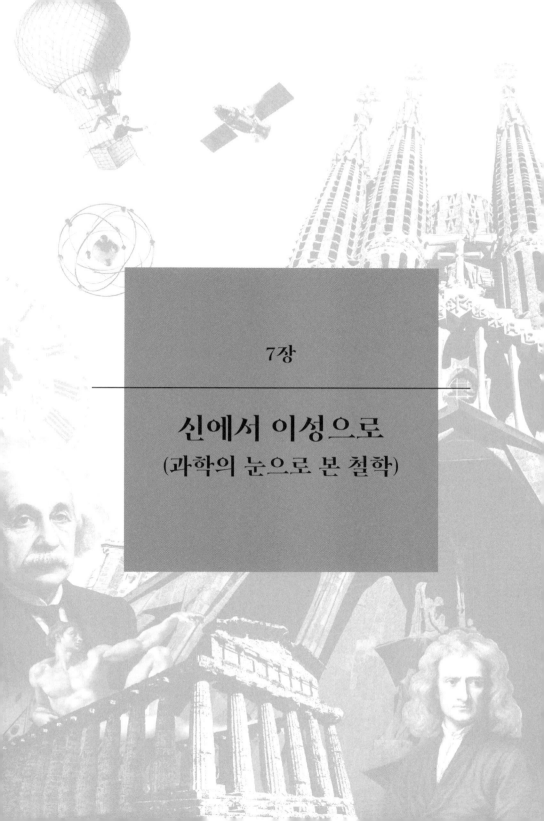

7장

신에서 이성으로
(과학의 눈으로 본 철학)

배경

    과학은 관찰 혹은 실험을 토대로 자연과 세상의 현상에 대해 보편적이고 객관적인 지식을 추구하는 활동이다. 15세기 초 서유럽에서 르네상스와 함께 시작된 이 새로운 지식 체계는 기존의 철학이나 인문학, 예술, 종교와 구별된다. 과학의 태동에는 중세 암흑기에 잊혔다가 '다시 태어난'(르네상스) 그리스·로마 고전 그리고 중세 이슬람의 수학과 자연학이 유럽에 유입된 것이 결정적인 역할을 했다. 종교개혁으로 교회의 권위가 약해진 것도 과학이 태동한 토양이 되었다. 교회 권위의 약화는 자연을 새롭게 바라볼 수 있는 자유로운 공간을 만들었으며, 이 공간에서 과학은 16세기와 17세기를 지나면서 확실하게 자리를 잡게 되었다.

    일반적으로 과학혁명의 효시로 니콜라우스 코페르니쿠스Nicolaus Copernicus의 지동설을 꼽는다. 오늘날 폴란드 영토인 토룬에서 부유한 프로이센계 상인의 아들로 태어난 그는 크라쿠프 대학교에서 수학과 천문학을 공부했고, 이탈리아의 볼로냐 대학교와 파도바 대학교에서 교회법과 의학을 공부하며 동시에 천문학을 연구했다. 1543년에 출간한 《천체의 회전에 관하여De revolutionibus orbium coelestium》에서 그는 지구가 태양 주위를 돈다는 지동설을 주장했다. 태양이 지구 주위를 돈다는 중세 기독교인들의 우주관(천동설)에 정면으로 반대되는 생각이었다.

코페르니쿠스의 주장은 단순히 천체의 이론을 천동설에서 지동설로 바꾼 것 이상의 의미가 있었다. 따라서 '혁명'이라는 이름이 붙었다. '혁명'은 영어, 프랑스어, 독일어 모두에서 'revolution'이다. 이 단어는 코페르니쿠스의 책 제목 중 라틴어 단어 'revolutionibus'에서 유래했다. 원래 천체의 규칙적인 회전운동을 뜻하는 'revolutio'는 17세기 이후 정치적 혹은 사회적으로 급격한 변화나 체제 전복으로 의미가 확장됐다. 코페르니쿠스의 주장이 혁명이 된 이유이다.

태양이 지구 주위를 돈다는 천동설은 고대 그리스의 천문학자 프톨레마이오스Ptolemaios가 체계화했다. 따라서 기독교 교리와 직접적인 연관은 없다. 그러나 중세 스콜라 철학자들, 특히 토마스 아퀴나스가 아리스토텔레스의 철학을 기독교 교리에 맞추면서 천동설을 개입시켰다. 아리스토텔레스는 우주가 지구를 중심으로 원형으로 펼쳐져 있으며, 하늘은 완벽하고 영원히 변하지 않는 천체들로 구성되어 있다고 주장했다. 이는 기독교에서 인간은 신의 형상대로 창조된 특별한 존재이며, 사람이 사는 지구가 창조의 중심이라는 생각과 맞아떨어지는 듯 보였다. 이 주장을 뒷받침하기 위해 아퀴나스는 '해가 멈췄다'라는 성서의 한 구절(《여호수아기》 10장 13절)을 그 근거로 삼았다.

독실한 가톨릭 교도였던 코페르니쿠스는 자신의 이론이 성경과 충돌한다고 생각하지는 않았다. 평생 프라우엔부르크 대성당의 성직자(캐논)로 봉직한 그는 지동설이 천동설보다 더 단순하고 조화로운 체계이며, 신이 창조한 아름다움을 더 잘 보여 준다고 생각했다. 그래서 책 서문에 당시 교황 바울로 3세에게 바친 헌사를 싣고 "이 연구가 신의 영광을 드러내는 데 기여할 것"이라고 기록했다. 그럼에도 그는 자기 이론이 불러올 논란을 걱정해 오랫동안 출판을 미루다가 1534년 제자 게오르크 요아힘 레티쿠스Georg Joachim Rheticus의 설득으로 임종 직전에야 출판했다.

본의가 무엇이든 《천체의 회전에 관하여》 출간으로 시작된 '코페르니쿠스 혁명'은 요하네스 케플러Johannes Kepler, 갈릴레오 갈릴레이Galileo Galilei, 아이작 뉴턴을 거치며 150여 년 동안 진행되었다. 케플러는 행성의 타원 궤도 법칙을 증명해 코페르니쿠스의 이론을 수학적으로 보강했으며, 갈릴레이는 망원경을 이용해 목성과 금성을 관측함으로써 지동설의 증거를 제시했다. 마지막으로 뉴턴은 지동설의 원인이 되는 천체 운동이 왜 일어나는지를 만유인력의 법칙으로 밝혔다.

코페르니쿠스와 마찬가지로 이들도, 정도의 차이는 있으나, 기독교 신앙의 영향력에서 벗어나지 못한 근세 여명기의 사람들이다. 독실한 가톨릭 신자였던 갈릴레이는 "성경은 우리에게 천국에 어떻게 가는지를 가르쳐주지만, 천국이 어떻게 움직이는지를 가르쳐주지는 않는다"라는 유명한 말을 남기며 과학과 종교가 양립할 수 있다고 믿었다. 뉴턴도 예수의 신성과 삼위일체 교리는 부정했지만 그리스도의 재림을 믿는 청교도적 성공회 신자였다. 그러나 이들의 신앙심과는 관계 없이 '코페르니쿠스 혁명'은 기독교 신학에 기반한 우주관에 종말을 고하는 시발점이었다. '코페르니쿠스 혁명'은

신이 아니라 인간을 세상의 중심에 두고, 인간의 능력과 현세적 소
망, 행복을 소중하게 생각하는 인본주의의 토대를 제공해 주었다.

르네 데카르트

코기토 에르고 숨Cogito, ergo sum

'코페르니쿠스 혁명'의 주역인 코페르니쿠스, 케플러, 갈릴레오
는 이전과 다른 새로운 방식으로 세상을 탐구하려 했다. 이들은 계
산과 관찰을 통해 세상 현상에 숨어 있는 원리를 찾으려 했다. 오늘
날 과학적 연구 방법이라 부르는 것을 실천한 것이다. 하지만 이러
한 새로운 탐구 방법의 타당성과 철학적 의미까지 생각해 보지는
않았다.

영국의 프랜시스 베이컨Francis Bacon과 프랑스의 르네 데카르트
René Descartes는 그것을 분석한 대표적인 선구자들이었다. 특히 데카
르트는 기존의 모든 지식을 철저히 의심하는 '방법론적 회의'를 자
기 철학의 출발점으로 삼았다. 그가 펼친 의심의 과정을 요약하면
다음과 같다.

첫 단계로 데카르트는 감각기관을 통해 얻는 경험적 지식을 모
두 의심했다. 우리는 시각, 청각, 후각, 촉각, 그리고 미각 등의 감각
을 통해 세상을 경험하고 인식한다. 그러나 사물이나 현상을 자주
착각한다. 예를 들어 지구에서 보는 해의 크기는 종일 똑같은데 먼
동이 틀 때나 석양 무렵에는 훨씬 크게 보인다. 착각이 심하면 환청
혹은 허깨비를 보는 환시도 경험한다. 이로부터 감각기관을 통해
얻은 경험은 그대로 신뢰할 수 없다는 사실을 유추할 수 있다. 하지

만 그 감각을 일으키는 '우리의 몸'은 실제로 존재하지 않는가?

그래서 두 번째 단계로 그는 '우리의 몸'이 진짜 존재하는지 의심했다. 이를 위해 꿈을 사례로 들어 논증했다. 꿈속에서 일어나는 일을 우리는 현실처럼 경험한다. 그에 의하면 몸이 있다고 느끼는 우리의 자각은 꿈속에서나 현실에서나 차이가 없다. 그렇다면 우리의 몸이 실제로 존재한다는 전제도 확신할 수 없지 않은가? 이번에는 산신령이 나타나 3개의 흰 공을 주는 꿈을 꾸었다고 가정하자. 이 경우 산신령은 허구일 수 있지만 3이라는 수, 그리고 구슬이 흰색이라는 사물의 성질과 공이라는 기하학적 모양은 실제로 존재하는 특성일 수 있다.

마지막 세 번째 단계에서 데카르트는 사물의 성질이나 수, 기하학적 모양 등이 정말로 세상에 존재하는 고유의 특성인지 의문을 던졌다. 여기서 그는 우리가 사는 세상이 어떤 악한 신이 마치 사물들이 있는 것처럼 속이는 가짜는 아닌지 가정해 보았다. 만약 가짜라면 흰색이나 수, 기하학적 모양 역시 존재한다고 말할 수 없을 것이다. 하지만 설령 악한 신이 '나'를 속이고 있다고 해도 내가 존재하지 않는다면 속일 대상이 없으므로 무의미한 상황이 된다. 여기서 데카르트는 '코기토 에르고 숨' 즉 '나는 생각한다, 고로 존재한다'라는 유명한 결론에 도달했다. 모든 것을 부정해도 존재를 의심하는 주체인 '나'는 분명히 존재한다는 것이다. 데카르트는 '존재하는 나'야말로 진리와 지식의 가장 확실한 토대라고 보고 이를 출발점으로 삼아 분석을 이어 나갔다.

먼저 확실히 존재하는 '나'의 본질이 무엇인지 따졌다. 그가 보기에 물체인 육체는 사후에 썩어 없어지므로 '나'의 본질이 아니었다. 그렇다면 '나'의 본질은 육체가 아닌 정신일 수밖에 없다. 그

'정신'이라는 것의 본질은 무엇인지 주변 사물을 통해 다시 분석했다. 눈앞에 양초(밀랍)가 있다고 하자. 우리는 눈으로 보고, 촉감으로 느끼고, 냄새를 통해 양초를 지각한다. 그런데 양초가 다 타서 녹아 없어지면? 양초를 인식할 수 있는 감각적인 특징은 모두 사라진다. 그럼에도 불구하고 우리는 양초라는 사물을 인식한다.

데카르트는 인간이 사물이나 현상을 지각할 수 있는 이유는 감각이 아니라 우리의 정신이 그렇게 하기 때문이며, 그중에서도 '분명하고 뚜렷하게' 본질적인 특성을 파악하는 사고 능력이 핵심이라고 생각했다. 데카르트는 이 핵심적 사고 능력을 '이성理性'이라고 불렀다. 프랑스어로 'raison', 영어로 'reason'이라고 쓰는 '이성'은 '이유' 또는 '논리적 생각'을 동시에 뜻한다. 그 어원인 라틴어 단어 'ratio'는 논리적 추론, 계산, 비율 등을 의미하는데, 한마디로 인간이 논리적 정신 활동을 통해 진리를 발견하는 능력을 말한다.

데카르트는 저서 《방법서설Discours de la méthode》과 《제1 철학에 관한 성찰Meditationes de prima philosophia》에서 인간을 정신res cogitans(생각하는 것)과 신체res extensa(연장된 것)로 이루어진 존재로 설명했다. 그의 설명에 따르면 정신은 영혼이자 사고(생각)하는 능력을 가진 주체이다. 신체는 물질적이고 기계적인 존재이며, 물리 법칙에 따라 움직인다. 정신은 이성적 사고를 담당하며, 이를 통해 진리를 인식하고 신을 이해할 수 있다. 데카르트는 이성을 정신의 핵심 기능이자, 감각이나 육체적 경험보다 더 신뢰할 수 있는 인식의 도구로 보았다.

데카르트에 따르면, 이성은 정신 활동의 가장 핵심이며 모든 인간에게 공통으로 존재하는 특성이기 때문에 특정한 문화나 배경에 좌우되지 않는다. 그는 또 인간은 이성을 통해 감각적 경험의 오류를 극복할 수 있으며, 참된 지식도 얻을 수 있다고 보았다. 정신(영혼)과 신체라는 2개의 실체는 독립적이지만, 뇌 속의 솔방울샘pineal gland(송과선)을 통해 상호작용한다고 설명했다. 이를 심신이원론心身二元論이라고 한다.

데카르트는 1596년 프랑스 투렌 지방에서 태어나 예수회 학교에서 라틴어와 스콜라 신학을 배웠다. 그가 청장년 시절이던 17세기 초의 유럽은 30년전쟁으로 800여 만 명이 사망한 격동의 시대였다. 30년전쟁은 형식적으로는 종교전쟁이었지만 프랑스 왕국, 합스부르크 왕국, 신성 로마 제국 등의 강대국이 자유 도시들을 약탈하며 서로 물어뜯는 유럽 최초의 국제전이었다. 이 와중에 그는 네덜란드 군대에 입대하는 등 여러 나라를 돌아다니면서 다양한 사상을 접했다. 당시 유럽은 종교개혁과 과학혁명을 거치면서 중세의 신앙에 바탕을 둔 세계관이 흔들리고, 새로운 지식 체계가 고개를 들던 시대에 들어서고 있었다.

데카르트는 이런 혼란 속에서 기존의 지식에 의문을 품고, 독창적인 방법으로 확실한 진리를 찾으려 했다. 대부분의 저작을 네덜란드에서 집필한 그는 자연철학, 수학, 물리학 등 여러 분야에서 중요한 업적을 남겼다. xy 좌표로 위치를 표시하는 데카르트 좌표계도 그가 만들었다. 오늘날 우리가 직선, 원, 타원 등 여러 도형을 대수학으로 표현할 수 있게 된 것은 이 좌표계 덕분이다. 데카르트 좌표계의 등장으로 대수학과 기하학을 통합한 해석 기하학이 탄생했으며 수학과 과학이 빠르게 발전했다.

하지만 그의 철학은 가톨릭 교회와 갈등을 빚어 한때 그의 저작들이 금서로 지정되기도 했다. 요약하자면, 데카르트의 사상은 불확실성의 시대에서 확고한 진리를 찾으려는 시도의 하나로 탄생했다. 이성의 중요성을 강조한 그는 철학뿐 아니라 과학과 수학을 통합해 발전시킨 선구자로, 근대 학문의 틀을 세우고 기초를 다진 인물로 평가된다.

이성은 과연 실체인가?

데카르트는 정신(영혼)과 물질(신체)을 완전히 다른 실체로 간주했다. 그러나 현대 과학에 따르면 신체 없는 정신(뇌)은 상상할 수 없다. 뇌는 식물과 달리 신체를 움직여야 생존하는 동물에서 진화한 기관이기 때문이다. 먹거나 먹히지 않으려면 몸의 움직임을 만들어야 하는데 이와 관련된 정보를 총괄하는 기관이 뇌이다. 즉 신체의 이동이 뇌의 존재 이유이다. 신체 없는 뇌는 한마디로 모순이다. 데카르트가 정신과 육체의 연결점이라 주장한 송과선은 멜라토닌 분비와 같은 특정 생리적 기능을 담당하는 기관이다. 뇌가 몸에 명령한다는 생각도 오류이다. 몸과 뇌는 끊임없이 서로 전기 신호를 주고받으며 소통한다.

정신과 마음은 1000억여 개의 신경세포(뉴런)가 전기화학적 신호로 연결되어 순식간에, 그리고 끊임없이 이합집산하는 네트워크의 결과이다. 거기에는 실체가 없다. 마치 물 분자가 이합집산해 이루는 구름과 흡사하다. 온갖 모양을 이루며 시시각각 변하는 구름에 실체가 있는가? 정신 활동 혹은 마음도 마찬가지이다. 당연히 정신의 연장선에 있는 영혼이라는 것도 있을 수 없다. 생명이 다하여 뇌세포가 사라지면 전기 신호의 네트워크도 존재하지 않기 때문이다.

그렇다면 데카르트가 주장한 이성은 믿을 만한가? 앞서 언급했듯이 뇌는 동물의 생존을 위해 출현한 기관이다. 뇌의 존재 이유는 신속히 주변 상황을 예측, 판단하여 도망가거나 상대를 잡아먹기 위함이다. 정확성과 신속성 중 뇌에 더 필요한 것은 신속성이다. 위험 앞에서 정확성을 위해 오래 생각하다 먹히면 생명이 끝장난다. 간단한 동작 하나를 예측해 이에 대응하는 움직임을 만들려고 해도 수십 개의 슈퍼 컴퓨터가 필요할 만큼 엄청난 양의 정보를 처리해야 한다. 최첨단 고성능 컴퓨터가 내장된 로봇의 엉성한 움직임과 달리, 티끌만 한 뇌를 가진 모기는 내려치는 손바닥을 재빨리 피해 천장에 거꾸로 붙을 수 있다.

이 엄청난 능력을 위해 동물의 뇌는 몇 가지 전략을 진화시켰다. 외부 정보를 대폭 축약하거나 생략하며 중요치 않은 것은 묵살한다. 그래서 우리는 눈앞에 코가 항상 보이지만 의식하지 않는다. 시각의 경우만 해도 우리의 시각이 감지할 수 있는 빛의 범위는 전체 전자기파의 1조 분의 1에 불과하다.

이렇게 축약되고 생략된 정보로 판단과 예측을 만들기 위해 뇌는 외부 세계의 모습을 넘겨짚어 대충 꾸민 모형을 만든다. 뇌가 만든 이 내부 모형은 매우 엉성하고 해상도가 극히 낮다. 하지만 업그레이드가 탁월해서 신속하게 주변의 중요한 상황을 파악할 수 있게 해준다. 예를 들어 고개를 옆으로 휙 돌리고 방금 본 세부 모습을 떠올려 보자. 얼마나 정확히, 그리고 많이 알고 있는가? 1초도 지나기 전에 본 사물의 세부적 상태, 개수, 모양, 위치 등을 대라면 기억하는 것이 놀랄 만큼 적다.

대신 뇌는 매우 중요한 사물이나 상황만 순간적으로 파악한다. 우리가 이성이라고 부르는 것은 넘겨짚기의 달인인 뇌가 이처럼 엉성하게 만든 모형이 바탕이다. 게다가 뇌가 끊임없이 시뮬레이션하여 만드는 모형은 감정과 무의식적 뇌 활동에 크게 영향 받는다. 가령, 위험한 상황에서 우리의 뇌는 시간을 왜곡한다. 몸의 상태도 판단에 큰 영향을 미친다. 배심원들이 점심을 든든히 먹고 휴식을

취한 후 내리는 결정은 오후 늦게 지친 상태에서 내린 결정보다 3
배나 더 관대하다는 잘 알려진 결과도 있다. 뇌의 보상 체계는 미래
에 있을 기대보다 당장 눈앞의 떡에 더 높은 가치를 부여한다. 팽팽
한 거래를 할 때는 먼저 제안한 사람의 의도가 유리하게 반영된다.
익숙한 것에 안정감을 느끼는 무의식적 결정 덕분에 현직인 국회
의원이나 지방단체장이 유능한 신인보다 당선될 확률이 높다.

그것이 다가 아니다. 뇌가 만드는 실체는 매 순간 변하는, 그리
고 서로 다른 경험과 기억을 바탕으로 만들어진, 나만 보는 개인 방
송이다. 모든 인간에게 '명석하고 분명한' 이성이 있다는 것은 엄청
난 오해였다. 그럼에도 데카르트가 동시대 동서양 사람 대부분이
'심장'에서 마음이 나온다고 믿던 시절에 정신 활동이 뇌에 있는 기
관인 솔방울샘과 관련 있다고 추론한 것은 앞선 생각이었다고 해
야 한다.

존 로크

타불라 라사Tabula Rasa

17세기에 데카르트로부터 시작된 이성주의는 프랑스뿐만 아니
라 유럽 대륙의 많은 철학자에게 영향을 미쳤다. 특히 독일의 고트
프리트 빌헬름 라이프니츠Gottfried Wilhelm Leibniz와 네덜란드의 바뤼
흐 스피노자Baruch Spinoza는 데카르트의 이성주의를 계승하고 발전
시킨 대표적인 철학자이다. 이들은 사람은 이성을 가지고 태어난다
고 생각했으며, 이성을 감각적 경험보다 중요하게 여겼다. 이성과
논리적 추론을 통해 진리에 도달할 수 있다는 이들의 생각을 이성

주의 혹은 합리주의라고 부른다.

영국에서는 대륙의 이성주의 혹은 합리주의와 달리 경험을 통해 얻는 지식이 이성보다 더 중요하다는 경험주의 철학이 발전했다. 경험주의가 왜 영국에서 힘을 얻었는지는 불분명하다. 아마도 앞 절에서 잠깐 소개한 대로 과학적 방법에서 연역법보다 귀납적 추론의 중요성을 강조한 프랜시스 베이컨의 전통이 이어졌을 수도 있다. 영국이 서유럽 나라들에 비해 정치가 상대적으로 안정되었고 바다를 두고 격리되어 있던 탓에 대륙에서 유행한 추상적 철학인 합리주의의 영향을 덜 받았을 수도 있다. 또 영국의 독자적 종교인 국교회(성공회)의 실용주의적 종교관도 경험주의 철학의 토대가 되었다는 해석도 있다.

그 배경이야 어떻든 영국의 경험주의 철학은 프랜시스 베이컨, 존 로크John Locke, 데이비드 흄David Hume으로 이어지며 발전했다. 이러한 사조의 원조는 "지식은 힘이다"라는 명언을 남긴 프랜시스 베이컨이지만 체계적 철학으로 정립한 인물은 존 로크였다. 존 로크는 원래 옥스퍼드 대학교에서 논리학과 수학 등을 배웠으나 30대에 당대의 저명한 의학자들로부터 의학을 배웠다. 그 후 명망가의 개인 의사로 일하다가 43세에 의학학사 학위를 받았다. 로크는 명예혁명 전후의 격랑기에 10여 년간 정치에 관여하다가 네덜란드로 망명하기도 했다.

로크는 1690년, 58세의 완숙한 나이일 때 《인간 지성론An Essay concerning Human Understanding》을 발표했다. 오랜 세월 쌓아온 철학적 소양 및 현실 정치 경험과 의학적 식견을 바탕으로 쓴 이 책에서 그는 '지성'의 중요함을 역설했다. 그가 말한 지성은 요즘 우리가 생각하는 윤리적 혹은 사회적 교양이 아니다. 예전에는 오성悟性이라는 어려운 단어로 번역했지만, 사실 로크의 '지성'은 '이해

understanding'이다. 더 정확히 말하면 '이해하는 능력'이다. 우리가 무엇을 '이해'한다는 것은 후천적으로 안다는 뜻이다. 선천적으로 아는 지식이 아니다. 로크는 인간은 모든 지식을 경험에서 얻는다고 봤다. 인간에게는 경험이 없어도 진리를 인식할 수 있는 관념(본유 관념)이 있다고 생각한 데카르트와 다른 점이다. 데카르트는 자아, 신, 수학적 원리 등과 같은 본유 관념은 선천적으로 주어지는 것이라고 했다.

로크는 지성을 두 가지로 구분했다. 첫째는 지각perception이다. 로크는 감각을 이용해 외부 세계를 인식하는 능력을 지각이라고 했다. 둘째는 사고reflection이다. 사고는 지각으로 얻은 정보를 이용해 마음속에 개념을 만들고 추론하는 능력이다. 즉, 경험을 통해 습득한 지식을 사고를 통해 조직하는 능력이 지성이다.

로크는 자신의 주장을 '타불라 라사', 즉 '빈 글자판'이라는 쉬운 비유로 설명했다. 타불라는 종이가 없던 시절 왁스를 입혀 글자를 쓰던 로마 시대 이래의 글자판이었다. 왁스를 녹이면 평평하게 되어 다시 새롭게 쓸 수 있는 빈 글자판이 된다. 요즘 표현으로 하자면 백지이다. 로크는 사람의 정신 활동도 이와 비슷해서 태어날 때는 아무 지식이 없는 백지와 같은 상태라고 보았다. 이 백지는 경험에 의해서만 채워진다고 했다.

철학자이자 의사였던 로크는 "연약한 유아기에 받은 감지할 수 없을 정도로 작은 인상도 매우 중요하고 지속적인 결과를 가져온다"라고 말했다. 교육의 중요성을 강조한 이 발언으로 그는 가장 영향력 있는 계몽주의 사상가 중 한 사람으로 꼽힌다. 교육의 중요성을 강조했기 때문이다. 그는 '자아自我'를, 신체나 영혼 등과 연관 짓지 않고, '기억과 의식의 연속성'에 따라 형성될 수 있는 것으로 설명했다. 즉 개인의 정체성을 결정 짓는 핵심은 과거의 경험을 기억하고 그것을 현재와 연결하려는 시간 속에서 지속되는 동일한 의식이라고 제안한 것이다.

로크의 견해는 데이비드 흄과 루소, 그리고 칸트 등 후대의 철학자들에게 큰 영향을 미쳤다. 로크의 뒤를 이어 나타난 데이비드 흄은 극단에 가까운 경험론을 주장한 철학자이다. 흄은 원인과 결과에 대한 우리의 믿음조차도 경험적 습관에서 비롯된 것으로 보았고, 인과율이나 필연성은 논리적으로 증명할 수 없다고까지 주장했다.

인간의 지식은 경험에 의해 완성되는가?

인간의 마음은 완전한 백지 상태로 시작해 경험을 통해 후천적으로 완성된다는 로크의 주장은 현대 뇌신경과학의 눈으로 볼 때 어느 정도 타당한 면이 있다. 어른과 아기의 신경세포 수는 거의 동일하다. 다른 점은 신경세포의 연결점(시냅스)이 이루는 신경 회로망이다. 인간의 아기가 미숙한 것은 이 회로망이 충분히 형성되지 않았기 때문이다. 로크가 말한 대로 백지 상태에 가깝다. 그러나 아기의 뇌는 초당 200만 개의 새로운 신경 회로를 만들어서 2세가 되면 성인의 2배인 100조 개 이상으로 증가한다.

새로운 신경 회로는 외부 환경에서 습득한 경험을 통해 만들어진다. 그러나 2세 이후에는 새로운 신경 회로가 거의 형성되지 않으며, 그 대신 '가지치기'가 주로 진행된다. 자주 쓰는 신경 회로는 강화되고 그렇지 않은 회로는 없어진다. 그 결과 성인의 신경 회로는 2세 때의 반으로 감소한다. 가지치기는 인간의 뇌에서는 시냅스 연결 못지않게 중요하다.

로크는 백지에 쓰는 것만 이야기했지, 지우는 것도 중요하다는 사실은 알지 못했다. 동물의 새끼는 태어나자마자 조숙하다. 미리 프로그래밍된 회로에 따라 뉴런의 연결이 상당한 수준으로 형성되었기 때문이다. 출생 후 새로운 신경 회로가 인간의 아기만큼 증가하지 않기 때문에 동물 새끼가 주로 하는 행동은 미리 정해진 것들이다. 반면, 갓 태어난 인간의 뇌에는 기본적인 배선만 깔려 있다. 유전자가 대략적인 배선 방향만 제시했기 때문이다. 하지만 자라면서 연결선이 크게 증가하므로 인간은 다양한 환경에 유연하게 적응하는 능력이 다른 동물보다 월등하다. 특정한 환경에서 거의 본능적으로만 사는 북극곰이나 얼룩말과 달리, 인간이 다양한 환경에서 살 수 있었던 이유는 생후 오랜 기간에 걸쳐 만들어지고 가지치기로 완성된 신경 회로 덕분이다. 그것을 뇌의 '신경 가소성 neuroplasticity'이라 한다.

아기의 뇌는 로크가 주장한 대로 완전한 백지가 아니다. 아기들에게도 선천적으로 프로그래밍된 많은 신경 회로가 있다. 젖 빨기, 울기, 언어 습득 능력이나 얼굴 인식 능력 등은 타고난 것이다. 로크는 경험 습득을 지식의 유일한 원천으로 보았지만, 현대 뇌신경과학의 성과에 따르면, 경험 외에도 무의식적 처리나 선천적 인지 메커니즘도 중요하다. 즉 인간의 뇌는 의식하지 못하는 상태에서도 많은 정보를 처리한다. 이러한 과정은 경험과 무관하게 형성되는 경우가 많다. 흔히 인간이 경험을 해석할 때 드러나는 선천적 편향(위험 회피, 패턴 인식)은 바로 그런 사례에 해당한다. 따라서 경험만으로 모든 지식이 형성된다는 로크의 주장은 훌륭한 선견지명이었지만, 너무 단순화된 그림이었다는 아쉬움이 남는다.

임마누엘 칸트

코페르니쿠스적 전환

도시를 가로지르는 강과 그 위의 2개 섬을 잇는 7개의 다리를 한 번씩만 건너 처음 위치로 올 수 있는가? 수학자 오일러는 그것이 불가능하다고 증명했으며, 그 과정에서 위상수학이 탄생했다. 이 유명한 이야기의 무대는 옛 독일의 학문의 도시이자, 동프로이센의 수도였던 쾨니히스베르크이다. 이 도시에서 태어나 여기서만 살다가 세상을 떠난 임마누엘 칸트Immanuel Kant는 온 세상을 설명하는 원대한 철학을 펼쳐 근대 철학의 거목으로 불린다. 젊은 시절의 칸트는 물리학과 수학에 관해 여러 권의 책을 쓴 자연과학자이기도 했다. 특히 별과 별 사이를 채우고 있는 성간 구름이 중력으로 뭉쳐져 별이 된다는 '성운설'을 최초로 제창한 인물 중 하나다.

매일 같은 시간에 산책해 주민들이 그를 보고 시계를 맞추었다는 유명한 일화가 말해 주듯이 칸트는 매우 엄밀하고 분석적인 사람이었다. 그의 철학도 마찬가지였다. 용어도 복잡하고 난해하다. 그래서 대학에서 철학 강의의 절반을 칸트에 할애한다는 우스갯소리까지 있다. 그만큼 중요할 수도 있고 아니면 대단히 현학적이어서 길게 논하기에 적합한 주제가 됐을 수 있다. 하지만 지난 시대 선구자의 사상이라 할 수 있는 그의 철학은 현대 신경과학의 측면에서 보면 많은 결함을 안고 있다. 따라서 그가 주장한 복잡한 철학 체계를 세부까지 모두 복기해 알아야 할 필요는 없지만, 철학사에서 그의 철학이 왜 중요하며 그가 무엇을 말하려는지를 이해하는 것은 흥미로운 지적 추적일 수 있다. 그 내용을 요약해 보자.

칸트가 등장하기 이전, 유럽에는 데카르트가 근대 철학의 막을 열어젖힌 이래 많은 사상가가 출현했다. 앞서 살펴본 대로 이들은 대륙의 이성주의와 영국의 경험주의로 대별할 수 있다. 그러나 철학을 펼친 당사자가 자신이 어느 쪽에 속한다고 자각하지 못한 경우도 있었다. 이를 명확하게 구분한 인물이 칸트이다. 그가 두 철학 사조를 비판적으로 보았기 때문에 이런 구분이 가능해졌다.

칸트는 대륙의 이성주의자들이 주장하는 이성만으로는 세상을 인식하는 데 한계가 있다고 생각했다. 마찬가지로 영국 경험주의자들이 강조하는 감각을 통한 경험은 주관적이기 때문에 세상에 대한 객관적 인식이 불가능하다고 보았다. 뿐만 아니라 사람의 인식이 모두 외부에서 오는 것인지(경험주의), 아니면 내부의 이성을 통해서 일부만 만들어지는 것인지도(합리주의) 명확하지 않다고 보았다. 이에 칸트는 두 사상의 한계를 비판적으로 분석한 토대 위에서 양쪽을 통합하는 새로운 철학 체계를 제시하고 그 체계를 3개의 비판서인 《순수이성 비판Kritik der reinen Vernunft》, 《실천이성 비판Kritik der praktischen Vernunft》, 그리고 《판단력 비판Kritik der Urteilskraft》에 정리했다. 이를 요약하면 다음과 같다.

첫째, 1781년에 발표한 《순수이성 비판》에서 칸트는 '우리는 무엇을, 그리고 어떤 방식으로 세상을 이해하는가?'라는 인식론을 다루었다. 다시 말해 인간의 인식 능력과 그 한계를 분석했다. 먼저 그는 인간의 논리적인 사고 능력을 '이성reason'과 '지성understanding'의 두 가지로 구분했다. 이성은 초월적이거나 형이상학적인 문제 혹은 진리를 추구하는 능력이다. 지성은 감각기관으로부터 얻은 경험 정보를 처리하고 이해하는 능력이다.

여기서 오해가 생기기 쉽다. 앞 절에서 살펴본 경험주의 철학자 존 로크도 '지성'이란 용어를 사용했다. 그런데 로크가 사용한 지성이란 용어는 경험을 통해 얻는 후천적 지식을 가리킨다. 반면, 칸트의 지성은 경험과 관련되어 있다는 점은 같지만, 선천적으로 태어날 때부터 가지고 있는 분석 능력을 의미한다. 조금 더 구체적으로 설명하면, 칸트는 우리의 지식은 감각적 경험과 지성이 상호작용하면서 형성된다고 보았다. 즉 감각기관을 통해 들어온 정보들을 선천적(선험적) 분석 능력인 지성이 12개의 '카테고리로 분류(범주화)'한다. 이 과정을 통해 우리가 이해할 수 있는 지식 혹은 '앎'이 만들어진다는 것이다.

사과가 나무에서 떨어지는 것을 본다고 하자. 그러면 그 장면을 감지한 시각 등의 감각 정보가 지성에 의해 어떤 카테고리에 속하는지 판단한다. 즉, '그것은 사과이다'(실체), '1개다'(양), '빨갛고 둥글다'(속성), '지금 떨어지고 있다'(시간), '바람 때문에 떨어졌다'(인과성) 등으로 범주화한다. 지성은 이를 종합한다. 이처럼 감각 정보에 대한 지성의 활동 덕분에 우리는 사과가 떨어지는 장면에 대한 경험 지식을 얻는다는 설명이다. 한마디로, 칸트는 경험주의자들이 주장한 후천적 감각 경험의 중요성을 인정하면서, 한편으로는 이성주의자들이 주장한 선험적 분석력도 유지했다.

그렇다면 또 다른 선천적 정신 요소인 이성은 어떤가? 칸트에 따르면 이성은 지성보다 높은 차원의 사고를 담당한다. 가령 개념들 사이에 어떤 관계가 있는지를 찾는다거나 형이상학적인 질문(신, 자유, 영혼)에 답하려고 한다면 이성이 나서야 한다. 그런 면에서 이성은 지성보다 더 보편적이고 궁극적인 원리를 찾으려는 인간의 선천적 분석 능력이라고 볼 수 있다.

하지만 이성이 모든 것을 찾을 수 있는 것은 아니다. 칸트에 따르면, 세상이나 사물의 '현상'은 '감각적 경험aposteriori'을 통해 파악할 수 있다. 반면 '사물의 본래 모습'은 이성의 능력 바깥에 있어서, 추정은 할 수 있지만 그것을 인식하거나 경험으로 이해하는 것은 불가능하다. 칸트는 이를 '사물 자체Ding an sich'(혹은 물자체)라고 불렀다. 이처럼 칸트는 인간 이성의 한계를 인정하면서도, 그 한계 내에서 확실한 지식을 얻는 것이 가능하다고 주장했으나 신의 존재나 영혼의 불멸성과 같은 문제는 우리의 경험을 넘어서는 것이므로 이성으로는 증명할 수 없다고 밝혔다. 참고로 '순수이성'이라는 이름은 형이상학적 탐구와 관련된 이성이라는 뜻이다. 즉 '순수'는 이성 중에서도 진리를 탐구하는 선험적apriori 사고 능력임을 나타내는 수식어이다.

둘째, 1788년 발표한 《실천이성 비판》에서 칸트는 '우리가 어떻게 행동하는 것이 도덕적이고 윤리적인가?'라는 문제를 다루었다. 다시 말해 도덕과 윤리를 철학적으로 분석한 것이다. 그는 우리 내부에 있는 판단 능력인 '이성'이 우리를 도덕적 행위로 이끈다고 보았다. 칸트는 앞에서 설명한 형이상학이나 진리를 찾으려는 분석 작용인 '순수이성'과 구분하기 위해 이를 '실천이성'이라고 이름 지었다. 둘 다 이성이므로 태어날 때부터 가지고 있는, 즉 선험적이라는 점은 동일하다. 인간은 본능이나 감정이 아니라 이성의 힘에 따라 도덕적으로 행동할 수 있다. 그러한 도덕적 판단을 내리고, 그것을 따르도록 행동을 이끄는 것이 실천이성이다. 사람들은 주관적인 감정이나 외부 상황에 따라 도덕의 기준을 각기 다르게 정하기도 한다. 칸트는 이것은 진정한 도덕이 아니기 때문에 모든 사람이 올바른 행동으로 인정하는 '보편적이고 객관적'인 도덕을 따라야 한다고 생각했다. 이 절대적이고 보편적인 규칙을 그는 '도덕 법칙'이라고 불렀다. 가령, '거짓말을 하지 않고 사람을 대해야 한다'와 같은 원칙은 누구에게나 적용되는 보편적인 도덕 법칙이다.

칸트에 의하면, 실천이성이 작동하면 도덕 법칙, 즉 보편적이고 절대적인 규칙이 우리의 내부에 형성된다. 외부의 명령이나 감정에 따른 것이 아니라 우리가 이성을 통해 스스로 정한 규칙이라는 것이다. 한편, 실천이성으로 도덕 법칙이 작동하면 마음속에서는 정언 명령categorical imperative이 고개를 든다. 정언 명령은 무조건 따라야 하는 도덕적 지침으로, 감정이나 상황에 따라 변하지 않는다. 반면, 감정이나 외부 상황에 따라 조건이 붙는 마음속의 명령을 칸트는 가언 명령hypothetical imperative이라 불렀다. 예를 들면, '거짓말을 하지 마라'는 문장은 어떤 결과가 뒤따르든 무조건 따라야 하는 정언 명령이다. 반면, '벌을 받지 않으려면 거짓말을 하지 마라'는 문장은 '벌을 받지 않으려면'이라는 조건 혹은 전제가 붙었으므로 가언 명령이다.

사회 규범이나 관습, 법을 도덕이라 부를 수 있는가? 칸트는 사람들의 합의로 만들어진 규칙은 진정한 도덕이 아니라고 보았다. 처벌이나 비난을 피하려는 행동이기 때문이다. 진정한 도덕은 실천이성이 인도하는 도덕 법칙뿐이다. 스스로 결정한 절대적 규칙인 도덕법은 사회 규범이나 법보다 우위에 있다. 이런 맥락에서《실천이성 비판》에는 중요한 논리가 내포되어 있다. 도덕 법칙이 인간의 자유와 존엄성을 기반으로 한다는 점이다.

외부적인 사회적 규범이나 유리할지 불리할지를 생각하지 않고 스스로 세운 도덕 법칙을 따를 때 인간은 진정으로 자유롭다는 것이다. 칸트는 인간의 자유와 자율성을 매우 중요하게 여긴 철학자였다.

셋째, 1790년에 발표한《판단력 비판》에서 칸트는 '우리는 무엇을 원하는가?'라는 질문을 던지며 미학의 문제를 다루었다. 그는 '판단력'을 이성과 감성, 그리고 지성 사이를 연결하는 인간의 독립적인 능력으로 보았다. 그리고 판단력을 두 종류로 구분했다. 하나는 아름다움을 판단하는 미적 판단이며, 다른 하나는 모든 사물에는 목적성이 있다고 생각하고 그것을 알려고 하는 목적론적 판단이다.

미적 판단의 예로 어떤 풍경을 보고 아름답다고 느끼는 경우를 생각해 보자. 칸트에 의하면 이 과정에는 감각적 즐거움뿐 아니라, 그 안에 내포된 조화와 질서를 파악하기 위해 이성도 함께 작용한다. 감정과 이성이 연결된 것이다. 목적론적 판단은 어떤가? 자연을 관찰할 때 우리는 마치 모든 것이 특정한 목적을 가지고 있다 생각하고 무언가를 판단하려는 경향이 있다. 칸트는 이것을 사물이나 현상을 감정과 지성, 그리고 이성을 동원해 하나의 유기적 체계로 이해하려는 시도로 보았다.

이상 살펴본 바와 같이 칸트의 세 가지 비판서는 각각 인간의 인식, 도덕적 행동, 그리고 예술과 자연에 대한 이해를 탐구한 방대한 철학 체계였다. 이를 통해 그는 인간의 인식 능력과 그 한계를 명확히 하고 우리가 세계를 어떻게 이해하고 행동해야 하는지를 제시했다. 한마디로 칸트의 인식론은 철학의 탐구 대상을 '사물과 현상은 무엇인가?'에서 '우리는 그 답을 얻기 위해 어떤 방식으로 인식하는가?'의 문제로 전환했다고 볼 수 있다. 칸트 자신도 이를 '코페르니쿠스적 전환'이라고 불렀다. 다시 말해서 우리는 세상을 있는 그대로 보는 것이 아니라, 마음속에 있는 인식 구조의 틀에서 형성된 '현상계'를 보는 것이며, 설사 마음이 제공하는 틀의 범위 안에서 현상을 인식한다고 해도 현상의 본질, 즉 '사물 자체'는 볼 수 없다는 한계도 함께 지적한 것이다.

이런 맥락에서 칸트의 철학은 신의 존재를 인간의 이성으로 설명하려 시도한 중세 스콜라 철학과 대척점에 있다. 칸트가 볼 때 스콜라 철학의 시도는 절대 성공할 수 없다. 신이란 인간의 인식 틀로는 포착할 수 없는 초월적 '사물 자체'에 속하기 때문이다. 그는 전통적 기독교 신앙을 직접 비판하지는 않았지만, 신의 존재와 종교의 역할을 철학적으로 재해석하려 했다. 《순수이성 비판》과 《실천이성 비판》에서는 신의 존재를 이성적으로 증명하려는 형이상학적 논증을 거부했다. 그 대신 《실천이성 비판》에서 '최고선Summum Bonum'이라는 개념을 도입하면서 신의 존재를 인정했다.

칸트는 도덕 법칙을 따르는 것이 인간의 의무이며, 행복과 도덕의 조화를 이루는 것이 인간이 추구해야 할 최고선이라고 말했다. 그러나 현실 세계에서 도덕적으로 선하다고 해도 반드시 행복을 누린다는 보장이 없다. 따라서 최고선이 실현되기 위해서는 신과 불멸의 영혼이라는 이념이 필요하다는 결론을 내렸다. 즉 인간이 도덕적 삶을 완전히 성취하려면 사후에도 존재해야 하며, 최고선을 실현할 수 있도록 신이 보장해 주어야 한다는 것이다. 칸트는 이러한 논지를 더욱 발전시켜 종교의 본질을 도덕적 실천과 연결하고자 했다.

1793년에 발표한 《이성의 한계 안에서의 종교Die Religion innerhalb der Grenzen der bloßen Vernunft》라는 저술은 그런 연유로 세상에 나왔다. 칸트는 이 책에서 기독교 신학이 전통적 교리와 계시 중심 사고에서 벗어나 이성과 경험을 중시하는 새로운 방향으로 전환해야 한다고 주장했다. 전통적인 관점과는 달리 예수의 신성을 도덕적인, 선한 의지의 원형이라고 보았고, 아담의 타락을 재해석하여 죄가 인류에게 전가되었다는 전통적인 원죄론도 부정했다. 한마디로 기독교의 윤리적 측면을 강조하여 도덕적인 종교로 전환시켰다. 그의 철학과 계몽주의의 영향 아래 18세기 말 독일에서 자유주의 신학이 태동했다. 이 새로운 신학은 19세기 들어 프리드리히 슐라이어마허 Friedrich Schleiermacher에 의해 본격적으로 체계화되었으며 뒤를 이은 알브레히트 리츨Albrecht Ritschl에 이르러 더욱 발전했다. 리츨은 기독교는 형이상학적 사변이 아니라 실천적이고 도덕적인 차원에서 이해해야 한다고 주장하며, 예수를 도덕적 스승으로 해석했다. 뿐만 아니라 '하나님 나라'를 윤리적 공동체로 해석하고, 이것이 도덕적 완성을 향해 나아가는 인류 공동체의 이상이라고 보았다.

12가지 인식의 틀(범주)은 선험적인가?

칸트는《순수이성 비판》에서 시간과 공간은 감각 경험이 자리 잡을 수 있는 '인식의 틀'이며, 이는 태어날 때부터 인간에게 있는 것이라고 했다. 그는 시공간에 자리 잡은 감각 데이터를 이해하기 위해 조직되는 12개의 인식의 틀을 '범주'(카테고리)라고 불렀다. 조금 더 구체적으로 보면 시간은 내적 감각(자기 경험)을 조직하며, 공간은 외적 감각(외부 세계 경험)을 조직한다고 했다. 그리고 감각 정보를 이해하는 12개 생각의 틀을 제안했는데, 이는 크게 1) 인과성(원인과 결과 관계): '사물이나 현상은 어떤 관계로 연결되는가?' 2) 양: '그것이 얼마나 많은가?' 3) 속성: '그것들이 어떤 성질을 가졌는가?' 4) 존재 방식: '그것은 실재實在인가, 가능성인가, 반드시 일어날 일인가?' 등 네 부류로 나뉜다.

그는 이 모든 생각의 틀은 경험에서 만들어지는 것이 아니고 태어날 때부터 가지고 있는 선험적인 것이라고 했다. 과연 그럴까? 간략하게 시간과 공간, 그리고 인과성만 살펴보자. 현대 뇌신경과학이 밝힌 바에 의하면, 우리가 시간과 공간을 지각하는 것은 뇌의 여러 영역이 협력하는 통합적 과정이다. 가령, 공간을 인식하는 과정에는 물체와 몸의 위치를 파악하는 두정엽, 공간 지도를 만드는 해마, 시각 정보를 처리하여 공간적으로 만드는 후두엽, 공간 탐색을 계획하는 전두엽 등이 긴밀히 상호작용한다.

마찬가지로 시간도 과거-현재-미래를 연결하는 전두엽, 반복적 패턴과 초 단위 시간 간격을 자각하는 기저핵, 시간적 순서 인식에 관여하는 해마, 밀리초 같은 극히 짧은 시간을 인식하는 소뇌 등이 협력해 인식한다. 이런 인식은 유전적 바탕과 환경적 경험의 상호작용을 통해 출생 이후 점진적으로 발달한다. 갓 태어난 아기가 시간과 공간을 제대로 이해하지 못하는 것은 바로 이 때문이다. 태어날 때부터 가지고 있는 기본 틀 때문이 아니라, 자라면서 뇌가 발달함에 따라 시간과 공간에 대한 이해가 확실해지는 것이다.

인과성의 경우도 마찬가지이다. 아기는 태어날 때부터 원인과 결과의 관계를 이해하지 않는다. 경험과 학습을 통해 점차적으로 습득한다. 아기가 주변 환경이나 사물의 원인과 결과를 이해하기까지는 뇌 신경회로의 엄청난 중노동, 즉 수많은 학습과 경험이 있어야 한다. 이처럼 긴 세월 동안 단계적인 뇌 발달 과정을 거쳐야 비로소 주변 상황을 제대로 파악할 수 있다. 뿐만 아니라 앞에서도 언급했듯이, 우리가 주변 세상을 이해하고 판단하는 데는 무의식도 무시할 수 없는 역할을 한다는 사실이 드러났다. 시간과 공간의 인식, 12개 범주의 사고 능력이 선험적이며, 더구나 그것들이 우리가 세상을 이해하는 '보편적이고 필연적인 사고의 틀'이라는 칸트의 설명은 뇌에 대한 과학 지식이 전무했던 18세기에는 훌륭한 추론이었지만, 21세기에 와서는 유효하다고 하기 어렵다.

프리드리히 니체

신은 죽었다.

독일의 철학자이자 시인, 문헌학자인 프리드리히 니체Friedrich Nietzsche는 루터교 목사였던 아버지와 지역 목사의 딸이었던 어머니 사이에서 태어났다. 그는 독실한 기독교 가정에서 성장했으나, 후기에는 기독교의 도덕과 전통에 깊은 회의를 품고 기존의 가치 체계를 해체하는 데 앞장선 아이러니한 철학자였다.

니체는 젊은 나이에 스위스 바젤 대학교의 고전문헌학 교수가 되었지만, 건강 악화로 교수직을 사임하고 유럽 각지를 떠돌며 자신의 사상을 글로 발표했다. 특히 이탈리아 토리노에서 마부가 말을 학대하는 장면을 목격하고는 말의 목을 끌어안고 눈물을 흘렸다는 일화는 그의 민감하고도 격정적인 성격을 상징적으로 보여준다.

니체의 등장은 철학사에서 중요한 전환점으로 평가된다. 그는 당시까지 지배해 온 기독교 교리, 형이상학, 도덕 규범들이 더 이상 설득력을 가지지 못한다고 보았다. "신은 죽었다"는 선언은 단순한 도발이 아니다. 그것은 전통적 신앙과 근대 철학이 추구해 온 절대적 가치 체계가 붕괴되었음을 상징적으로 선포한 것이었다. 니체가 인간이 스스로 자신의 삶의 의미를 창조하고 책임져야 하는 실존적 전환점에 이르렀음을 역설한 것이다.

니체는 서구를 지배해 온 기독교적 가치와 합리주의적 철학을 비판했다. 그러나 이성을 완전히 부정한 것은 아니며, 칸트 이후 철학에서 절대 진리를 향해 나아가는 이성 중심주의가 삶의 본질적인 비합리성과 역동성을 간과했다고 보았다. 그는 이성을 인간 생존과 번영을 위한 도구로서 제한적으로 인정했을 뿐, 이성에 대한 절대화에는 반대했다.

그에게는 의지와 본능이 이성보다 더 근본적인 인간의 구성 요소였다. 그가 제시한 개념인 "힘에의 의지Wille zur Macht"는 인간이 단순히 생존이나 쾌락이 아닌, 자신을 초월하고 잠재력을 실현하려는 내적 충동에서 비롯된 것이다. 이는 일종의 경험적·직관적 통찰에 기반한 개념이며, 인간의 적극적 삶, 자기 극복, 가치 창조를 지향한다. 니체는 이를 통해 적극적 삶, 자기 극복, 고통의 긍정이라는 철학적 가치를 드러냈으며, 기존의 이성 중심주의와 도덕적 절대주의를 해체하고 인간 존재의 다면성과 생동성을 부각시킨 것이다.

그는 인간이 쾌락이나 단순 생존을 넘어서는 방향으로 나아갈 수 있는 원동력을 바로 이 '의지'에서 찾았다. 그것은 삶의 동력으로서의 의지이다. 이성은 그것을 표현하거나 보조할 수 있는 수단일 뿐, 삶의 본질은 본능과 의지, 그리고 창조적 투쟁 속에 있다고 본 것이다. 그래서 니체는 서구를 지배해 온 기독교적 가치와 이성을 중요시하는 근대 철학의 합리주의를 통렬히 비판했다.

그의 저작들은 형식 면에서도 독특했다. 은유와 시적 표현을 통해 사상을 풀어 내며, 기존 철학의 경직성과 난해함을 극복하고 철학을 문학적으로 표현하는 데 성공했다는 평가를 받는다.

이 '힘에의 의지' 개념은 니체의 또 다른 핵심 사상인 영원회귀 Ewige Wiederkunft와 밀접하게 연결되어 있다. 영원회귀는 지금 이 순간의 삶이 무한히 반복된다면, 우리는 그것을 긍정할 수 있는가라는 질문이다. 이는 단순한 우주론적 명제가 아니라, 실존적 시험이다.

니체는 이 개념을 통해 인간이 삶을 진정으로 긍정하고자 한다면, 고통과 실패, 기쁨과 절망까지도 모두 감내할 만큼 깊이 사랑할 수 있어야 한다고 보았다. 영원회귀는 삶의 모든 순간에 대해 "그렇다"라고 말하는 "운명을 사랑 하라amor fati"의 철학이며, 자기 자신과 세계 전체에 대한 긍정이다. 이것이 가능한 자만이 진정한 '힘에의 의지'를 실현할 수 있는 인간이라고 할 수 있다.

이러한 반복되는 삶을 긍정하고, 기존 도덕을 넘어 새로운 가치를 창조해내는 존재로 니체가 제시한 것이 바로 '위버멘쉬Übermensch', 즉 초인이다. 초인은 단순히 기존 인간보다 더 강한 존재가 아니라, 도덕적 전통과 집단 가치에서 해방되어 자기 자신을 기준으로 삶의 의미를 새로 창조하는 인간이다.

'힘에의 의지'는 초인이 되는 추진력이며, '영원회귀'는 그 초인이 삶을 얼마나 진정으로 긍정할 수 있는지를 가늠하는 척도다. 니체에게 초인은 하늘에 있던 가치들을 땅으로 끌어내리고, 신이 떠난 자리에 인간의 새로운 가능성을 세우는 존재다.

한편 니체와 아르투르 쇼펜하우어Arthur Schopenhauer와의 관계도 간략하게 살펴볼 필요가 있다. 니체는 초기에 시도한 철학적 탐구에서 쇼펜하우어의 사상에 깊이 매료된 적이 있다. 인도 철학, 특히 힌두교의 우파니샤드와 불교의 가르침에서 깊은 영감을 받은 쇼펜하우어는 물질적 세계와 사람의 욕망이 고통의 근원임을 강조하며, 해탈이나 니르바나와 유사한 개념인 '의지의 부정'을 제시했다. 니체는 삶의 고통과 인간 본성에 대한 쇼펜하우어의 통찰에 강렬한 인상을 받았다. 그러나 쇼펜하우어가 의지를 부정적으로 보고 금욕주의적 자세를 강조하는 것은 비판했다. 니체는 이런 입장을 '생에 대한 거부'로 보았다. 그는 고통을 극복하고 삶을 긍정하며 자신의 운명을 사랑할 것을 강조했기 때문이다.

니체는 고통을 인정하고 이를 해결하려는 명상 수련과 같은 불교의 실용적 접근을 높이 평가했다. 불교가 기독교보다 덜 독단적이며, 내면적 수양에 중점을 둔다고 보았으나 기독교처럼 약자 중심의 도덕을 정당화하며, '생명력의 감소'를 조장하는 면에서는 불교도 마찬가지의 폐해를 끼친다고 보았다. 니체의 철학은 불교의 해탈과는 정반대되는 입장에서 고통을 삶의 필연적 일부로 받아들이되, 이를 통해 더 높은 자아로 나아가야 한다는 점에서 쇼펜하우어의 사상과는 다르다고 하겠다.

니체의 철학은 기존 질서의 해체에 머물지 않는다. 그것은 삶을 전면적으로 긍정하고, 자기 자신을 끊임없이 초월해 나가려는 실존적 비전으로서, 신은 죽었다는 선언은 인간에게 주어진 새로운 책임과 가능성을 알리는 서막이며, 힘에의 의지는 그 가능성을 실현하는 내적 동력이자 생명 충동이며, 영원회귀는 그 실현에 대한 궁극적 시험이며, 위버멘쉬는 그 과정을 성공적으로 살아낸 인간형이라고 요약할 수 있다.

인간에게 자유 의지가 있는가?

니체는 인간의 자유 의지 개념에 대해 비판적이었다. 그는 기독교나 일부 철학의 형이상학적 자유 의지 개념이 인간을 죄책감과 도덕적 굴레에 가두는 도구로 사용되었다고 보았다. 인간에게 자신을 극복하고 창조적으로 변화할 수 있는 능력이 있다고 본 니체는 이 능력에 '힘에의 의지'라는 이름을 붙였다. 이 능력은 수동적인 숙명론이 아니라, 적극적으로 삶을 창조하는 자세를 의미한다. 니체가 이 능력을 전면에 내세운 것은 자유 의지의 새로운 해석으로 받아들여졌다. 인간의 자유 의지란 무엇일까?

1983년 미국의 벤저민 리벳Benjamin Libet은 자유 의지를 검증하는 유명한 실험을 했다. 그는 피실험자들에게 원하는 아무 때나 스스로 결정해 손가락으로 버튼을 누르라고 했다. 놀랍게도 피실험자들이 의식적으로 버튼을 누르기로 결정하기 약 350밀리초 전에 뇌의 전기 활동인 준비 전위readiness potential가 발생했다. 그 후의 연구들도 비슷한 결과를 보고했다. 이는 뇌 활동이 먼저 일어나고 그다음에 무언가를 결정하는 자유 의지가 생긴다는 의미로 해석되었다. 리벳의 실험 결과는 뇌신경과학자와 철학자들 사이에 큰 논쟁거리가 되었다. 인간은 스스로의 의지와 상관 없이 뇌가 만든 전기화학적 조건에 따라 행동을 결정한다는 의미가 될 수 있기 때문이다.

일부 철학자는 리벳의 실험이 우리가 사는 세상의 결정론을 뒷받침하며, 인간의 자유 의지는 환상이라고 주장했다. 바꿔 말하면, 인간은 의지에 따라 윤리적 선택을 하는 것이 아니라는 주장이다. 이는 악행도 자신이 뜻이 아니라는 의미이므로 우리가 일반적으로 생각하는 도덕에 대해 심각한 문제를 야기하게 된다.

리벳의 실험은 손가락 움직임처럼 단순한 행위를 '결정'의 사례로 선정한 것부터 잘못이라는 주장이 제기되었다. 인간이 매일 내리는 의사결정은 이보다 훨씬 복잡하며, 논리적이고 감정적인 요소를 포함한 다양한 인지 과정의 산물이라는 것이다. 그러나 아무리 단순한 행동이라 해도 의식적으로 손가락을 움직이기로 한 것은 자신의 의사였음을 부인할 수 없다. 최근의 뇌신경과학 연구는 자유 의지가 간단한 문제가 아님을 보여 준다. 일부 학자는 리벳의 실험 결과를 재해석하면서 자유 의지가 없다는 결론은 지나치게 단순화된 것이라고 주장한다. 실제로 2012년 이후의 몇몇 연구는 준비 전위가 단순히 움직임을 준비하는 뇌의 전기화학적 활동의 무작위적인 변동일 수 있다는 추측을 내놓았다. 뇌에서 선행된 전기 활동은 특정 행동을 결정하는 신호라기보다는 다양한 선택을 준비하다가 최종적으로 그 행동을 결정하는 과정의 일부라는 것이다.

이런 맥락에서 많은 뇌신경과학자는 의식이 있는 상태에서 내리는 의사결정이 무의식적 신호와 상호작용한 결과일 수 있다고 추정한다. 의식은 내가 여기 존재함을 느끼는 알아차림 혹은 깨어 있음의 상태이다. 그러나 의식은 뇌의 전기 활동에서 극히 작은 부분만 차지하고 있음이 밝혀졌다. 우리가 잠을 자는 무의식의 시간에도 뇌는 쉬지 않고 분주히 작동한다. 우리의 행동(걸어가기, 물건을 잡기 등)은 대부분 무의식이 만든 준비된 프로그램의 결과이다. 그런 행동을 의식 상태에서 만들려면 수십 개의 슈퍼 컴퓨터가 막대한 에너지를 소모해 계산해야 한다.

무의식적 뇌의 활동은 수많은 시뮬레이션을 통해 그런 것을 미리 만들어 낸다. 그렇다고 의식이 중요하지 않다는 것은 아니다. 의식은 크게 보아 긴급 상황에서 신속하게 대처하게 해주고, 여러 선택지를 놓고 갈등에 빠졌을 때 우선적인 것을 결정해 주는 중요한 역할을 한다. 기발한 아이디어가 갑자기 떠오를 때가 있다. '갑자기'라고 해도 하늘에서 뚝 떨어지는 것은 아니다. 순간적으로 튀어나온 것처럼 보이는 이 아이디어도 평소 그와 관련해 생각했던 무수한 과거의 경험과 기억들로부터 무의식의 전기 활동이 이미 만들고 준비해 둔 것이다.

자유 의지도 그와 같지 않을까? 악행과 선행은 설사 자유 의지가 없었다 하더라도 평소의 경험과 기억을 바탕으로 무의식이 이미 만들어 놓은 것 중 하나는 아닐까? 뇌신경과학자들은 자유 의지를 오류의 개입 없이 완벽하게 측정할 수 있는 방법을 아직 고안하지 못했다. 하지만 많은 과학자는 의식과 무의식이 이분법적으로 구분되는 것이 아니라, 연속적인 스펙트럼상에 존재하는 것이라고 본다. 자유 의지에 대해서도 '있다, 없다'로 이분법적으로 판단하는 것보다는 인간의 뇌에 존재하는 다양한 수준의 자율성과 통제력에서 비롯된 것으로 보는 관점이 우세하다.

그렇다면 설사 뇌신경과학적으로 자유 의지가 일부 혹은 전부 부정되는 것으로 판정된다고 해도 인간의 윤리적 책임은 여전히 중요한 문제로 남게 될 것이다.

찰스 다윈

인간 중심 세계관의 종말

지성의 역사에서 근세 사상의 낡은 체제를 타파하고 현대로 넘어가는 새로운 장을 열게 한 또 다른 거목은 자연과학자 찰스 다윈 Charles Darwin이다. 의사 집안에서 태어난 그는 처음에는 의학을 공부했으나 흥미를 못 느껴 중단하고 케임브리지 대학교에서 신학을 전공했다. 졸업 후에는 교회의 사목 활동보다는 박물학과 지질학, 생물학 등에 관심을 쏟았다. 이것이 계기가 되어 젊은 시절 비글호라는 목조 범선을 타고 5년 동안 세계의 바다를 항해하며 다양한 생물을 관찰하고 표본을 수집했다. 그는 이를 바탕으로 자연 선택에 의한 진화 이론을 체계화했다. 그의 대표작《종의 기원On the Origin of Species》은 생명의 기원과 다양성을 설명하며 기존의 창조론적 세계관에 도전장을 내밀었다. 이는 과학뿐만 아니라 철학, 종교, 사회 전반에 커다란 반향을 일으켰다.

다윈은 사상사에서 인간의 위치와 자연 세계에 대한 이해를 근본적으로 전환시킨 인물로 평가된다. 특히 《종의 기원》에서 제시한 자연 선택 이론은 생명체의 다양성과 복잡성을 설명하는 데 신학적 관점이 필요치 않다는 중요한 메시지를 던졌다. 그는 신이 창조한 세상에서 인간이 중심에 있고, 자연은 인간에 종속되었다는 사고 체계를 근본적으로 흔들어 놓았다. 이러한 시도는 인간과 자연을 바라보는 전통적 관점을 뒤집는 중요한 전환점이 되었다.

다윈에 의하면, 인간은 자연의 일부일 뿐이며, 다른 생명체들과 마찬가지로 환경에 적응하며 진화해 온 동등한 자격의 존재이다. 그는 과학적 관찰을 통해 증거를 제시함으로써, 인간을 특별한 위치에 두어 온 기독교 사회는 물론, 이성을 특별한 것으로 강조한 계몽주의적 인간관에도 큰 충격을 주었다. 창조론을 신봉하는 전통 기독교계는 충격을 넘어 다윈의 진화론에 격렬하게 반발했다. 이러한 저항은 과학과 종교의 관계를 재정립하는 계기가 되어 신앙과 이성을 조화시키려는 시도를 낳았다. 그러나 소수의 사람 사이에서는 오늘날까지도 이 논쟁이 계속되고 있다.

이 논쟁에 대해 당사자는 어떤 견해였을까? 젊은 시절 신학을 공부한 만큼 다윈의 기독교 신앙은 진지했다. 그러나 비글호 항해 이후 자연을 관찰하며 점차 종교적 믿음에서 멀어지게 되었다. 반면 다윈의 아내 엠마는 독실한 신자였다. 엠마는 웨지우드 도자기의 창업자인 조사이어 웨지우드의 손녀이자, 다윈과는 외사촌 사이였다. 다윈은 엠마와 결혼하기 전, 결혼의 장단점을 비교하는 목록을 만들었다. 결혼이 학문 연구에 도움이 되는지 아닌지를 알아보려는 노력이었다. 결국 다윈은 결혼이 학문적 연구를 방해할 수 있다는 우려보다 좋은 동반자와 함께하는 장점이 크다고 보고 엠마와 결혼했다.

엠마는 자신의 신앙에 거스르는 다윈의 신념을 간섭하지 않고 평생 남편을 적극 옹호했다. 다윈은 아내의 신앙을 존중했다. 과학 사가들은 다윈의 이러한 입장 때문에 그가 생전에 기독교에 복잡한 감정을 품었다고 본다. 그런데 2015년 다윈의 비밀 편지가 공개됐다. 다윈은 세계적 관심을 불러 모은 이 편지에 성서도, 예수도 믿지 않는다고 명확히 써 두었다. 다윈 사후에 그가 진화론을 부정했다는 가짜 뉴스가 돌았다. 엠마는 그때마다 고인의 명예를 더럽힌다며 분노했다.

다윈의 이론에는 당시 과학의 한계로 인한 미비점이 있었다. 첫째, 멘델의 유전 법칙이 재발견되기 이전이었기에, 다윈은 자연 선택이 유전자에 의해 이루어진다는 사실을 몰랐다. 실제로 그는 근친혼이 유전병을 일으킬 수 있다는 우려를 몰랐던 것 같다. 둘째, 다윈은 자연 선택이 반드시 점진적이어야 한다고 믿었는데, 현대 지구과학이나 진화생물학 연구에 의하면 역사적으로 대멸종 같은 급속한 진화적 변화가 여러 차례 있었다. 셋째, 집단 수준의 자연 선택이나 공생 진화가 생물의 진화에서 중요하다는 사실을 알지 못했다. 그럼에도 다윈의 사상이 가진 혁명적 의의와 가치는 시간이 흘러도 전혀 퇴색되지 않았다. 그가 제시한 진화의 큰 원칙은 현대 생물학의 근간이 되었을 뿐 아니라, 인류의 기원과 인간의 본성을 이해하는 데도 중요한 통찰을 제공하고 있기 때문이다.

진화론은 창조론의 경쟁 이론인가?

미국의 교계 일부에서 진화론은 단순히 '하나의 이론'일 뿐이며, 창조론이 진화론과 대등한 과학적 지위에 있다는 듯이 주장하는 경우가 있다. 일부 주에서는 창조론도 진화론과 함께 학교에서 가르쳐야 한다는 압력이 끊이지 않으며, 때로는 정치적 표결로 수용되기도 한다. 객관적이고 엄밀한 사실에 토대를 두어야 할 과학 이론을 투표로 결정한다는 것은 학문적 자세가 아니다. 아래에서 오류로 보이는 몇 가지를 지적하고자 한다.

첫째, 과학적 이론에 대한 근본적인 오해이다. 과학에서의 '이론'은 관찰된 현상을 설명하고 예측할 수 있는 체계적이고 검증된 논리이다. 다윈의 진화론은 생물학적 데이터를 기반으로 얻은 과학적 연구의 결과이며, 수많은 증거와 연구를 통해 계속 검증되고 발전해 왔다. 반면 창조론은 과학적 방법론이 아닌 계시와 신앙적 믿음에 근거를 둔 주장으로, 과학적으로 검증된 바가 전혀 없다. 일부 사람들이 내놓는 증거라는 것들은 학계의 검증 없이 일방적으로 주장하는 '간접적 추측'에 불과하다. 지금까지 생물학이나 유전학, 지질학 등의 전 세계 어느 공식적인 학술회지에도 창조를 증거하기 위한 논문은 단 한 편도 실린 적이 없다.

둘째, 수정해서는 안 될 확정된 사실(교리)을 증명하는 행위는 과학이 아니다. 과학은 더 나은 이론을 완성하기 위해 끊임없이 수정하는 작업이다. 과학은 수정을 기꺼이 받아들인다. 만약 실험 결과와 관찰이 기대와 다름에도 불구하고 수정할 수 없다면 그것은 과학이 아니다. 과학의 기본 원칙을 충족하지 못하기 때문이다.

셋째, 이러한 주장은 교육과 사회에 혼란을 초래한다. 과학적 사실과 종교적 신념을 대립시키는 것은 학생이나 대중의 과학적 사고를 방해할 뿐 아니라 결과적으로 과학과 종교의 가치를 왜곡하게 된다.

넷째, 현재 진화론은 생물학과 분자생물학 전반에 걸쳐 확고부동한 핵심적 원리로 서로 연결되어 있다. 생물학적 다양성과 복잡성을 설명하는 통합적인 틀로서, 생물의 형태나 생리적 특징, 유전적 메커니즘에 이르기까지 모든 생명 현상을 이해하는 중심에 있다. 예를 들어, DNA 서열의 비교로 생물 간의 공통 조상과 진화적 관계를 밝힐 수 있으며, 돌연변이와 자연 선택이 유전자 풀에 미치는 영향에 대한 분석은 진화의 과정을 명확하게, 그리고 직접적으로 보여 준다. 만약 진화론이 부정된다면 현대의 생물학과 분자생물학의 기본적 사실은 모두 다시 써야 한다. 이는 생물학, 유전학, 생태학, 발생학, 생물정보학, 지질학 등 현재의 과학 지식 체계가 모두 무효가 됨을 의미한다.

결론적으로, 진화론은 지난 두 세기 동안 수십만 개의 연구 결과가 쌓여 하나의 이름으로 불리는 거대한 지식 체계이다. 진화론은 하나의 단순한 이론이 아니다. 과학의 여러 분야가 상호 연결되어 현대 과학의 근간을 형성한 필수적 원리이자, 과학적 합의와 광범위한 증거에 의해 확립된 지식 체계이다.

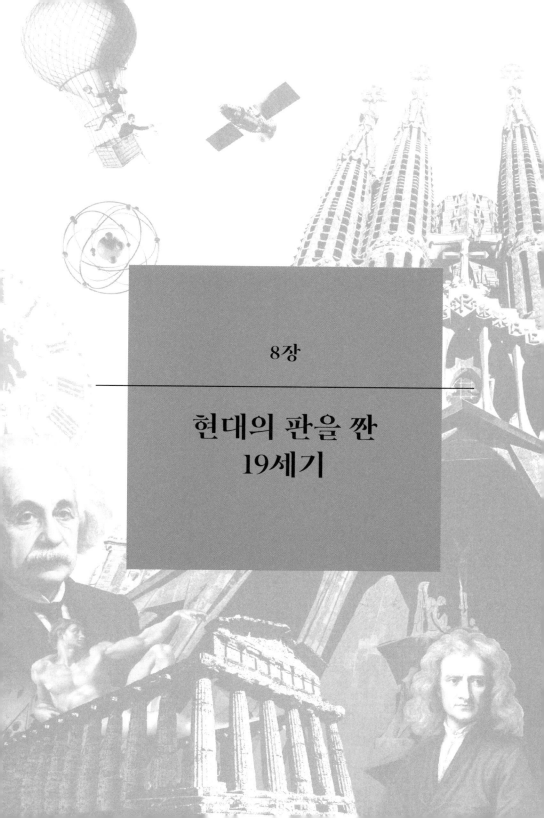

8장

현대의 판을 짠
19세기

산업혁명

산업혁명의 역사적 의의

인류의 역사, 아니 진화사 전체를 통틀어 산업혁명에 맞먹는 규모의 깊이와 파장을 가진 사건은 없다고 해도 좋다. 좁은 의미에서 기술 진보를 훌쩍 넘어서 인류의 삶과 생각, 나아가 인간의 존재 그 자체를 송두리째 바꾸어 놓은 사건이기 때문이다. 그나마 신석기 시대 초기에 시작된 농경/목축을 매개로 한 정착 생활과 도시의 출현 정도가 견줄 수 있는 사건일 터이지만, 약 250년이 지난 현재에도 계속되고 있는 산업혁명은 인간과 사회와 자연을, 심지어 우주까지 바꾸어 놓을 수 있는 사건이며 그 방향과 규모는 누구도 예측할 수 없다.

산업혁명으로 열린 새로운 세상의 가장 중요한 특징은 태고 이래 운명처럼 따라온 희소성, 즉 굶주림과 부족함에서 인류가 해방되었다는 점이다. 기원전 6000년 정도부터 산업혁명 이전까지의 장구한 세월 동안 인류의 부는 오늘날의 화폐 기준으로 측량할 때 연 평균 소득 8만 원 정도로, 굶어 죽는 일을 겨우 면하는 비참한 수준이었다. 얼마 되지 않은 그나마 남은 부도 왕과 귀족 등 지배 계급에 집중되어 있었으니 일반 사람들의 삶은 더욱더 비참한 모습이었음은 능히 상상할 수 있다. 높은 영아 사망률과 의료 조건의 열악함이 더해져서 사람들의 기대수명은 40세를 넘지 못했다.

연간 경제 성장률도 평균 0.1퍼센트가 되지 않아 사실상 정체 상태에 있었다. 하지만 18세기 말 영국에서 시작된 산업혁명 이후 오늘날까지의 변화된 세상은 전혀 다른 그림을 보여 주고 있다. 2024년 현재 전 세계의 평균 1인당 GDP는 2000만 원에 육박하고 있다. 꼼짝할 줄을 모르고 몇천 년간 정체되었던 경제 성장률도 비약적으로 뛰어올라 1750년 이후 현재까지의 1인당 GDP 성장률은 1.5퍼센트를 기록하고 있다. 그 의미가 가늠이 안 된다면, 270년 동안 이자가 복리로 1.5퍼센트였다고 생각해 보라. 더 쉬운 예를 들자면, 1750년 이전에는 인구 대비 경제 전체의 크기가 두 배로 늘어나는 데 약 6000년 정도가 걸렸겠지만, 1750년 이후에는 그 기간이 불과 50년으로 줄어들게 된 것이다. 여기서 질문이 생긴다.

1750년 이전의 인류는 어째서 그토록 오랫동안 결핍과 빈곤의 정체 상태에 묶여 있었으며, 1750년 이후의 인류는 어떻게 그 속박에서 벗어나 물질적 풍요의 비약적 증대를 가져오는 혁신의 시대로 들어설 수 있었던 것일까? 먼저 '맬서스의 함정'으로 이야기되는 인구 법칙의 문제를 생각하지 않을 수 없다. 18세기 말의 산업혁명 이전에도 중요한 기술과 혁신의 기간은 몇 번이 있었다. 철기의 보편화나 3포제 농법의 확산 같은 것은 생산성을 증대시킨 중요한 발명으로 남아 있다. 생산력 증대로 생활이 풍족하게 되면 곧바로 그로 인한 인구 증가가 따라온다.

　토마스 맬서스Thomas Malthus가 강조한 대로 인구의 증가는 '기하 급수적'으로 이루어진다는 점을 주목하자. 늘어난 생산물은 곧 무서운 기세로 불어난 인구를 먹이는 데에 들어간다. 그렇다면 자본 축적이 불가능해진다. 다시 생산에 투자할 자본 부족으로 기술 혁신은 중단되거나 속도가 느려진다. 시간이 지나면 늘어난 인구만 남을 뿐, 1인당 소득 증가와 경제 성장은 아득한 꿈이 되고 인류는 이전의 자리로 돌아가게 된다. 인류는 이러한 상태, 즉 '맬서스의 함정'에 몇천 년 아니 그 이상 오랫동안 붙잡혀 있었다. 이 함정에서 벗어나려면 실로 압도적인 기술 혁신을 바탕으로 경제가 폭발적으로 성장, 자본이 축적되어야 한다.

　탈출 속도에 비교해 보자. 지표면에서 쏘아 올린 로켓은 초속 11.19킬로미터의 속력에 도달하지 못하면 결국 포물선을 그리며 땅으로 떨어지게 되어 있다. 지구의 중력을 뿌리치고 성층권 바깥으로 나가기 위해서는 그 이상의 속력을 얻어야만 한다. '맬서스의 함정'에서 벗어나기 위해서도 그런 추진력이 있어야 한다. 강력하고 폭발적인 기술 혁신과 경제 성장이 인구 증가 추세를 압도해야 한다. 산업혁명이 이것을 가능하게 했다.

　산업혁명이 인류에게 가져온 충격은 이러한 물질적 부의 증가에 국한되지 않는다. 이 혁명은 우리의 일상생활은 물론, 문화와 예술, 철학과 과학 등 정신적인 영역에도 전반적으로 깊은 영향을 미쳤다. 이는 인류가 농경과 목축을 바탕으로 정착 생활을 시작하면서 물질 생활의 변화를 겪었던 것과 마찬가지다. 오히려 산업혁명이 가져온 물질 생활의 변화는 그때의 경험을 훌쩍 능가하는 규모였다. 산업혁명은 인간의 삶과 정신 세계와 문명 전체를 바꾸었다.

어떤 이들은 산업혁명이 기계에 크게 의존했다는 점에서 산업혁명 대신에 '기계제 시대Machine Age'라는 용어를 쓰기도 한다.

'산업혁명'이라고 말하면 프랑스 대혁명이나 러시아 혁명처럼 역사상 어느 짧은 시점에 벌어졌다가 끝나버린 과거의 역사적 사건을 지칭하는 것처럼 느껴지기 때문이다. 하지만 산업혁명은 지금도 계속되고 있는 사건일 뿐만 아니라, 언제까지 이어질지, 또 어느 방향으로 나아갈지, 그 종착점이 어디일지도 지금으로서는 전혀 예측할 수 없는 거대한 사건이기도 하다. 따라서 옛날의 영장류가 '석기 시대'로 들어서면서 현생 인류로 진화하는 장구한 과정에 들어섰던 것처럼, 현생 인류 또한 이 '기계제 시대'로 들어서면서 진화사에서 완전히 새로운 단계로 들어섰다는 인식이 그 명칭의 근저에 깔려 있다.

왜 영국이었나?

이러한 대사건은 어째서 하필 18세기 말 영국이라는 섬나라에서 시작된 것일까? 영국이 당시 가장 고도로 발전한 '상업 사회'였기 때문이다. 산업혁명의 본질은 시장 자본주의와 생산 기술 혁신의 결합이라고 할 수 있고, 영국은 두 가지 모두에서 전 세계 으뜸을 달리던 나라였다. 흔히 산업혁명 이전에는 인류의 기술 발전 자체가 정체되어 있었을 것이라는 통념이 있지만, 이는 사실과 다르다. 유럽 중세는 기술 발전과 발명이 활발히 일어난 시대였다. 산업혁명의 토대가 된 수력 활용 물레방아와 방직기 및 방적기는 중세에 고안됐다.

문제는 기술 발전의 동기와 목적, 그것을 추동하는 세력이 누구인가이다. 군사 세력이 지배 계급이 되어 정복을 꾀한 경우에는 전쟁이 기술 발전을 추동하는 원동력이 된다. 종교 세력이 주도하는 경우에는 기술 발전의 양태와 진행 방향이 전혀 달라진다. 18세기 영국 산업혁명의 경우 '더 많은 물건을 더 싸게 생산하여 더 많은 돈을 번다'라는 상업적인 동기가 원동력이었고, 이를 추동한 이들도 철저히 상업 부르주아들이었다.

영국은 장자 상속권이라는 독특한 상속 제도를 가지고 있었다. 물론 이러한 제도는 유럽 대륙에도 또 동양에도 있었지만, 영국에서는 19세기까지도 이 제도가 철저하게 유지되었다는 점에서 특별히 중요했다. 땅을 상속하여 귀족 칭호와 토지 재산을 소유할 수 있는 것은 오로지 맏아들로 제한되며, 그 아래의 형제들은 모두 알아서 삶을 꾸려 가야 했다. 이들이 선택할 수 있는 길은 주로 군인이 되거나 아니면 돈을 버는 상업에 직접 뛰어드는 것뿐이었다. 제인 오스틴Jane Austen은 소설 《오만과 편견Pride and Prejudice》에서 이러한 상황을 매우 실감 나게 묘사했다.

영국은 상업 부르주아들이 많아졌으며 귀족 계급과의 관계도 깊어 사회 전체에 큰 힘을 가질 수 있었고, 귀족들 또한 이들과 함께 금전적인 이득을 적극적으로 취하려 들었다. 결국 영국 전체는 이미 17세기 말부터 '상업 사회'가 되었다. 게다가 18세기의 런던은 당시 유럽의 모든 도시 중에서도 가장 소비가 발전하고 유행이 성행한 도시로, 어떤 이는 '소비자 혁명'이 벌어졌다고 이야기할 정도였다. 이미 영국 인구의 11퍼센트가 런던에 거주하고 있었지만, 지방에 살고 있던 부유한 시골 지주들도 런던에 타운하우스를 짓고 해마다 일정 기간 거주하면서 런던에 유행하는 의복과 각종 사치품을 사 모으는 데 여념이 없었다. 조사이어 웨지우드(찰스 다윈의 외조부)가 도자기로, 매슈 볼턴이 의복 단추를 팔아서 큰 재산을 형성했던 것이 바로 이때였다. 이는 런던만의 일도 아니었고 상류층만의 일도 아니었다. 영국 전역의 중간 계급도 삶에 풍요와 풍미를 더해 줄 새로운 상품을 소비하는 일에 몰두했다.

이러한 전국적인 시장의 형성과 더불어, 영국에는 전국적인 상품 유통망이 형성되었다. 먼저 도로의 개선이 이루어졌다. 로마인들이 건설한 것 말고는 영국의 도로는 질이 형편없고 체계 또한 엉망인 것으로 악명이 높았다. 하지만 1745년 도로 정비 사업이 시작된 지 불과 20년 만에 체계적으로 건설·보수된 포장도로가 나타났다. 영국 의회도 1760~74년 사이에 도로 건설 및 유지에 관련된 조례를 무려 452건이나 통과시켜 도로망 형성을 지원했다.

운하 건설도 본격적으로 이루어졌다. 18세기 말이 되면 템스강을 중심으로 한 영국 남부가 촘촘한 운하망에 뒤덮일 뿐만 아니라, 맨체스터 근처의 탄광의 석탄도 운하를 통해 쉽게 운송될 수 있어 그 가격이 절반으로 떨어지게 되었다. 하지만 이러한 상업 발전 이상으로 중요한 영국의 특성과 전통이 있었다. 바로 베이컨과 로크 이래의 경험주의 철학과 사고방식에 기반한 과학과 공학의 발전이었다. 영국의 상업 부르주아들은 단순히 '싸게 사 와서 비싸게 팔아' 이윤을 남기는 구식의 상인들이 아니었다.

이들은 조금이라도 더 비용을 낮출 수 있는 새로운 기술 혁신에 적극적인 관심을 가졌다. 프랑스나 유럽의 귀족들과 상인들이라면 절대로 관심을 두지 않았을 법한 과학적인 농업 기술의 혁신에도 이들은 큰 관심을 쏟았다. '개선한다improve'라는 영어 단어의 어원은 17세기의 상업 부르주아들이 농지를 개간하고 농법을 개선하여 같은 면적에서 더 많은 이윤이 나오도록 한다는 뜻의 중세 프랑스어 'enprower'에서 나온 말이었다.

1660년에는 과학을 연구하는 왕립학회가 설립돼 아이작 뉴턴을 의장으로 뽑았다. 비용을 낮출 새로운 공학적 발명에 대한 관심은 상업 부르주아들만의 것이 아니라 거의 전 국민적인 것이었다. 1729년 당시 인기 신문이었던 《신사의 잡지》가 독자들의 관심을 채워 주기 위해 매주 새로 나온 발명을 소개해 주겠다고 약속했지만, 새로운 발명들이 감당할 수 없을 만큼 쏟아져 그 약속은 곧 지켜질 수 없게 되었다. 그 밖에도 영국이 산업혁명의 요람이 되게 된 무수한 요인이 있다. 예컨대 산업혁명의 가장 중요한 원료인 석탄과 철광석이 풍부하다는 지리적 환경 같은 것이다.

이 모든 요인을 관통하는 핵심 정신은 '기술 혁신으로 생산 비용을 더 많이 낮추고, 더 많은 물건을 판매해 더 많은 이윤을 남긴다'였다. 이는 18세기 산업혁명의 독특한 목적과 동기였고, 이를 꽃피우게 해준 것은 '상업 사회'라는 비옥한 토양이었다.

면직물이 초래한 기술 혁신

이렇게 모든 조건이 무르익은 당시의 영국 사회에 산업혁명의 기폭제로 등장한 물품이 있었다. 바로 인도에서 수입해 오던 새로운 섬유, 면직물이었다. 모직물과 아마포를 입고 살아온 영국과 유럽인들에게 면화, 그것도 아름다운 색으로 날염된 인도산 면직물은 마법처럼 사람을 홀리는 효과가 있었다. 면화는 오래전부터 유럽과 영국에도 알려져 있었고, 이미 17세기에 맨체스터에도 소규모로 면직물 생산 업체들이 있었으나 제품 질이 조악하여 사람들의 큰 관심을 끌지 못했다. 하지만 17세기 말 인도와의 무역이 본격적으로 시작되면서 밀려 들어온 인도산 면화는 전혀 달랐다.

영국뿐만 아니라 유럽의 많은 사람이 이 신비의 물건에 한없이 매료되었고, 수입된 인도산 면화는 비싼 값으로 판매되어 큰 수익의 원천이 되었다. 이를 보고 모직 업자들이 들고 일어났다. 생계의 원천인 섬유 시장을 인도산 면직물이 한없이 밀고 들어오는 것을 보고 있을 수만은 없던 것이다.

게다가 모직물의 원료인 양털을 생산하는 영국의 토지들은 귀족들의 권력의 근원이기도 했으니, 모직물 산업을 보호해야 한다는 요구는 곧바로 영국 국가를 움직였다. 결국 1700년에 중국, 페르시아, 인도에서 날염된 면직물의 수입을 일절 금지한다는 법이 의회에서 통과되었다. 면직물의 수입이 불가능하다면, 면직물을 영국에서 만들어 내면 될 것 아닌가? 인도산 면직물에 버금가는 품질의 제품을 생산한다는 것은 대단히 어려운 일이겠지만, 면직물에 대한 대중들의 수요는 생생하게 살아 있었고, 그 잠재적인 시장의 크기도 엄청났다. 따라서 일단 성공하기만 한다면 어마어마한 이윤을 거둘 수 있는 그야말로 '블루오션'이었던 셈이다. 하지만 실을 뽑는 일(방적)도 또 천을 짜는 일(방직)도 노동자의 엄청난 손재주와 숙련이 필요했으므로, 그 일을 할 사람을 구하기도 쉽지 않았을 뿐만 아니라 그 생산 비용을 낮추는 것도 만만치 않았다. 이에 실을 뽑는 기계인 방적기와 천을 짜는 기계인 방직기에 대한 개선과 발명이 줄을 잇는다. 바야흐로 산업혁명의 불이 붙었다.

산업혁명의 전개

산업혁명은 단 하나의 경천동지할 만한 발명품 덕에 일어난 것이 아니었다. 낮은 비용으로 더 많은 제품을 생산한다는 목적으로 당시에 사방에서 이루어지고 있었던 여러 기술 혁신을 수평적으로 결합한 복합적인 결과물이었다. 그러한 여러 기술 혁신이 결합되는 과정을 두 갈래로 나누어서 살펴보자. 먼저 방직기의 혁신과 방적기의 혁신을 보자.

이 둘은 서로 '병목'의 관계였으며, 양쪽의 혁신 과정은 앞서거니 뒤서거니 하면서 서로를 자극했다. 방직기의 성능이 앞서면 원료인 실이 부족해지고, 반대로 방적기가 발전하면 실이 남아돌게 된다. 어느 경우든 수급의 불균형으로 인해 면직물이라는 최종 생산물의 가격은 쉽게 하락하지 않는다.

1733년 비사flying shuttle가 발명되어 방직기의 혁신이 벌어진 이후 이 두 기계는 서로 경쟁하듯이 발명과 혁신을 거듭하게 되었다. 결국 1767년 리처드 아크라이트Richard Arkwright가 수력 제니 방적기를 내놓고, 1785년에는 에드먼드 카트라이트Edmund Cartwright가 개량된 방직기인 역직기를 내놓으면서 1차 기술 혁신이 완결되었다. 하지만 산업혁명의 상징물과도 같은 증기 기관의 발명은 멀리 다른 쪽에서 시작되었다.

존 윌킨슨John Wilkinson은 철 생산자의 아들로 태어나 평생 철을 소재로 한 여러 가지 물건들을 발명한 이였다. 자신감이 생긴 그는 드디어 풀무를 철로 만드는 일에 도전했다. 많은 사람이 이는 불가능한 일이라고 비웃었다. 풀무는 용광로 등의 온도를 높이기 위해 바람을 불어넣는 물건이며, 따라서 탄력성이 있어야 할 뿐만 아니라 형태 또한 바람이 새어 나가지 않도록 꼭 들어맞게 만들어야 하는 것이었다. 이를 쇠로 만든다고? 하지만 그는 결국 성공하였고, 쇠로 된 풀무는 이전보다 훨씬 높은 생산성을 보여 주었다. 더욱 자신이 생긴 그는 나아가 세상 만물을 다 철로 바꾸어 보겠다는 야심을 품고 파이프, 교량, 심지어 선박까지 철로 제작하는 데 성공하여 '철선의 시대'를 열게 되었다.

이러한 윌킨슨의 발명은 전혀 다른 곳에서 혁명적인 기술 혁신을 일으키게 되었다. 제임스 와트James Watt는 물이 끓는 수증기의 힘을 이용하는 증기 기관을 발명하려고 애쓰고 있었지만, 기존의 실린더와 피스톤은 모두 나무로 만들어져 있었기에 증기 기관의 힘을 버티지 못하고 금세 닳아 버리는 단점이 있었다.

윌킨슨이 철 기술을 통해 개량한 철제 피스톤과 실린더는 와트가 증기 기관을 완성하는 데 결정적인 요소가 되었다. 와트의 증기 기관은 다시 윌킨슨의 발명과 결합하여 '시너지'를 일으켰다. 윌킨슨이 발명한 철 풀무는 그것을 작동시킬 강력한 동력을 필요로 했거니와, 와트가 발명한 증기 기관은 거기에 이상적인 동력원이 되었기 때문이다. 이렇게 해서 탄생한 증기 기관은 가는 곳마다 생산 기술에 일대 혁신을 가져왔다.

모든 산업에서 증기 기관을 동력원으로 사용하는 혁신이 들불처럼 퍼져 나갔고, 1781년경 제임스 와트의 동료 매슈 볼턴Matthew Boulton은 "온 세상이 증기 기관에 미쳐버린 상태"라고 말하기도 했다. 1786년 마침내 증기 기관이 결합한 세계 최대의 밀가루 공장이 탄생하였으며, 단 두 대의 증기 기관으로 무려 50쌍의 연자매가 작동하는 장관을 보고자 온 런던 사람들이 뛰쳐나오기도 했다. 이제 산업혁명의 총아라고 할 수 있는 방직기/방적기와 증기 기관이 결합할 차례이다. 이러한 결합이 이루어지기 이전에는 방직기도, 방적기도 수력을 그 주요한 동력원으로 사용하였기에 지리적 위치가 계곡 등으로 제한될 수밖에 없었고, 이는 운송료 부담으로 연결되어 비용 상승으로 이어졌다.

하지만 18세기가 끝날 무렵 사람들은 방직기와 방적기의 동력으로 증기 기관을 사용하기 시작했고, 공장 입지의 폭도 훨씬 늘

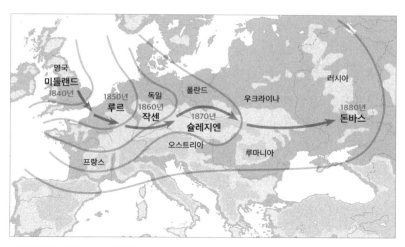

산업혁명의 유럽 대륙 확산도

어났다. 생산량은 그야말로 폭발적으로 늘어났다. 면직물의 원료
인 면화의 수입량은 1781년까지만 해도 800만 파운드 정도였지만,
1802년에는 무려 6000만 파운드로 늘어났다. 이는 면직물 산업에
서만 벌어진 일이 아니었다.

　석탄 생산량 또한 40년 동안 10배로 증가하며, 선철 생산량은
1788년의 6만 8000톤에서 1839년의 약 135만 톤으로 폭증했다. 값
싸고 질 좋은 영국산 면직물은 전 세계를 누비게 되며, 그 본고장이
었던 인도로 역수입되어 인도의 면화 산업을 초토화시켜 버리기까
지 했다. 이처럼 산업혁명은 어느 하나의 발명으로 이루어진 사건
이 아니었다. 서로 무관해 보이는 산업에서 이루어지던 발명과 혁
신이 '비용을 낮추어 생산성을 높인다'는 하나의 목표 아래 횡적으
로 결합하는 과정이었다. 여기에서 우리는 현실과 동떨어진 관념과
전통 등을 무시하고 실용적인 목적에 집중하여 효과적인 결과를
내는 영국의 경험주의적 사고 및 행동 방식을 다시 한번 확인할 수

있다. 또한 방금 살펴본 전개 과정에서 우리는 대략 산업혁명을 구성하는 세 범주의 큰 혁신을 느낄 수 있다.

바로, 에너지, 소재, 자동화된 기계이다. 이후 산업혁명은 19세기 후반으로 들어가면서 훨씬 더 큰 규모의 '2차 산업혁명'으로 확장되지만, 그때에도 발명과 혁신이 벌어진 분야는 이 세 부분으로 묶을 수 있다. 즉 에너지에서는 석유와 전기가 등장했으며, 소재에서는 화학 공업의 발달에 힘입어 고무, 플라스틱, 강철 등이 등장했다. 자동화된 기계는 벨트 컨베이어 등의 혁신에 기초한 자동차 공장과 대형 플랜트 등이 나타난 것으로 생각해 볼 수 있다.

21세기 현재 진행되고 있는 재생 에너지, 바이오 소재, 인공 지능 및 휴머노이드 기술에도 이런 관점을 적용해 볼 수 있다. 이는 산업혁명이 진행될수록 인간과 자연과 사회에 그야말로 상전벽해의 변화가 나타날 수밖에 없음을 암시한다. 에너지와 소재를 더 풍부하고 더 값싸게 확보하기 위해서는 자연의 채취가 불가피하며, 자동화된 기계가 나타난다는 것은 곧 인간의 일자리와 사회의 생산 조직이 완전히 바뀐다는 것을 암시한다. 산업혁명은 인류가 '이성의 시대'인 근대 이후로 축적한 물적·정신적 역량의 집적물인 동시에, 그 이후에 나타날 생태 위기, 혁명과 전쟁 등의 사회적 격변, 소비주의와 개인화 등의 인간 존재의 변화 등을 필연적으로 함축하는 사건이었다.

공장의 출현

산업혁명은 공장이라는 새로운 작업장의 모습을 가져왔다. 이전에도 수공업 혹은 제조업이 이루어지는 일터는 존재했고, 산업혁명 직전에는 '공장제 수공업'이라는 상당히 큰 규모의 작업장도 있었다. 하지만 공장의 중심에는 기계, 그리고 증기 기관으로 돌아가는 동력이 존재하였다. 기계가 중심을 차지하는 작업장. 이것이 현대인들의 삶을 규정하는 가장 지배적인 형태의 기관이 되었다. 오늘날에도 무수한 사람들이 하루 대부분의 시간을 보내는 공장과 사무실이 산업혁명을 통해 태어난 것이다.

이전의 가내 수공업과 비교해 보자. 상인들이 한 뭉치의 양털을 가지고 농촌의 여인들에게 간다. 그 양털을 건네주고 언제까지 털실을 뽑아달라고 일을 맡기면, 여인들은 짬을 내어 열심히 집안의 물레를 돌려 털실을 뽑는다. 여기에서는 작업장과 가정이 분리되어 있지 않다. 요즘 말로 하자면 '재택 근무'인 셈이다. 여기서 한 걸음 나아가 산업이 좀 더 커지고 작업의 성격이 복잡해지면서 집과 분리된 일터가 생겨난다. 하지만 그 규모는 크지 않았다. 1660년 칼과 공예품 식기 등을 생산하던 프랑스의 한 대장간의 경우 1년 내내 필요로 하는 선철의 양이 3톤도 되지 않았다. 산업혁명이 아직 퍼지지 않은 1843년의 프로이센에서 실시한 인구 조사에서도 장인 100명이 고용한 노동자의 숫자는 67명에 불과했다.

하지만 이제 산업의 형태는 완전히 바뀌었다. 생산 작업의 중심 주체는 기계가 되었고, 인간 노동자들은 기계의 작동을 돕는 보조자의 위치로 전락하였다. 따라서 작업장의 중심에는 기계가 들어앉았고, 사람들은 모두 기계가 있는 그 작업장으로 정시에 출근하여 기계가 멈추고 나서야 집으로 퇴근하는 형태로 일을 하게 된다. 그리고 기계의 크기는 갈수록 커져만 갔다. 초기의 제니 방적기는 크기도 작았으며, 이 기계 소유자가 노리는 시장도 주변의 지역 시장 정도였다. 따라서 공장이라고 해봐야 방적기 두어 대가 들어선 단층 건물 안에서 기껏 10여 명의 노동자들이 일하는 규모였다. 하지만 더 커다란 기계들이 등장하면서 '규모의 경제'가 작동하여 생산 가격은 낮아지고 상대하는 시장의 크기도 영국 전체 아니 유럽으로까지 확장되었다.

이제 공장은 쓸 수 있는 대지를 꽉 채울 정도로 확장되며, 땅이 부족해지자 건물의 높이를 올려 6층짜리 건물까지 나타나게 되었다. 이 건물을 다시 기계들이 꽉 채우게 되고 고용된 노동자들의 숫자는 몇백 명 아니 몇천 명으로 늘어났다. 1805년 당시 뉴래나크 공장의 노동자들은 2500명이었다고 한다.

전형적인 공장의 모습을 대략 묘사해 보자. 가장 중심에는 동력원이 되는 증기 엔진이 돌아간다. 끊임없이 석탄을 집어넣으면 불이 타오르고 높이 솟은 굴뚝으로 연기가 뿜어져 나온다. 증기 엔진을 중심으로 일렬로 혹은 방사형으로 늘어선 기계들로 피댓줄이 돌아가면서 동력을 전달하면 기계들이 작동한다. 피댓줄의 끽끽거리는 소리, 기계가 툭탁거리며 돌아가는 소리, 증기 엔진의 굉음 등 온갖 이질적인 소리들이 뒤섞여 사람의 고막을 찢어 놓으며, 석탄이 타는 불과 열기로 공장 전체는 화산의 분출구를 방불케 한다. 그 주변으로 노동자들이 모여 각자의 작업을 하면서 망치와 각종 공구 소리뿐만 아니라 작업반장이 노동자들에게 질러대는 각종 욕설 소리까지 들린다.

산업혁명 이전까지의 수공업자들이나 숙련공들의 일의 리듬은 오늘날과는 전혀 달랐다고 한다. 출퇴근 시간이나 일하는 시간이 따로 정해져 있지도 않았고, 작업의 분담도 애매했다. 일이 없을 때는 그저 한가하게 술에 취해 있다가, 일이 생기고 납품 기한이 다가오면 식음을 잊은 채 밤을 새워 가며 일하고, 일이 끝나면 다시 본래 상태로 돌아가는 생활을 반복했다. 일을 하는 도중에 노동요와 같은 놀이도 결합되어 있었고, 중간중간의 식사 시간이나 여흥도 자연스럽게 연결되는 그야말로 '유기적' 과정이었다. 하지만 기계가 생산의 주체가 되는 공장은 그렇게 운영될 수 없다. 정확한 출근 시간이 있어야 하며, 일하는 도중에는 게으름을 피우거나 다른 짓을 하는 일이 없이 기계의 작동에 따라 그야말로 기계처럼 움직일 수 있어야 했다. 노동자들은 말을 듣지 않거나 적극적으로 저항했으며, 공장주들은 생산성을 올리기 위해 노동 기율을 강제하는 등 갖은 노력을 기울였다.

19세기 후반 뒤늦게 산업혁명에 동참한 일본 정부는 이러한 노동 기율을 심어 주려면 '국민교육'이 중요함을 깨달았다. 정시에 등교하여 수업 시간과 휴식 시간을 정확히 지키는 일상을 아주 어렸을 때부터 몸에 배게 하는 것이 산업의 노동 생산성 향상에 얼마나 중요한지를 알게 된 것이다. 1886년 일본의 메이지 정부는 소학교를 의무교육으로 정했다. 당시 일본의 최대 재벌 기업이었던 미츠비시의 창업자 이와사키 야타로岩崎弥太郎는 직원 모두에게 노동 기율을 심는 방편으로 '다도茶道'를 훈련시키기도 했다. 다도의 규율과 절제의 철학으로 새로운 노동 윤리와 근면함을 강조하고, 검소와 절제, 시간 관리 절차 준수의 가치를 내면화하려는 목적이었다.

철도와 증기선이 가져온 시간과 공간의 재편

증기 기관은 여러 산업으로 그 용도가 확산되다가 마침내 중요한 변곡점을 만나게 된다. 교통수단의 엔진으로 쓰이게 된 것이다. 1807년 증기선이 등장하였고, 1830년에는 런던과 맨체스터를 오가는 철도가 개통되었다. 말이 끄는 마차에만 의존하던 육상 교통, 바람의 방향에 좌우되던 수상 교통의 시대가 끝나고 마침내 인류가

증기 기관차. 출처: gettyimage

시간과 공간을 뜻대로 제압하는 시대가 열린 것이다. 그리고 자유
무역과 최초의 '지구화' 시대도 열렸다.

철도가 건설되기 전에는 육로로 100마일(160킬로미터) 이상 농산물을 운반하는 것은 거의 불가능한 일이었다. 그 정도 거리를 이동하려면, 이동에 쓰이는 소나 말이 먹을 사료도 운반해야 했기 때문이다. 하지만 철도와 증기선의 등장으로 이제는 석탄만 충분히 싣는다면 대량의 곡물을 국경 넘어 다른 나라에도 수송할 수 있었다. 1800년이라면 한 달 이상 걸렸을 리버풀에서 뉴욕까지 항해 시간은 1870년이 되자 9일로 줄어들었다. 운임도 극적으로 낮아졌고, 1870년 이후에는 최극빈층을 제외하면 누구나 배를 타고 대서양을 가로지르는 일이 가능해졌다. 전 지구적 규모에서의 엄청난 물적·인적 자원의 이동이 시작돼 1870년에서 1914년 사이에 전 세계에서는 1억 명에 이르는 사람이 이민을 하게 되었다.

철도와 증기선이 가져온 변화는 이러한 '양적'인 차원에 국한되지 않는다. 그로 인해 벌어진 근대적 삶의 '질적' 차원은 어쩌면 더욱 근본적인 것일 수 있다. 작은 마을이 아닌 전국이, 나아가 전 세계가 마치 하나의 시계처럼 정확히 동일한 시간표에 따라 움직이게 된 것이다.

시계를 발명한 것은 중세 유럽의 베네딕투스 수도원이었다. 이곳의 수도승들은 정해진 시간에 기도를 올려야 한다는 엄격한 규칙을 따랐기에, 정확한 시간을 알리기 위해 13세기에 최초의 시계 장치를 만들었다. 이후 무수한 개량을 거쳐 시계는 18세기 유럽인들의 물질적·정신적 세계를 보여 주는 문명의 상징과도 같은 기계가 되었다. 태엽만 감아 주면 모든 부품이 정밀하고도 긴밀하게 서로를 움직여서 한 치의 오차도 없이 시간을 나타내도록 되어 있는 이 장치에 당시의 유럽인들은 끝없이 매료되었다. 그들은 이것이야말로 신이 창조한 우주의 작동을 본받아 손바닥보다 작은 기계 안에 집약한 것이라고 여겼다. 그런데 철도와 증기선이 나타나면서 이러한 시계의 비전이 온 세계로 확장되어 실현되었다.

누구나 기차 시간에 맞추기 위해 정신없이 서둘러 본 경험이 있을 것이다. 기차역에 도착해 보면 기차 시간에 댈 수 있도록 모여든 수많은 사람들이 함께한다. 그 많은 이들이 시간을 맞추기 위해서 아침에 일어나서 여기에 오기까지의 과정을 상상해 보라. 사회 전체가 기차 시간표에 맞추어서 돌아가는 모습을 쉽게 그릴 수 있다. 더욱이 철도를 통해 확장되어 있는 공간의 규모를 상상해 보라.

철도 시간표는 온 나라, 아니 온 대륙 전체 규모에서 사람들의 행동과 삶을 시계 부품처럼 서로 맞물리게 한다. 이제 철도와 증기선은 온 인간 세계를 하나의 거대한 시계 장치로 만들어 낸다. 한 번 더 상상해 보라. 정해져 있는 철도와 증기선의 시간표에 따라 역과 항만의, 아니 그 인근 마을들의, 아니 국가를 넘어 전 세계의 사람들과 물자가 시간을 맞추기 위해 기계처럼 움직이는 모습을. 산업혁명이 진행되면서 이제 산업의 시간과 리듬은 공장 울타리를 넘어 철도와 증기선을 타고 전 세계를 지배하게 되었다.

자유방임: 구빈법과 곡물법의 철폐

19세기로 넘어오게 되면 이미 영국 전체가 산업혁명의 물결에 휩쓸리게 되었다. 하지만 산업혁명이 완전히 날개를 달고 본격적으로 세상을 바꾸기 위해서는 낡은 사회 제도의 개혁이 필요했다. 그 중에서도 개혁 요구가 빗발친 가장 큰 장애물은 구빈법과 곡물법이었다. 영국의 구빈법은 빈민들을 먹여 살린다는 제도로서 엘리자베스 1세 이래 오랜 역사를 가지고 있었다. 산업혁명의 물결이 본격적으로 진행되던 1795년, 영국 버크셔의 스피넘랜드 지역에서 독특한 형태의 구빈법이 나타나 영국 전역으로 퍼져 나가게 되었다.

그 내용은 노동자들이 실업 상태에 있거나 임금이 너무 낮아서 소득이 일정 액수에 미치지 못할 때는 교구에서 그 부족분의 액수를 채워 지급한다는 것이었다. 물가에 연동되어 산정되는 지급 액수는 가족이 많으면 늘어나도록 되어 있는 아주 후한 복지 제도였다.

문제는 이 '스피넘랜드 구빈법'이 산업혁명의 진전에 큰 족쇄로 작용하게 되었다는 것이다. 임금이 낮아도 나머지 액수를 교구에서 채워 준다고 하니, 노동자도 자본가도 굳이 임금 삭감에 반대할 이유가 없었고, 그리하여 임금 수준은 영국 전역에서 크게 떨어지게 되었다. 이렇게 임금 수준이 떨어지게 되자 임금만으로는 도저히 생계를 꾸릴 수 없는 이들의 숫자도 늘어나게 되어, 이들 또한 교구의 구호를 받지 않을 수 없는 신세가 되었다.

시간이 지날수록 구호를 받는 빈민들의 숫자는 폭발적으로 늘어나게 되었다. 처음에는 자본가들도 이렇게 임금 하락을 가져오는 '스피넘랜드 구빈법'을 반겼지만, 시간이 지나면서 이들의 생각은 정반대로 바뀌게 되었다. 한없이 하락하게 된 노동 생산성이 그 이유이다. 임금의 하락도, 심지어 실업조차도 두려워할 이유가 없게 된 노동자들은 노동 효율이 형편없이 떨어지게 되었고, 게다가 이들을 먹여 살려야 할 지방 교구세 납부 부담은 한없이 늘어났다. 일터에 나와서도 그저 일하는 시늉만 하는 경우가 다반사였다.

노동 생산성의 하락은 영국 제조업 일반의 효율성을 위협하는 수준에 이르렀고, 게다가 이들을 먹여 살려야 할 지방 교구세의 재정 부담은 한없이 늘어났다. 이에 자본가 계급과 그들을 대변하는 지식인들은 구빈법 자체를 철폐할 것을 주장하고 나섰다. 노동자의 임금 수준과 실업률 모두 다른 상품들과 마찬가지로 오로지 노동 시장에서의 수요와 공급에 의해서만 결정되도록 해야 한다는 것이었다. 그를 위해서는 빈민의 생계를 공공이 책임지는 복지 제도를 모두 없애고, 빈민 구호는 오로지 일할 능력이 없다고 스스로 선언하는 이들을 엄격히 선별하여 베풀어야 한다는 것이었다.

요컨대, 산업혁명이 필요로 하는 노동력을 자본가들이 필요할 때 언제나 합리적인 가격과 수량으로 구매할 수 있도록 '자유로운 노동 시장'을 창출해야 한다는 것이었다. 이에 1834년, 마침내 오랜 역사를 가진 영국 구빈법이 철폐되었다.

산업혁명의 확장을 막는 또 하나의 장애물은 곡물법이었다. 영국의 귀족들은 모두 토지 세력이었으므로 유럽 대륙에서 싼 곡물이 들어와 곡물 가격이 하락하는 것을 막으려 했다. 영국에는 17세기 올리버 크롬웰Oliver Cromwell 정권 시절부터 외국에서 들어오는 곡물의 수입을 방해하거나 비싼 관세 등을 매기는 여러 법률과 조례가 있었다. 새로이 나타난 산업 자본가들은 이에 큰 불만을 품었다. 생산 비용의 절감을 위해서는 인건비의 하락이 꼭 필요했지만, 식량 가격이 더 낮아지지 않으면 임금을 어느 수준 이하로 낮추는 것은 불가능했기 때문이었다. 결국 산업도시 맨체스터를 중심으로 하는 수많은 지식인과 정치인의 부단한 노력 끝에 1846년 곡물법도 철폐된다.

산업혁명을 통해 세력과 목소리를 키운 산업 자본가들과 상업 부르주아들은 1832년 '개혁 의회'를 계기로 의회의 권력을 장악, 왕과 귀족이 지배하던 옛날의 영국을 완전히 바꾸어 버렸다. 영국은 구빈법과 곡물법 폐지를 계기로 자유방임, 즉 시장에 무한한 자유를 허락하는 사회로 급속히 변화했다.

"사탄의 맷돌": 공장 파괴 운동

사람의 숙련에 의존하는 전통적인 수공업 방식은 기계제 생산의 습격을 이겨낼 수 없었다. 많은 업체가 파산했으며 무수한 숙련공이 하루아침에 일자리를 잃고 아무 쓸모가 없는 '벼락 거지'가 되어 버렸다. 이들은 이제 공장에 취직하여 자기 노동력을 팔아 생계를 잇지 않을 수 없는 처지가 되었다. 또한 농촌과 다른 도시에서도 삶의 터전을 잃은 무수한 이들이 합류하여 기계제 공장에서 원하는 노동력이 되었다. 기계제 공장의 도입으로 순식간에 일자리를 잃게 된 수공업자들과 숙련공들에게 공장과 기계는 더욱 심한 증오의 대상이었다. 이들의 좌절과 분노는 기계 파괴 운동으로 전환되었다. 도처에서 공장에 대한 습격과 기계 파괴의 불길이 번져 갔다.

제임스 하그리브스James Hargreaves가 발명한 제니 방적기는 한 대가 숙련공 40명에 해당하는 작업량을 소화하는 '괴물'이었다. 이 방적기 도입으로 일자리를 잃은 여성들이 공장의 기계에 이어 그의 집에 있는 기계까지 부수었다. 그 뒤를 이어 리처드 아크라이트가 증기 기관을 장착한 방적기를 발명하여 더욱 극적인 기계 혁신을 이루자, 그 공장들 중 하나가 무려 8000명이나 되는 군중의 공격을 받아 완전히 파괴되는 일까지 벌어졌다.

가장 유명한 사례를 보자. 1769년, 제임스 와트는 증기 기관을 장착한 혁신적인 생산 시설인 알비온 밀가루 공장을 세웠다. 이 공장이 놀라운 생산력으로 저렴한 밀가루를 대량으로 생산하자 주변의 제분업자들은 경쟁을 포기하고 모두 파산했다. 결국 이 공장은 1791년 누군가의 방화로 완전히 불에 타서 없어졌다. 주변에서는, 분노에 찬 제분업자들이 불을 질렀다는 소문이 자자했다. 그 인근에 살았던 시인 윌리엄 블레이크William Blake는 이 사건에 영감을 받아 인간과 자연을 통째로 갈아서 가루로 빻아 버리는 기계제 공장을 '사탄의 맷돌satanicmill'이라고 부른 시를 지었다.

이후 그 시는 〈예루살렘〉이라는 제목의 영국 국민 가요가 되는데, '사탄의 맷돌'이라는 표현은 산업혁명 초기 기계제 시대의 악몽을 대표하는 유명한 상징이 되었다. 이렇게 초기에 기계로 향하던 분노는 서서히 기계제 산업 덕에 엄청난 이윤을 누리는 공장주들과 자본가들에게로 향하게 되었다. 1810년대 초 영국 중부 지방을 강타하고 정부 내각마저 공포에 떨게 했던 러다이트Luddite 운동은 흔히 기계 파괴 운동의 대명사처럼 알려져 있지만, 실상은 조금 다르다고 한다. 폴 망투Paul Mantoux 등의 연구에 따르면, 기계를 사용하는 공장으로만 집중되었던 초기 노동자들의 분노와는 달리, 이 운동에 가담한 이들은 기계제 공장이 아니라 '급속히 얻은 부나 노동자 학대 때문에 인심을 잃은 제조업자들'을 공격했다는 것이다. 1820년대가 되면 공장과 기계 파괴 운동은 정부의 탄압 등으로 사그라들고, 대신 다른 형태의 노동자 운동들이 나타났다. 노동자들의 참정권을 요구하는 차티스트Chatist 운동과 로버트 오언Robert Owen의 사상을 따르는 초기 사회주의 운동이 그것이다.

노동자들의 비참한 삶

산업혁명은 엄청난 물질적 풍요를 가져와 장기적으로는 노동자들도 그 혜택을 입게 된다. 하지만 여기 오기까지는 상당한 시간이 필요했다. 노동자들의 실질 임금이 눈에 띄게 상승한 것은 19세기 중반 이후의 일이다. 그전까지 노동자들의 삶은 이미 무수히 많은 동시대 역사서와 문학 작품 등에서 적나라하게 묘사된 것처럼 비참하기 짝이 없었다. 노동자들의 일은 고되고 위험했다. 출근 시간은 있었지만, 퇴근 시간은 정해져 있지 않거나 무시되기 일쑤였다. 14시간 심지어 16시간 혹은 그 이상의 장시간 노동도 흔한 일이었다. 생산하여 판매할 수 있는 시장 수요가 존재하는 한 기계는 멈출 수 없었고, 기계가 멈추지 않는 한 노동자는 기계와 함께 돌아가야 했다. 게다가 그 작업의 성격이라는 것도 옛날의 숙련공들처럼 나름의 기술과 숙련을 발휘하면서 성취감을 느낄 수 있는 것이 아니었으며, 기계의 작동을 보조하고 돕는 그야말로 기계적인 동작의 지루한 반복이었다.

　게다가 잠시만 긴장을 놓아도 기계에 몸이 망가지는 큰 사고를 당하기 일쑤였다. 손가락이나 신체 일부가 잘리고 뭉개지는 일은 다반사였고, 어느 여공은 머리에 수건을 두르는 것을 잊었다가 방직기에 머리카락이 말려 들어가 머리 가죽이 벗겨지기도 했다. 일이 끝나면 독하고 값싼 술에 취해 나자빠지는 것이 일상이 되었다. 이렇게 몇 달이 지나고 나면 육체적 피로와 알코올 중독으로 완전히 고갈되어 더 이상 일할 수 없게 된다. 공장 노동을 견뎌낼 수 있는 노동력을 계속 공급해야 했던 당시 공장주들은 정기적으로 영국 전역을 순회하면서 일꾼들을 모았다. 그래서 공장에서는 여성들과 아이들이 일하는 모습을 쉽게 볼 수 있었다. 이들은 남자 어른보다 순종적일 뿐만 아니라 술 마시는 버릇이 적었기에 공장주들이 선호했다. 영국 의회 보고서에 따르면 놀랍게도 네 살배기 아이도 있었다고 한다.

　노동자의 삶은 어린 시절에 시작되었다. 이들은 '도제 훈련'이라는 명목으로 6세 때부터 공장에서 일을 시작했으며, 보수는 성인 노동자의 3분의 1이거나 아예 숙식 제공을 빼고는 전혀 없는 경우도 많았다. 이 상태에서 최소한 7년, 대개 21세가 될 때까지 공장에 묶여 있는 신세였다. 아동 노동은 특이한 경우가 아니라 당시의 일반적인 조건이었다.

영국 수상을 역임했던 로버트 필Robert Peel의 공장에서는 1000명의 아동을 고용하기도 했다. 이들의 일상을 보자. 그들의 노동은 완전히 녹초가 될 때 비로소 끝났고, 14시간에서 18시간까지 계속되었다. 각각의 작업장에서 이루어지는 작업량에 따라 임금을 받던 작업 감독은 그들이 1분도 쉬게 하지 않았다. 대부분의 공장에서는 유일한 주요 식사 시간으로 40분이 허용되었는데, 이 가운데 20분은 기계를 세척해야 했다. 몇몇 공장에서는 작업이 밤낮으로 끊임없이 계속되었으므로 기계들이 결코 멈출 수가 없었다. 이런 경우에는 어린이들은 여러 교대 조로 나뉘었고, "침대는 온기가 가실 새가 전혀 없었다." 특히 지나치게 긴 노동이 끝날 무렵에는 사고가 아주 흔했다. 녹초가 된 어린이들이 작업대에서 잠에 빠지다시피 했던 것이다. 바퀴에 끼여 잘린 손가락이나 으깨어진 팔다리에 관한 이야기는 끝이 없었다.

당시의 아동들이 처한 상황을 상징적으로 보여 주는 것이 악명 높은 굴뚝 청소부였다. 당시 굴뚝의 폭은 무척 좁아(대략 23센티미터의 정사각형) 덩치가 작은 아이들을 집어넣어 굴뚝 청소를 시키는 일이 많았고, 빈민가의 아이들은 6세 정도면 '일을 배우기 시작'하여 여기에 투입되었다. 그렇게 굴뚝 안으로 쑤셔 넣어진 아이들은 그 을음 가득한 굴뚝 안에서 질식해 죽기도 하고, 굴뚝에 몸이 끼여 죽기도 하고, 심지어 불에 타죽기까지 했다. 이렇게 죽은 아이의 시체를 빼내기 위해서 다른 아이가 투입되었다. 이 비인간적인 관행은 1834년과 1840년의 입법(굴뚝법Chimney Acts)을 통해 굴뚝에 관련된 각종 규제 그리고 아동 노동의 금지가 이루어지면서 개선되지만,

그 공포의 이야기는 입으로 또 기록으로 지금까지 전해져 내려온다. 이처럼 기계제 생산의 끔찍한 노동에 내동댕이쳐진 이들은 사회 전체에서 사람으로 대우받지 못했다.

로버트 오언과 사회민주주의 노동운동

이러한 흐름 속에서 로버트 오언이라는 인물이 나타났다. 나중에 사회주의의 아버지 중 하나로 꼽히게 되는 인물이다. 조금 뜻밖이지만 오언은 뉴래나크에서 영국 굴지의 대규모 공장을 경영한 대자본가였다. 그는 기계제 생산 자체가 아니라 이윤을 좇는 시장의 무한 경쟁, 노동자를 인간 이하의 존재로 전락시킨 노동의 상품화가 문제임을 인식했다.

그는 자신의 공장에서 노동자들과 함께 일하는 과정에서 노동자들을 상품이 아닌 인간으로 대우하면 노동자들에게 행복한 삶을 가져다줄 수 있을 뿐만 아니라 생산성도 향상시킬 수 있다고 믿었으며, 이를 실제로 증명해 냈다. 그가 경영하는 공장에서 노동 시간은 짧았고 14세 이하의 아동 노동은 철저히 금지되었다. 노동자들은 작업장에서 인간적인 대우를 받았을 뿐만 아니라 공장 밖에서는 주거는 물론 교육과 문화와 생활 복지에서도 훌륭한 환경을 제공받았다. 덕분에 오언은 임금을 높게 올려 주지 않으면서도 노동자들의 적극적인 참여와 직장에 대한 충성을 끌어낼 수 있었고, 이는 놀라운 성공으로 귀결되어 그의 공장은 영국에서 가장 큰 이윤을 내는 곳의 하나가 되었다.

오언은 여기에서 기계제 문명을 조직할 수 있는 대안적인 원리는 경쟁이나 인간의 상품화가 아니라 모든 생산자와 모든 소비자가 인간 대 인간으로 자발적으로 관계 맺는 '협동co-operation'이라는 새로운 사상을 갈파한다. 그의 사상은 1810년대와 1820년대에 새로운 방향을 모색하던 영국 노동자들로부터 큰 반향을 얻어 오언주의 노동운동이 태동하게 되었다. 오언주의자들은 '협동'의 원리에 따라 노동자들이 조직할 수만 있다면 자본가나 노동 시장의 변덕에 휘둘리지 않고서도, 또 굳이 기계를 파괴하고 폭동을 일으키지 않으면서도 생산자이자 소비자로서 자신의 삶과 존엄을 지켜낼 수 있다고 믿었다. 그들은 소비자 협동조합, 생산자 협동조합, 또 서로가 생산한 물건을 노동 시간에 따라 자발적으로 교환하는 공정 노동 교환소 등 다양한 운동을 벌였다.

그 절정은 1832~1834년에 시도된 전국노동조합 대연맹이다. 로버트 오언이 제안하고 주도한 이 운동은 여러 직종의 노동조합과 각종 협동조합을 위시한 다양한 노동자 단체가 결성한 단일 노동조합이 자본가들로부터 산업을 인수해 스스로 운영해 보려는 시도였다. 이 운동은 시작하자마자 영국 전역에서 수십만 명의 노동자를 결집시키는 큰 운동으로 발전했지만, 크게 놀란 영국 정부와 지배 계급의 집중적인 탄압으로 결국 실패로 끝나고 말았다. 이후 영국의 사회주의 운동은 오랜 잠복기로 접어들지만, 그 씨앗은 이때 뿌려졌다.

유럽 대륙에서의 노동운동과 사회주의 운동은 영국과는 상당히 다른 길을 겪었다. 영국의 오언주의 운동은 노동자들의 참정권을 주장하던 차티스트 운동과 거의 관계를 맺지 않은 반면, 유럽 대륙에서는 노동운동과 사회주의 운동이 노동자들의 참정권과 국가 권력 장악을 목표로 하는 민주주의 운동과 전면적으로 결합한 것이다.

독일의 사회주의자 라살레Lasalle는 노동자의 삶을 보호하고 꽃피게 하려면 부르주아 권력에 맞설 수 있는 힘이 필요하며, 이 힘을 획득하기 위해서는 참정권 확대 등을 통해 노동자들이 민주주의를 확장하여 국가 권력을 장악하는 게 중요하다고 보았다. 라살레의 이런 구상은 후일 독일 사회민주당의 초석이 되었다.

민주주의의 확장을 통한 국가 권력 획득과 사회주의적인 사회 개조를 하나로 결합하는 사회민주주의 운동은 19세기 말 이후 산업 문명의 향방을 결정하는 중요한 세력의 하나로 자리 잡았다. 오늘날 많은 산업 국가에서 가장 중요한 정치 세력의 하나로 유지되고 있는 사회민주주의 정당은 이렇게 태동한 것이다.

기계제 시대의 도래는 사회와 문명 전체에 상전벽해의 대변혁을 가져왔다. 이 거대한 혼란의 와중에서 거센 저항이 발생하는 것은 당연한 일이었다. 특히 그중에서도 가장 큰 고통과 희생을 치러야 했던 노동자와 빈민은 사람이 기계제 생산의 주인이 되는 사회를 미래 비전으로 제시하는 운동을 전개하였다. 사회주의 운동은 이후 성공과 실패, 희망과 좌절, 혁신과 변질 등 무수한 우여곡절을 겪게 되지만, 그 시작의 뿌리는 어디까지나 이러한 '기계제 문명의 인간화'에 있었다는 점을 기억해야 한다.

산업혁명 이후의 세상

산업혁명이 서구, 나아가 인류 전체의 역사에서 차지하는 위치는 화산의 '마그마 방房'에 비유할 수 있다. 중세가 끝나고 '신'이라는 절대적인 기둥이 흔들린 이후 사방에서 이루어진 인류의 고민과 실험과 몸부림이 몇백 년간 각자의 흐름을 타고 집결한 결과물이 바로 산업혁명이기 때문이다. 이 산업혁명이 폭발하면서 여러 갈래로 터져 나간 마그마의 흐름은 다시 세상을 완전히 바꾸어 놓왔다. 이렇게 해서 생겨난 산업 문명은 정신적으로도 물질적으로도 이제 완전히 새로운 단계로 들어서게 되었다. 몇 가지의 굵직한 변화만을 살펴보자.

첫째, 인간의 경제 행위를 조직하는 핵심적인 기본 원리로 자본주의가 깊숙이 침투하게 되었다. '돈을 버는 기술'인 자본주의는 산업혁명 이전까지만 해도 생산 활동과는 큰 관계가 없었다. 15세기의 건축가 레온 바티스타 알베르티Leon Battista Alberti가 돈을 버는 방법으로 나열한 목록을 보면 도매 무역, 금은보화의 발견, 부자에게 잘 보여 상속자 되기, 고리대, 방목지나 말 등을 빌려주기 등이었다. 17세기의 한 논평가는 여기에 왕실에 봉사하기, 군인 되기, 연금술 등을 덧붙였을 뿐 어디에도 산업이나 제조업은 없었다. 하지만 산업혁명으로 대량 생산과 대량 소비가 가능해진 이후 돈을 버는 가장 확실하고 효과적인 방법은 바로 인간 세상의 생산 활동과 소비 활동을 지배하는 것이 되었다. 이제 자본주의의 지배를 받게 된 모든 인간관계는 칼라일의 유명한 표현대로 '현금 관계Cash Nexus'로 변했다.

둘째, 전쟁과 지정학의 차원이 완전히 달라졌다. 19세기 전반기, 유럽의 귀족과 보수 세력은 나폴레옹 전쟁 이후의 세상을 18세기로 되돌리기 위해 이른바 '빈 체제'라는 반동적인 국제 질서를 강요한 바 있었다. 하지만 유럽 전역으로 산업혁명이 퍼져 나가고 부르주아와 노동자 세력이 성장하면서 이러한 질서는 결국 1848년의 전全 유럽 혁명으로 무너져 버렸다. 이후 독일과 이탈리아가 통일되면서 유럽 전체의 보편적인 국가 형태가 된 국민국가들은 하나같이 산업혁명을 장려하고 또 제국주의 팽창을 통한 식민지 쟁탈전에 혈안이 되었다. 그들의 군사적 능력 또한 완전히 변한 상태였다. 무기와 군사 장비의 혁신은 말할 것도 없고 증기선과 철도 등 이동 수단의 혁신까지 겹치면서 이제 18세기와 같은 비좁은 유럽 대륙 안에서의 '세력 균형'의 시대는 끝나고 5대양 6대주를 전장으로 삼는 '세계 정치'의 시대가 열리게 되었다.

셋째, 지성사 또한 큰 변곡점을 만나게 되었다. 산업혁명을 기점으로 과학과 기술이 하나로 결합하기 시작하였고, 특히 대기업들이 스스로의 기술 개발 연구소를 만들어 내면서 양쪽의 '시너지'는 더욱 폭발적으로 발생하게 되었다. 이는 대학과 학문의 위상과 조직에도 근본적인 영향을 미쳤다. 그리스어와 라틴어 등의 고전과 신학을 가르치던 종래의 대학 대신 모든 학문에서 과학적 접근으로 새로운 발견을 꾀하는 이른바 '연구 대학'이 출현하고, 철학적 사변과 텍스트 암송에 기반하던 대학 교육에 과학적 연구의 방법이 도입, 확산되었다. 이는 자연과학뿐만 아니라 사회과학과 인문학에도 광범위한 영향을 미치게 되었다.

넷째, '개인의 시대'가 끝나고 대중 사회 나아가 전체주의 사회의 경향까지 나타나게 되었다. 산업혁명은 대량 생산과 대량 소비를 원리로 하는 사회를 가져왔다. 이러한 사회가 작동하기 위해서는 사회 전체가 기계적 합리성에 입각하여 집단적으로 통제되고 관리될 필요가 있었다. 이는 서구에서 19세기까지 발전해 온 개인과 자유라는 가치와 정면으로 충돌할 가능성을 품게 되며, 20세기에 들어오면 공산주의와 파시즘 등의 출현으로 가시화한다. 추위와 바람에 어쩔 줄 모르고 벌벌 떨던 인류는 프로메테우스가 불을 전해준 이후 자신 있고 생동력 있는 모습으로 바뀌었다. 이제 산업혁명으로 증기 기관과 내연 기관을 장착한 인류는 누구도 예측할 수 없는 방향으로 새로운 여정을 시작한 것이다.

거대 자본주의의 출현

자유무역, 대불황기

산업혁명을 통해 누구도 따라올 수 없는 산업 생산력을 지니게 된 '세계의 공장' 영국은 자신이 생산한 상품을 자유롭게 판매할 수 있는 시장의 확장을 국가적 이익으로 삼았다. 세계를 하나의 시장으로 통일하려는 것과 다름없는 이 목표를 위해 영국은 세계적인 자유무역 질서 수립에 적극적으로 나섰다. 1846년의 영국과 프랑스의 곡물 관세 철폐 조치 이후, 두 나라의 시장은 점점 더 통합되고 있었다.

마침내 1860년대에는 영국-프랑스의 통상 조약이 체결되었다. 프랑스는 수입 금지 품목을 해제하고 완제품에 대한 최고 관세율을 30퍼센트(당시로서는 무척 낮은 관세였다)로 인하하며, 각자가 제3국에 적용하는 가장 낮은 관세를 서로에게도 적용하는 최혜국 대우라는 파격적인 조치를 한 것이다. 이렇게 해서 성립한 영국-프랑스 자유무역의 축은 이후 폭발적인 속도로 확장되어 무수히 많은 나라들이 이와 거의 동일한 내용의 통상 조약을 체결해 나가고, 인류 역사상 처음으로 온 지구가 하나의 시장으로 통합되어 나가는 대사건이 벌어졌다. 물론 이러한 시장의 확장이 항상 평화적·자발적으로만 이루어진 것은 아니었다.

세계 시장에 참여하지 않으려고 쇄국을 단행하는 나라가 나타났다. 이 경우 영국이나 그 동맹국의 함대가 출동하여 함포 사격 등의 방법으로 무력적인 위협을 가하여 억지로 개항을 시키고 불평등 조약을 맺기도 했다. 아편전쟁으로 개항을 하게 된 청나라, 미국 '흑선'의 출현으로 개항을 하게 된 막부 말기의 일본, 운요호 사건으로 개항을 하게 된 흥선 대원군 치하의 조선이 모두 이 경우에 해당한다. 또한 영국은 남아메리카나 아시아의 나라들 중 자유무역 질서의 규칙을 제대로 이행하지 않는 (예를 들어 채무 불이행 등) 경우에도 함대를 파견하여 인근 바다에서 위협 사격을 가하는 이른바 '함포 외교'를 일삼았다.

1870년대가 되면서 지구상의 거의 모든 나라가 영국이 주도하는 자유무역 질서에 편입되었다. 하지만 이러한 자유무역 질서에는 모순이 있었다. 말이 '자유무역'일 뿐, 이는 사실상 제조업에서 압도적인 우위를 가진 영국과 유럽 각국이 막 시장을 개방한 비서구 국가들에 대해 일방적으로 이득을 취하는 불평등한 것이었기 때문이다. 제조업이 발달하지 못한 비서구 국가들은 농산물이나 원료 등을 수출하여 그 돈으로 서방 국가들의 제조품을 수입할 수밖에 없는 구조였기에, 교역 조건의 악화를 필연적으로 수반하여 만성적인 경상수지 적자에 시달렸다.

서구 국가에도 문제가 나타났다. 불공정 거래로 번 돈으로 자본을 축적한 서구 국가들은 넘쳐나는 투자로 인해 시장이 도저히 소화하지 못할 정도의 생산량을 내놓는 '과잉 생산'의 위험에 처했다. 1873년에 시작해 1896년까지 이어진 '대불황기'는 이러한 모순의 결과였다. 무려 23년이나 지속된 대불황기에 농산물 가격을 비롯한 제반 물가가 계속 하락하는 디플레이션의 위협이 전 세계를 덮쳐 수많은 기업이 파산하고 실업이 대량 발생하는 일이 벌어진 것이다.

어째서 이러한 장기간의 불황이 생겨났을까? 먼저 풍부한 농업 및 축산업 생산력을 보유한 나라가 세계 시장에 편입되고 그 상품이 전 세계로 유통되면서 농축산물 가격이 계속 떨어지게 되었다. 서방 국가 내 제조업의 세계에서도 대변혁이 벌어지고 있었다.

1860년대에 들어오면서 미국과 독일에서 2차 산업혁명이 본격적으로 시작된 것이다. 18세기 말의 1차 산업혁명이 면직물 등의 소비재에 집중되어 있었다면, 2차 산업혁명은 철강, 석유, 전기, 고무 및 화학 제품 등 소재와 원자재 등 분야에서 벌어졌고, 이는 산업 생산량 전체의 폭발적인 증가와 제품 가격의 하락을 가져왔다. 넘쳐난 풍요의 결과는 대파국이었다. 곡물 가격 하락으로 싼 곡물이 넘쳐났으며, 계속된 원자재 가격의 하락이 공산품 가격 하락으로 이어졌어도 포화 상태의 기존 시장은 더 이상 좀처럼 확장되지 않았다. 수많은 생산자가 어려움을 겪고 파산했다. 이러한 23년 '대불황기'의 상황은 자본주의의 모습을 그전과는 완전히 다르게 바꾸어 놓았다.

트러스트의 출현

특히 2차 산업혁명이 활발하게 일어난 미국과 독일에서 기업의 대형화가 나타났다. 이른바 '빅 비즈니스', '독점 자본주의'의 시대가 열린 것이다.

19세기 중반까지 영국이 표방하던 자유무역의 이상은 '시장 자본주의가 작동하는 드넓은 세계 시장에 수많은 수요자와 공급자가 공존하면서, 합리적이고 이상적인 자원 배분을 통해 모두에게 이익을 가져오는 것'이었다. 그러나 기업과 자본의 대형화가 진전하면서 자본주의는 힘과 크기와 모략이 난무하는 전혀 다른 게임으로 변질되었다. 2차 산업혁명을 거치면서 생산력은 폭발적으로 올라갔고, 기업들은 '규모의 경제'가 비용 절감 효과를 가져올 것으로 기대하며 자본과 생산 조직 확장에 나섰다.

하지만 시장은 전 세계적인 '대불황'으로 크게 위축되어 가는 형국이었고, 기업들은 줄어드는 시장을 놓치지 않으려고 엄청난 생산 능력을 가동하면서 가격 경쟁에 뛰어들었다. 그 결과는 가격 하락이었다.

가격 경쟁은 제품 가격만 떨어트리지 않았다. 1869년 2월 4일까지만 해도 곡물 100파운드당 1달러 80센트였던 뉴욕-시카고 화물 운임은 가격 전쟁이 벌어지면서 단 20일 만에 40센트로 떨어졌다. 7월에 전쟁이 끝나 가격이 1달러 88센트로 돌아가지만, 다시 새 가격 전쟁이 터지면서 8월에는 더 낮은 25센트까지 떨어지는 등 널뛰기가 계속되었다. 처음에는 이러한 파괴적 경쟁을 막기 위해 가격 담합, 이른바 '짬짜미'가 시도되었다. 동종 업계의 기업들이 서로 모여 일정 수준 이하로는 가격을 낮추지 말자는 '신사 협정'을 체결한 것이다. 하지만 기업가들은 '신사'가 아니었다. 가격 인하를 통해 시장 점유율을 더 올릴 수 있다는 유혹은 너무나 컸기에, 이러한 가격 담합은 깨지기 일쑤였다.

이 '목줄 끊기cutthroat' 경쟁에서 패배한 기업은 그대로 파산하거나 승리한 기업에 흡수되어 버렸고, 승자가 되어 시장을 독식하게 된 독점 기업은 더욱 크기를 불리는 과정이 곳곳에서 반복적으로 나타났다. 주요 산업 분야에서 시장을 지배하는 거대 기업들이 속속 등장하면서 기업의 대형화는 새로운 형태로 더욱 가속화되었다. 이른바 '트러스트'의 등장이다. 너무나 큰 덩치의 독점 기업 앞에서 감히 경쟁을 할 의사와 능력을 잃은 작은 기업들은, 자기 회사의 주식을 그 독점 기업에게 넘기고 대신 일정한 배당금을 받을 수 있는 증서를 받는다.

작은 회사들의 주주가 되어 그 회사들의 경영권까지 넘겨받은 그 독점 대기업은 업계 전체의 생산량과 가격 등을 마음대로 좌지우지할 수 있는 엄청난 권력을 쥐면서 '산업계의 지배자'가 되었다.

이 서사에서 존 록펠러John D. Rockefeller의 석유 회사 스탠더드 오일 Standard Oil 이야기를 빼놓을 수 없다. 이미 미국 석유 정제 능력의 90퍼센트 이상을 지배하던 스탠더드 오일은 1879년 약 30명의 석유 정제 업자 및 송유관 업자를 모아 놓고 트러스트를 형성했다. 이 트러스트는 불과 3년 뒤인 1882년에는 업계 전체 주식의 90퍼센트를 소유하게 된다.

이렇게 트러스트라는 틀로 기업들이 뭉쳐서 산업을 지배하는 관행은 순식간에 다른 업계로 확산되었다. 미국에서는 1890년대에 15개 이상의 대형 트러스트가 존재했으며, 참여 기업이 70~80개나 되는 것도 있었다. 이러한 자본의 대형화는 경제 생태계에만 영향을 끼치지 않았다. 대형 독점 트러스트들은 부와 이윤을 독차지했을 뿐 아니라 엄청난 사회적 권력까지 휘둘렀다. 이들이 미국의 민주주의를 위협한다는 여론이 높아졌다.

결국 이러한 트러스트들을 불법화시키는 내용의 법들이 마련되었고, 1911년 스탠더드 오일 트러스트 또한 강제로 해체되기에 이르렀다. 하지만 기업과 자본의 대형화는 이미 거스를 수 없는 자본주의의 발전 방향이었다. 트러스트를 금지하는 법령에도 불구하고 자본가 기업가들은 자신들의 기업 크기를 불리는 일에 혈안이 되며, 이에 거대한 인수·합병의 물결이 미국 자본주의 전체를 덮치게 되었다.

주식회사, 인수·합병, 지주회사

주식회사는 17세기 초 영국과 네덜란드의 동인도회사를 시작으로 탄생하였다. 주식을 소유한 주주들은 합자 회사의 동업자들과 마찬가지로 해당 기업에 대해 통제권을 가질 뿐만 아니라 그 이익을 배당받을 권리도 가진다. 하지만 이들은 설령 기업이 파산한다고 해도 자신들이 납입한 자본 이상의 배상 책임은 지지 않으며, 또한 자신들이 쥐고 있는 지분을 언제든지 시장에 팔 수도 있다. 이러한 방법으로 많은 투자자를 모아 큰 액수의 자본을 조달할 수 있지만, 소유권은 많은 이들에게 찢어져서 흩어지고 또 그 소유자도 항상 바뀌게 된다는 특성을 갖는 것이 주식회사이다.

19세기 초반까지의 기업 형태는 개인 회사이거나 기껏 5~6명의 동업자들이 함께 자본을 납입하여 마련하는 합자 회사가 주된 형태였다. 하지만 2차 산업혁명 이후 대규모 자본 조달이 유리한 주식회사가 전형적인 기업 조직 형태로 등장하게 되었다. 소수의 투자자에게 엄청나게 커진 기업의 자본을 의존하여 조달하는 이전 방식은 점차 사라졌다. 활성화한 자본 시장의 성격도 바뀌었다. 19세기 초만 해도 주식회사는 많지 않았고, 자본 시장은 주가의 등락을 노린 투기꾼들의 노름판으로 전락하는 경우가 많았다.

이제 엄청나게 늘어난 기업과 자본의 크기를 이러한 소수의 투자자에 의존하여 조달하는 것은 무리였다. 이에 대규모의 자본을 조달하기에 유리한 주식회사가 전형적인 기업 조직 형태로 등장하게 되었다. 자본 시장도 활성화될 뿐만 아니라 그 성격도 바뀌었다. 하지만 시간이 갈수록 자본 시장은 기업의 미래 수익성을 기준으로 판단하여 그 소유권을 매매하는 정규적인 시장으로 형태를 갖추어 자리를 잡아 갔다. 또한 여기에서 거래되는 주식의 총량도 어마어마하게 불어났다.

이 과정에서 인수·합병이라는 새로운 자본 축적 방법이 생겨났다. 주식회사들은 그 소유권을 대표하는 주식이 자본 시장에서 거래되고 있으니, 그 주식만 사고판다면 원하는 기업 어떤 것이든 취득할 수도 있고 또 양도할 수도 있게 되었다. 따라서 사업가들은 자기들에게 최대의 이윤을 가져다줄 수 있는 회사라면 무엇이든 사고팔아 원하는 모양의 크기와 업종으로 거대 기업 집단을 만들 수 있게 되었다. 이에 거대한 인수·합병의 물결이 일어났다. 여기에서 빼놓을 수 없는 중요한 참여자가 있으니 바로 투자 은행이다.

주식회사를 사고파는 인수·합병에는 굴지의 대기업이라고 해도 뜻대로 동원할 수 없는 막대한 규모의 자금이 필요했다. 미국의 전설적인 은행가 존 피어폰트 모건John Pierpont Morgan은 미국 은행계를 실질적으로 지배하면서 자본 시장에서 벌어지는 수많은 인수·합병에 압도적 영향력을 행사했다. 그는 엄청난 자금력을 동원해 금융 기관뿐 아니라 제조업 기업들의 인수·합병을 매개하고 주도하면서 자신의 이익을 최대한 거두었다.

주식회사를 사고파는 인수·합병에는 큰 규모의 자금이 드는데, 그러한 정도의 자금은 사실 굴지의 대기업이라고 해도 항상 뜻대로 동원할 수 있는 것이 아니다. 1913년경 미국 상원의 조사에 의하면, 모건 은행 집단은 무려 112개의 주식회사에 모두 341명의 이사들을 파견하고 있었다. 모건이 주도한 대규모 인수·합병의 대표적인 사례가 미국의 생산력을 상징하던 전설적인 철강 기업 유에스 스틸US Steel이었다. 철강 업계는 이미 강력한 대기업들 몇 개가 시장 점유율을 놓고 서로 으르렁거리는 과점 상태였다.

'철강왕' 앤드루 카네기Andrew Carnegie는 1900년까지 750개의 철강 회사를 하나로 합친 엄청난 대기업을 이룬 상태였지만, 아직도 시장에는 무시할 수 없는 생산 능력을 보유한 페더럴 스틸Federal Steel 등이 존재하고 있었다. 게다가 철강을 재료로 하는 완성품 분야의 트러스트들까지 철강 생산 쪽으로 관심을 돌리면서 철강 분야에서는 파괴적인 가격 전쟁의 전운이 다시 감돌았다. 자칫 철강 산업 전체의 파멸을 가져올지도 모를 이러한 상황에서 1901년 모건 은행 집단이 개입한다. 모건은 엄청난 자금력을 이용해서 카네기 스틸과 페더럴 스틸을 비롯한 무려 11개의 대기업을 하나로 합병하는 대업을 이루어내며, 역사상 최초로 기업 가치가 10억 달러를 넘는 초거대 기업 유에스 스틸을 탄생시켰다. 유에스 스틸은 단순히 대형 철강 회사라는 것 이상의 의미가 있다.

유에스 스틸은 제철 공정에서 시작하여 완성품에 이르는 여러 중간 생산 과정에 존재한 대기업 및 트러스트들을 모조리 병합하였기에 서로 간에 갈등이나 분쟁이 벌어질 소지를 모조리 내부화하여 그야말로 '독점 자본주의'의 전형적인 모습을 구현했다는 역사적 의미가 있다. 유에스 스틸은 그 운영 첫해인 1902년 이미 미국 내 모든 철강 제품의 67퍼센트를 생산했다. 이렇게 압도적인 부와 권력이 소수에게 집중되는 것에 사회도 반격을 시도하였다. 1911년 유에스 스틸은 반 트러스트법을 위반했다는 명목으로 록펠러의 스탠더드 오일과 마찬가지로 해체하라는 명령을 받았다.

하지만 유에스 스틸은 이러한 공세에 맞서서 성공적으로 자신을 지켜 냈다. 한편 20개의 기업으로 해체해야 했던 스탠더드 오일 또한 성공적으로 부활했다. 트러스트 형태 대신 모기업이 손자 기업의 주식도 소유하는 지주 회사라는 새로운 형태를 취한 것이다. 덕분에 스탠더드 오일은 다시 70개 이상의 기업은 직접 통제하고, 30개 이상의 기업은 간접적으로 통제할 수 있게 되었다. 이제 자본주의는 '빅 비즈니스'의 시대로 들어섰다.

'부재 소유자'와 '금칠갑 시대'

자본가 계급의 성격 또한 산업혁명 초기와는 크게 달라졌다. 18세기에 기술적 혁신을 이룬 기업가들은 그 스스로 산업 과정을 잘 아는 기술자들이기도 했다. 이들은 계산에도 능하고 사업 수완도 갖추었지만, 자신이 전문으로 하는 업계의 생산 과정 전체에 정통했다. 필요할 때는 직접 생산 과정에 뛰어들기도 했다. 하지만 20세기가 되었을 때 미국과 독일 등에 나타난 대자본가들은 그렇지 않았다. 이들은 오로지 어느 특정 기업의 수익성에만 관심을 둘 뿐 그 생산의 내용에는 무관심했다. 이들에게 개별 기업과 산업은 사회에 필요한 것을 조달하는 생산 조직이 아니라, 자신들의 사업 전략에 따라 이리저리 처분해 버리는 장기판의 말이나 다를 바가 없었다. 오로지 그 기업들을 어떻게 사고팔고 합치고 분해해야 자신이 보유한 자산 가치가 극대화될 수 있을까만을 생각했다는 점에서 이들은 엄밀하게 금융가들과 구별이 되지 않았다. 따라서 생산과 산업에 관심을 가진 이들이 드물었고, 전혀 모르는 경우도 드물지 않았다.

20세기 초 굴지의 석유 생산 업체들의 인수·합병을 주도하고, 나아가 중동 국가들과 영국 및 네덜란드와의 조약까지 맺게 하여 세계의 석유 생산 시스템을 확립하는 데 결정적인 역할을 했던 칼루스트 굴벤키안Calouste Gulbenkian이라는 인물이 있었다. 일이 모두 성사된 뒤 딸과 함께 지중해로 여행을 떠났던 그는 바다 위에 엄청난 크기의 배가 다니는 것을 보고 딸에게 묻는다. "얘야, 저게 무슨 배냐?" "저게 유조선이에요, 아버지". 굴벤키안은 유조선을 한 번도 직접 본 적이 없던 것이다. 이러한 새로운 종류의 자본가들을 미국의 경제사상가 소스타인 베블런Thorstein Veblen은 '부재 소유자'라고 불렀다. 옛날 유럽에 있었던 '부재 귀족'을 빗댄 표현이다.

중세의 귀족들은 자기가 살고 있는 영지뿐 아니라 전쟁, 상속, 결혼 등의 방법으로 유럽 곳곳에 흩어진 영지들을 자기 것으로 차지하는 일이 많았다. 그렇기에 귀족이 영지에 없는 경우가 많았다. 베블런이 볼 때, 이 새로운 자본가들에게 기업 조직은 그 부재 귀족들의 영지와 마찬가지로 오로지 권력을 행사하고 수익을 취하는 대상에 지나지 않았다. '부재 소유자'는 점잖은 편이었다. 20세기 초 사람들은 새로운 자본가들에게 베블런보다 더 노골적인 '날강도 귀족들robber barons'이라는 명칭을 붙였다.

베블런은 이 새로운 종류의 자본가들에게서 또 다른 특징을 발견했다. 바로 '과시적 소비'였다. 이들은 막스 베버가 이야기한 이른바 초기 청교도들의 검약 청빈과는 정반대의 삶을 사는 이들로서, 사람들의 상상을 초월하는 낭비와 사치를 과시하는 것을 자신의 임무로 삼았다. 기본적으로 이들이 살고 있는 집은 몇백 개의 방을 가진 글자 그대로 궁궐이었으며, 그 안에는 유럽에서 가져온 온갖 고가의 미술품과 조각 들로 꽉 차 있었고, 정원은 너무 넓어 철도가 깔린 경우까지 있었다. 강아지에게 당시 가치로 1만 5000달러짜리 금목걸이를 채우고, 아이에게는 1만 달러짜리 유모차를 사주기도 했다.

첫 항해에서 침몰한 타이타닉호는 이 당시의 과시적 소비를 상징한다. 이 시대를 '금칠갑 시대Gilded Age'라고 부른 이유가 달리 있었던 게 아니다. 하지만 금칠갑 시대는 수많은 사람이 엄청난 부의 불평등에 시달린 시대였다. 상위 1퍼센트의 부자가 국민소득의 5분의 1 이상을 가져가는 반면 빈곤과 장시간 노동에 신음하던 농민과 노동자들은 거센 포퓰리즘 운동과 끝없는 노동 쟁의를 일으키고 있었다. 자본주의는 '보이지 않는 손'의 인도에 따라 모든 개인과 사회 전체의 행복이 달성되는 이상 사회가 아니라, 극소수의 사람들에게 엄청난 부와 권력이 집중되는 부조리한 체제로 변해 가고 있었다.

제국주의의 발호

식민지와 노예제

서유럽의 전 세계적 팽창은 15세기 말에 본격화한 '지리상의 발견' 또는 '대항해 시대'의 전개와 함께 시작됐다. 포르투갈, 스페인, 영국, 프랑스, 네덜란드 등 서유럽 나라들에서는 전 세계로 온 힘을 뻗치기 위해 국가 권력과 상인 부르주아 세력이 하나로 뭉쳤다. 이들이 자신의 세력권을 형성하고 경영하는 데에는 크게 두 가지 목적과 형태가 있었다.

첫 번째는 주요 무역 거점의 확보다. 이들에게는 약탈과 무역의 대상인 아메리카 대륙과 아시아를 유럽의 자국과 연결하는 항로에 주요 거점을 확보하는 것이 무엇보다 중요했다. 이를 위해 이들은 치열한 경쟁과 암투를 벌였다. 현지 토착 세력의 반발도 군사적으로 제압했다. 이렇게 확보한 거점을 자신들이 관리하고 지배하는 무역항으로 만들었다. 두 번째는 식민주의이다. 앞에서 말한 유럽 국가들은 아시아와 아메리카 대륙에서 자신들이 관리하고 지배하는 지역을 '영토'라고 선언한 후 자국의 인구를 이식, 정착시켰다. 이른바 식민지colony의 건설이다.

식민지에는 두 가지 유형이 있다. 첫째는 기후가 온화하고 토양이나 식생이 유럽 본토와 비슷한 곳에 유럽 백인들이 이주하여 정착촌을 건설한 유형이다. 나중에 캐나다와 미국으로 독립하는 북아메리카 대륙의 여러 식민지와 남아메리카의 아르헨티나 등이 이 경우에 들어간다. 둘째는 적도 주변의 담배, 사탕수수, 면화, 커피 등 유럽의 기후와 토양에서 자라날 수 없는 원료 식물들을 대량으로 재배하는 대농장을 건설하고 경영하는 유형이다. 두 번째 유형의 경우, 경작 노동은 아프리카 대륙에서 강제로 끌고 온 노예들이 담당했다. 대농장에서 절대적으로 중요한 '생산 수단'이 된 노예 노동은 체계적·조직적으로 이루어졌다.

주로 카리브해 인근의 섬과 중남아메리카 지역에 위치한 대농장의 노예는 대서양 건너편 아프리카에서 끌려왔다. 유럽인들은 서아프리카 다호메이 왕국 등 흑인 부족과 관계를 맺은 후 총포류 등 무기를 제공했다. 다호메이 등 무기를 받은 흑인 부족은 매년 이웃 부족을 대상으로 '노예 사냥'을 벌여 붙잡힌 흑인들을 대서양 건너편에 노예로 조달했다.

유럽인들은 그렇게 조달된 흑인 노예들을 대서양 건너편으로 수송하는 노예 무역을 대규모로 조직하였다. 흑인들은 온몸이 쇠사슬로 묶인 채 짐짝처럼 촘촘히 배에 실려 기아와 질병 등으로 무수히 죽어 가면서 대서양을 건너갔다. 이는 역사상 최대 규모의 강제 이주로서, 1492년에서 1820년 사이에 아메리카 대륙으로 이주한 이들 중 흑인들의 숫자는 백인들의 5~6배에 달한다. 로빈슨 크루소의 저자 대니얼 디포Daniel Defoe는 "아프리카 무역이 없으면 흑인들도 없고, 흑인들이 없으면 설탕도 없고, 설탕이 없으면… 무역도 없다. 즉 아메리카 대륙과의 무역도 서인도 제도와의 무역도 없는 것이다"라고 말했다.

이렇게 아프리카 원주민들을 노예로 동원하는 초기 식민주의는 영국과 유럽의 초기 자본주의 발달과 자본 축적에서 결정적인 역할을 하였다. 하지만 이 과정에서 살던 곳에서 뿌리가 뽑혀 생전 처음 보는 곳으로 끌려가 '인간 짐승'인 농장 노예로 전락하게 된 아프리카인들은 물론이고 아프리카 대륙에 살고 있는 사람들 전체가 돌이킬 수 없는 상처를 안게 되었다.

노예제가 남긴 상흔(아이티의 사례)

아프리카 대륙 특히 사하라 사막 남쪽 지역의 나라들은 지금도 경제적 저발전 상태에 시달리고 있는 경우가 많다. 1950년에서 2000년 사이 이집트와 북아프리카의 다른 국가들의 평균 성장률은 대략 세계 평균과 비슷한 연 2퍼센트 정도였다. 반면, 에티오피아, 가나, 잠비아의 연평균 성장률은 고작 0.3퍼센트였다. 어째서 같은 아프리카 대륙 안에서 이러한 차이가 나타난 것일까?

경제학자 네이선 넌Nathan Nunn 등은 그러한 성장 지체의 원인을 사하라 사막 남쪽 지역을 오랫동안 괴롭혀 온 노예 무역의 역사적 유산이라고 진단하였다. 노예 무역은 이 지역 사람들에게 그야말로 '사람들이 무더기로 사라지는' 재앙이었다. 1600년에서 1850년 사이 대서양 너머로 잡혀간 사람들의 숫자는 1300만 명으로 추산된다. 1700년경의 아프리카 인구가 대략 6000만 명이었다는 점을 생각해 보면, 이는 실로 무서운 일이다. 가령 대한민국 인구를 대략 4500만 명으로 친다면, 매년 4만 명씩 어디론가 사라지는 일이 250년 동안 계속된 셈이다. 게다가 이들이 노예로 끌려가는 과정, 즉 '노예 사냥'은 주로 같은 아프리카 사람들에 의해서 행해졌다. 바로 옆 나라, 바로 옆 부족, 바로 옆 마을, 심지어는 바로 옆집의 사람들이 언제 노예 사냥꾼으로 돌변해서 나와 내 가족을 꽁꽁 묶어 노예로 팔아 버릴지 모르는 상황이 몇백 년 동안 펼쳐진 것이다.

이렇게 오랜 시간 노예 약탈이 이 지역 사람들의 삶에 일상으로 자리 잡으면, 사회를 믿지 못하는 문화가 뿌리 깊게 자리 잡게 된다. 이러한 상호 불신의 문화는 제2차 세계대전 이후 서양 식민주의자들이 떠나고 치안과 행정의 공백 상태가 나타나자 파괴적인 내란을 비롯하여 심지어 인종 청소까지 여러 사회 갈등으로 이어지게 된다. 시장 경제는 사회 성원 간의 신뢰라는 사회적 자본이 충분히 있을 때만 제대로 작동할 수 있다. 하지만 이러한 끔찍한 상태를 장기간에 걸쳐 겪어야 했던 사하라 사막 이남의 아프리카 지역은 그러한 사회적 자본이 축적되기 힘든 상태가 되어 있었다.

대서양을 건너 아메리카 대륙으로 끌려간 노예들은 이보다 더 나은 운명을 얻게 되었을까? 19세기 중반을 전후해 노예제는 사라졌고 이들도 명목상으로는 해방을 맞게 되었다. 하지만 2010년대 미국 사회를 뒤흔들어 놓은 '흑인들의 목숨은 중요하다Black Lives Matter' 운동에서 보듯, 이들 또한 체계적 인종 차별 등 과거의 역사적 상처의 족쇄에 붙들려 지금까지 고통을 받고 있다. 이를 극적으로 보여 주는 사례로서, 아이티 공화국이 겪어야 했던 일을 살펴보자.

지금의 아이티 공화국은 18세기 말까지 프랑스의 부를 떠받친 가장 중요한 식민지의 하나인 생도맹그Saint-Domingue라고 불리는 곳으로, 유럽에서 소비되는 전체 설탕의 40퍼센트 그리고 커피의 60퍼센트를 생산하고 있었다. 주민들의 압도적 다수는 아프리카에서 끌려온 흑인 노예들이었다. 1791년, 프랑스 대혁명의 사상적 영향을 받은 이곳의 흑인 노예들은 혁명을 일으키며, 프랑스 본국과의 오랜 전쟁을 치른 후 마침내 1804년 1월 1일 노예 해방과 독립을 쟁취했다.

하지만 황금 알을 낳아 주던 대농장과 그곳의 노예들을 빼앗긴 프랑스인 농장주 및 노예주들은 신생 아이티 공화국에 큰 불만을 품고 다각적인 방법으로 압박, 고립시키려 했다. 이로 인해 아이티 공화국은 독립 이후에도 많은 어려움을 겪게 되었다.

1825년 프랑스는 아이티 공화국에서 노예 소유주들에게 보상금을 지급한다는 약속을 받고 아이티 공화국에 대한 침략 위협을 중지했다. 그러나 보상금의 액수는 터무니없이 컸으며 산정 방법과 지불 조건은 가혹했다. 보상금은 무려 1억 5000만 금본위 프랑으로 책정됐다. 당시 아이티 공화국 국민소득의 3배나 되는 이 금액은 혁명 이전의 노예 가격과 대농장의 수익성을 기초로 산정된, 참으로 모욕적인 것이었다. 프랑스 정부는 이 엄청난 금액을 연리 5퍼센트로 5년 안에 완납하라는 조건을 걸었다. 아이티 공화국에는 선택의 여지가 없었다. 프랑스 은행에서 차입, 분할 상환하기로 했다.

이제 노예 해방의 대가는 프랑스 은행들에 대한 엄청난 액수의 부채로 변했다. 연 5퍼센트의 이자 액수만도 어마어마했다. 혁명과 혼란으로 찢어져 있는 신생 국가 아이티는 원금 상환은 말할 것도 없고 이자를 지불하는 것만도 큰 고통이었다. 아이티 공화국은 1849년부터 1915년까지 대략 연간 국민소득의 5퍼센트를 프랑스 채권자들에게 지불했다. 중간에 채권자가 미국으로 바뀌기도 했는데, 미국은 채권자의 권리를 지킨다는 명분으로 1915년부터 1934년까지 아이티를 점령하기도 했다.

아이티 사람들의 부채 지불은 1950년까지 계속됐다. 1825년부터 부채가 소멸되기까지 무려 125년이라는 장구한 세월 동안 아이티의 '해방된' 노예들은 프랑스의 '부채' 노예로 살았던 것이다. 아이티라는 신생국이 자본을 축적하여 경제와 산업을 일으켜 건강한 나라를 세우는 일은 불가능했다. 오늘날까지도 빈곤과 저발전, 정치 불안에 자연재해까지 겹쳐서 힘든 상황을 헤쳐 나가고 있는 아이티 공화국의 문제는 절대 그들만의 책임이 아니었다. 125년이라는 장구한 세월에 걸쳐 아이티 '노예들'의 '몸값'을 악착같이 뜯어낸 식민 제국들의 책임이 훨씬 크다고 보아야 한다.

새로운 제국주의의 출현

하지만 19세기 중반 산업혁명의 여파로 자유주의 사상과 자유무역 질서가 유럽 각국으로 확산되면서 식민주의와 노예제도는 내리막길로 접어들게 되었다. 먼저 유럽 각국은 산업혁명을 거치면서 엄청난 생산 능력을 가지게 되었으므로, 면직물의 경우에서 보듯 필요한 물건이 있으면 수입을 하는 것보다는 자체적으로 생산하는 것이 더 용이한 경우가 많았다. 게다가 짧은 기간이지만 자유무역 질서가 전 세계로 확산되면서 필요한 것들은 그냥 사들여 오는 편이 훨씬 낫다는 생각이 함께 퍼져 나갔다.

식민지를 유지하는 데는 엄청난 비용이 들어간다. 따라서 식민주의는 절대주의 시대의 낡은 유산에 불과한 시대착오적 관행이라는 생각이 지배적 위치를 차지하게 되었고, 식민지는 전 영국 수상 윌리엄 글래드스턴William Gladstone의 표현처럼 "목에 걸린 맷돌" 만큼이나 부담스러운 존재로 여겨지게 되었다. 이와 궤를 같이하여 인간의 자유와 평등에 기초하여 노예제의 철폐를 주장하는 자유주의 사상이 널리 퍼지기도 하였다. 그리하여 미국의 노예 해방을 정점으로 노예제와 식민주의는 퇴조하는 흐름이 나타났다.

하지만 1880년대로 들어서게 되면서 상황이 역전되었다. 유럽의 주요 국가들은 모두 해외에 식민지를 얻기 위해 혈안이 되었다. 특히 아프리카 대륙은 이들의 각축전에 그야말로 잔칫날의 케이크 조각처럼 이리저리 나뉘어 식민지로 변했다. 한때 사라지는 듯 싶던 식민지 쟁탈전은 왜 19세기 후반에 새롭게 불타오르게 된 것일까? 이에 대해서는 역사가들과 사회과학자들 사이에 긴 논쟁이 있었고, 아직도 확고한 결론이 나온 것은 아니다. 하지만, 그 배후에 산업혁명 그리고 자본주의의 성격 변화가 있음은 분명하다.

새롭게 나타난 독점 기업들에게 절실한 것은 첫째, 대량 생산에 필요한 원자재를 싼값으로 들여올 수 있는 수입처를 안정적으로 확보하는 것, 둘째, 자신들이 대량 생산으로 쏟아 내는 상품을 흡수해 줄 수 있는 시장을 확보하는 것이었다. 하지만 이 두 가지 과제는 자유무역이라는 국제 질서에 그냥 맡겨 둔다고 해결되는 일이 아니었다. 자유무역 질서에서 원료 시장으로부터의 수입 가격은 불안정하게 오르내릴 수 있으며 이는 고스란히 독점 대기업들의 생산 비용 증가로 이어지게 되어 있다. 뿐만 아니라 장기적인 대량 생산에 절대적으로 필요한 원료의 조달을 불확실한 세계 시장에 그대로 맡겨 둘 수도 없는 일이었다.

또 1873년에 시작된 '대불황' 이후 국내적으로나 세계적으로나 상품 시장은 좁아지고 있었으며 판매 가격도 떨어지고 있었다. 안정적인 원자재 조달과 풍부한 상품 시장 확보라는 두 마리 토끼를 함께 잡기 위해 식민지 획득과 팽창이라는 갈망이 크게 나타난 것이다. 하지만 제아무리 독점 대기업이라고 해도 스스로 이러한 일을 이룰 수는 없었다. 이러한 제국주의로의 전환은 국가가 주체로 나설 수밖에 없는 일이었다.

독점 대기업이 이루어 낸 무역 흑자는 국가에도 이익이었다. 이는 국가가 적극적으로 나설 충분한 이유가 되었다. 자유무역 질서와 함께 자리 잡은 국제 금본위제 아래에서 모든 국가는 자국 통화를 일정한 가치로 유지하지 않으면 안 되는 제약을 안고 있었다. 무역 흑자를 내지 못하여 국내의 금이 계속 유출되고 자국 통화의 가치가 위협을 당하게 될 경우, 국내 경제가 타격을 입어 실업이 늘어날 수밖에 없으며 국가의 재정 지출 능력도 제약당하여 각종 사회 지출도 줄일 수밖에 없게 된다. 이는 심각한 사회적 갈등과 혼란을 가져올 수밖에 없으니, 19세기 후반기에 보편적으로 확립된 각 국민국가의 입장에서는 도저히 받아들일 수 없는 위협이었다. 결국 자유무역 질서가 깨지기 시작했다.

국민국가는 무역 흑자를 지속적으로 유지해야 한다는 압박을 받게 되며, 이에 보호 무역과 식민지의 획득 및 팽창을 요구하는 독점 대기업의 요구에 적극적으로 협력하고 유착하게 된다. 이를 어떤 이는 독점 대기업이 국가까지 끌어들여 이익을 함께하는 독점체를 형성했다는 의미에서, '국가 자본 트러스트'라고 부르기도 했다. 막강한 군사력을 가진 국가와 막강한 생산력을 가진 독점 대기업이 하나로 결합된 이 '국가 자본 트러스트'들은 전 세계의 '빈 땅'들을 자국 영토로 편입시키기 위해 폭주하는 기관차처럼 세계를 질주하면서 서로 충돌한다. 바야흐로 제국주의 경쟁의 시대가 열린 것이다.

제국주의 경쟁과 식민지의 분할

19세기 이전 식민주의와 19세기 말 제국주의 사이의 가장 큰 차이점은 전자가 해상 무역과 관련된 아시아 아프리카 연안 지역에만 영향을 미쳤다면 후자는 연안 지역을 지나 내륙 깊숙이 들어가기 시작했다는 점이다. 19세기 말, 아프리카의 풍부한 자원을 먼저 차지하기 위해 군대와 기업을 마구잡이로 아프리카 대륙 내부로 밀어 넣던 유럽 국가들은 자기들끼리의 '경쟁'이 과열되고 있음을 깨달았다.

과열된 경쟁을 식히기 위해 1885년 독일 오토 폰 비스마르크 Otto von Bismarck 수상의 주도로 베를린 회의가 열리게 된다. 독일, 영국, 프랑스, 포르투갈, 벨기에 등 14개 나라가 참여한 이 회의에서

'유효 점유의 원칙'이 중요 사항으로 합의됐다. 예전의 스페인이나 포르투갈처럼 어느 지역을 자신들의 영토라고 선언하는 것만으로는 부족하며, 해당 지역에 군대와 행정 단위를 건설해 실질적인 통치 구조를 세워야 한다는 게 이 원칙의 핵심이다. 그러나 정작 당사자인 아프리카 나라들은 전혀 참여하지 않았다. 이후 유럽 열강은 경쟁적으로 아프리카 곳곳을 점령해 불과 30년 만에 아프리카 대륙 전체의 90퍼센트 이상을 식민지로 분할했다.

베를린 회의는 또 노예 무역을 명시적으로 금지했다. 그러나 식민지 분할 과정에서 아프리카 원주민들은 새로운 종류의 억압과 질곡에 시달리게 되었다. 벨기에 국왕 레오폴트Leopold 2세의 '사유지'였던 콩고가 그 극단적 사례다. 콩고의 가장 풍부한 자원인 천연 고무 수확을 늘리기 위해 레오폴드 2세는 콩고 주민을 강제 노동에 동원하고 할당량을 부여했으며, 할당량을 채우지 못하거나 강제 노동에 저항하는 사람은 손과 발을 자르는 등 끔찍한 처벌을 가했다. 마을 전체를 불태우고 주민을 학살하는 일도 드물지 않았다. 그 결과 이 시기에 콩고에서 학살, 기아, 질병 등으로 인구가 1000만 명이 넘게 감소하는 참극이 벌어졌다.

제국주의의 식민지 경쟁은 아프리카에만 국한되지 않았다. 이미 영국의 확고한 식민지가 된 인도에 이어 광활한 아시아 대륙 전체가 식민 분할의 대상이었다. 자원과 인력이 풍부한 동남아시아 지역 대부분은 프랑스, 네덜란드, 영국 등의 직접적인 식민지로 전락했다. 공식적인 식민지가 되지 않은 지역이라도 분명한 주권국가가 아니면 모두 서양 열강의 뜻대로 자원 채취와 철도 부설 등을 둘러싼 이권이 나뉘고 행정·사법권까지 간섭받는 반식민지가 되었다. 청나라 말기 이후의 중국이 대표적인 예라고 할 수 있다. 반면,

강력한 주권을 주장할 수 있는 국민국가를 건설해 이런 운명에서 벗어난 나라도 있었다. 메이지 유신 이후 부국강병을 이룬 일본이 그런 나라다. 하지만 이는 거의 유일한 예외일 뿐, 근대적 국민국가 건설에 실패한 지역은 모조리 제국주의 열강의 직접 간접적인 지배를 받는 운명에 처하였다.

유럽 사람들은 이러한 정복과 팽창에 대해 어떤 생각이었을까? 죄의식을 느낀 사람이 없지는 않았으나 다수는 아니었다. 이를 정당한 일일 뿐 아니라 고귀한 사명이라고까지 생각한 사람이 더 많았다. 이들은 자신들이 미개한 야만인에게 문명의 빛을 뿌려 개화시키고 '사람답게' 살도록 해주는 사명을 수행한다고 여겼다. 시인 러디어드 키플링Rudyard Kipling 같은 이는 이렇게 "고통스러운 사명을 떠맡을 수밖에 없는 운명"을 "백인들의 짐"이라고 노래하기까지 했다.

19세기 말과 20세기 초 유럽을 풍미한 사회적 다윈주의도 제국주의를 정당화한 사상이다. 이 사상의 창시자는 다윈이 아니라 허버트 스펜서Herbert Spencer다. 스펜서는 자연 선택Natural Selection이라는 다윈의 본래 사상을 '적자 생존Survival of the Fittest'으로 왜곡하여 힘이 가장 센 존재가 다른 모든 약한 존재를 짓누르고 정복하는 것이야말로 자연의 섭리라는 주장으로 바꾸었다. 강한 민족이나 인종이 약한 민족과 인종을 정복하는 것은 당연하고 자연스러운 진화의 과정이라는 억지였다. 다윈의 뜻은 '최적자the Fittest'가 아니라 '적응자the Fitted'이다.

19세기는 시민혁명을 통한 자유, 평등, 그리고 자유무역을 통한 평화와 진보라는 이상으로 시작되었다. 하지만 19세기가 끝날 무렵에는 국기와 총칼을 앞세운 유럽 열강의 제국주의가 전 세계를 갈가리 찢어 놓았고, 약육강식이라는 적나라한 권력의 논리가 지배하는 세상이 불길한 모습을 드러내기 시작했다. 두 차례의 세계대전과 전체주의라는 20세기 악몽의 씨앗은 이때 뿌려졌다고 볼 수 있다.

마르크스, 마르크스주의, 공산주의

카를 마르크스는 19세기 특히 20세기에 미친 영향으로 보면 일개 사상가의 범주를 넘어선다. 그가 인류 역사에 미친 영향력을 예수나 무함마드에 비유하기도 하는 사람도 있다. 실제로 마르크스주의는 19세기 말 전 세계의 노동운동을 장악하고 가장 강력한 정당들을 만들었을 뿐 아니라, 이후에도 여러 조류로 갈라지면서 현대의 사상이 형성되는 데 지대한 영향을 미쳤다. 게다가 공산주의는 한때 전 세계 인구의 약 30퍼센트가 살고 있는 정치·경제 체제의 위치를 지녔을 뿐만 아니라, 그 특유의 '세계 혁명 전략'으로 전 지구적인 지정학적 구조를 석권하기도 했다.

문제는 이 엄청난 영향력을 그 성과에 있어서나 해악에 있어서나 모두 마르크스에게 원인을 돌릴 수 없으며, 심지어 마르크스주의에 다 돌릴 수도 없다는 점이다. 마르크스의 사상이 마르크스주의, 공산주의로 전개되어 나가면서 그 현실적인 힘은 갈수록 더 커져 갔지만 그 내용과 성격은 환골탈태에 가깝도록 변질되었기 때문이다. 공산주의 사상의 모든 해악을 마르크스주의의 문제로 돌릴 수도 없고, 마르크스주의 사상의 문제점을 모두 마르크스 본인에게 돌릴 수도 없다. 이는 그 성취에도 마찬가지이다.

하나의 사상이 시간이 지나면서 그 최초 주창자의 생각과 거리가 멀어지는 일은 지성사에서 흔하게 벌어지는 일이지만, 이탈의 폭과 변질의 속도에서 이렇게 극적인 경우는 찾아보기 힘들다. 마르크스, 마르크스주의, 공산주의는 마치 불가분의 관계인 것처럼, 심지어 완전히 동일한 것인 것처럼 여겨질 때가 많았고, 그 결과 숱한 오해와 혼동을 낳기도 했다. 이러한 문제를 해결하기 위해서 마르크스, 마르크스주의, 공산주의를 각각 별개의 사상 원천으로 보고, 그 셋이 각각 생겨나고 발전하고 한계에 부딪힌 과정을 시간 순서대로 살펴보자.

마르크스

1)《공산당 선언》의 혁명가

카를 마르크스는 인간 본성을 '노동하는 존재', 사회의 기본적 성격을 '생산 활동의 공동체'로 봤다. 카를 마르크스는 이 두 가지 독창적 관점으로 인류 지성사에서 부동의 위치를 차지했다. 그는 이러한 인간관과 사회관을 기초로 인류의 역사 전체를 관통하는 진화의 법칙을 발견하고, 그가 산 격동의 19세기 사회를 과학적으로 분석했다. 모든 착취와 억압이 사라진 상태에서 모든 개개인의 정신적·육체적 가능성이 활짝 피어나는 이상적인 사회를 건설하는 방법을 찾아내고자 했다.

마르크스가 이러한 생각을 얻게 된 계기는 무엇보다 19세기 초 영국 사회를 강타한 후 유럽 대륙으로 밀려 들어온 산업혁명의 충격파였다. 그는 1844년 프랑스 파리에 머물던 프리드리히 엥겔스 Friedrich Engels를 만나 평생의 벗이자 동지로 지냈다. 마르크스는 엥겔스를 통해 산업혁명의 현실과 노동 계급의 참상에 대해 소상히 알게 되었다. 한편에서는 엄청난 물질적 부가 축적되고 상품이 쏟아져 나오고 있는데, 다른 한편에서는 그것을 생산하는 데 투입된 노동자들이 인간 이하의 조건에서 신음하고 있다니?

인간을 인간으로 만드는 가장 소중한 능력은 바로 노동에 있건만, 그리고 바로 그 노동을 몸소 수행하는 이들의 능력에 기대어 온 사회가 일찍이 없던 풍요를 구가하고 있건만, 어째서 막상 그 노동의 주체인 노동자들은 이러한 상태에 처해야 하는가? 마르크스와 엥겔스는 이 기막힌 역설을 설명하기 위해 철학적 연구와 역사적 연구를 병행했다. 마르크스는 이때 둘이 도달한 잠정적 결론을 훗날 다음과 같은 유명한 문장으로 요약하였다.

사회적 생산에서 인간은 자신의 의지와는 무관하게 일정한 관계, 즉 생산 관계를 맺게 된다. 이 생산 관계는 그들이 사용하는 생산력의 일정한 발전 단계에 상응한다. 이러한 생산 관계의 총체는 사회의 경제적 구조를 형성하며, 이는 법적·정치적 상부 구조의 토대이고, 특정한 형태의 사회적 의식이 이에 상응한다. 물질적 생활의 생산 방식은 사회적·정치적·정신적 생활 과정을 전반적으로 규정한다. 인간의 의식이 그들의 존재를 규정하는 것이 아니라, 오히려 사회적 존재가 그들의 의식을 규정한다. 사회의 물질적 생산력은 일정한 발전 단계에 도달하면 기존의 생산 관계, 즉 그 생산력이 작동해 온 소유 관계의 틀과 갈등을 일으키게 된다. 이러한 관계들은 생산력 발전의 형식이 아니라 그 족쇄로 변한다. 그리하여 사회혁명의 시대가 시작된다. 경제적 토대에서의 변화들은 조만간 엄청난 규모의 상부 구조 전체의 변혁으로 이어지게 된다.

생산력의 발전 수준에 따라 사회는 일정한 생산 관계를 맺게 되며, 그 생산 관계는 생산 수단을 누가 소유하느냐에 따라 피지배 계급과 지배 계급으로 나뉜다. 특히 자본주의에서는 지배 계급인 자본가들이 생산 수단을 독점하고 있으며, 그들은 생산 수단에서 완전히 배제당한 채 노동 능력만 있는 노동 계급을 지배하면서 그들의 생산물을 가져간다. 자본주의적 생산 관계에 기초하여 성립한 법적·정치적 관계는 이러한 착취 관계를 정당화하고 강제한다. 한때는 부르주아 또한 봉건 귀족들에게 그렇게 수탈당하는 피지배 계급의 신세였다. 하지만 생산력이 발전하면서(산업혁명) 봉건사회의 생산 관계가 해체되고, 자본주의적 생산 관계가 확립되면서 봉건제의 법적·정치적 상부 구조가 무너지게 되었고(시민혁명), 생산 수단을 소유한 자본가 계급이 지배 계급으로 올라서면서 부르주아들이 노동자들을 피지배 계급으로 수탈하는 관계가 굳어지게 되었다.

여기에서 흥미진진한 추정이 가능해진다. 앞으로 생산력이 더 발전하면 어떤 일이 벌어질까? 봉건제가 무너지고 자본주의가 확립되면서 지배 계급이던 귀족이 소멸하고 부르주아 자본가 계급이 새로운 지배 계급이 되었듯, 자본주의 체제도 언젠가 무너지게 되고 새로운 생산 관계가 확립되지 않을까? 과거 피지배 계급이던 노동자 계급이 새로운 지배 계급이 되어 과거의 지배 계급 부르주아 자본가 계급을 되려 수탈하는 일이 벌어지지 않을까? 그 결과 인류는 더 높은 생산력뿐 아니라 생산 수단의 사적 소유 자체가 사라져 인간이 인간을 착취하는 일이 없는 정의롭고 인간다운 사회로 발돋움하지 않을까? 마르크스와 엥겔스는 노동자들을 '생지옥'으로 몰아 넣은 자본주의라는 역사 발전의 과정이 오히려 인류를 '풍요롭고 정의로운 공산주의'라는 낙원으로 데려다줄 것이라는 또 하나의 기막힌 역설을 찾아낸 것이다.

그들은 뛰어난 사상가였지만 피 끓는 혁명가이기도 했다. 따라서 자신들의 철학적 역사적 연구에서 나온 이러한 '풍요롭고 정의로운 인간적인 낙원', 즉 공산주의 사회를 향한 혁명의 비전을 소책자에 담아 출간하였다. 이들의 역사적인 문서 《공산당 선언Das Kommunistische Manifest》은 1848년 2월 출간됐다.

거의 같은 때에 프랑스에서 루이-필리프Louis-Philippe 왕정이 혁명으로 무너졌고, 이 혁명은 들불처럼 유럽 전역으로 번져 갔다. 이른바 1848년 혁명이 시작된 것이다. 그리고 이 혁명에서는 이전과 달리 노동자 계급이 뚜렷하게 존재를 드러냈을 뿐만 아니라, 프랑스와 같은 곳에서는 명백하게 사회주의적 요구를 내걸고 자본가 계급과 적대적 관계를 연출하기도 했다. 마르크스와 엥겔스는 사회주의 혹은 공산주의 사회를 가져올 노동자 혁명이 다가오고 있음을 확신하게 되었다.

2) 《자본론》의 정치경제학자

철학적·사상적 관점만으로는 부족했다. 마르크스는 자신이 내건 프롤레타리아 혁명과 공산주의 사회의 도래가 역사적 필연이라는 명제를 '과학적으로' 증명하고자 했다. 그가 1850년대부터 20년 동안 집과 도서관을 오가며 정치경제학 연구에 온몸을 던진 작업의 성과는 3권에 이르는 대저 《자본론Das Kapital》뿐만 아니라 방대한 작업 노트인 《정치경제학 비판 강요Grundrisse der Kritik der politischen Ökonomie》로 남았다. 그가 세운 정치경제학 연구의 목표는 믿을 수 없을 만큼 원대했다. 그는 역사가 시작되던 시점으로 돌아가 켈트인과 게르만인 등의 고대 공동체 사회가 어떠한 것이었는가에서 시작해 고대 그리스와 로마를 거쳐 중세 유럽까지 일관하여 '개인과 사적 소유가 중심이 되는 사회'가 어떻게 출현했는가를 보여 주었다. 그렇게 해서 나타난 근대의 '부르주아 사회'가 어떻게 작동하는지를 정밀한 과학적 법칙으로 해명했다.

여기에서 마르크스는 '자본주의'라는 용어를 사용하지 않고 '부르주아 사회'라는 용어를 사용했다. '부르주아 사회'가 생산력의 발전에 따라 어떻게 낡은 것이 되어 스스로 위기에 빠져들게 되는지, 이를 대체할 수 있는 미래의 지배 계급인 노동자 계급은 어떻게 출현하고 성숙하는지, 계급과 착취가 없는 사회주의 및 공산주의 사회의 생산 양식은 어떻게 출현하는지, 최종적으로는 인류 역사 전체 단계가 어떻게 마무리되는지를 과학적 논리로 설명했다. 자본주의 사회의 작동을 설명하는 틀만 보아도 그의 연구 계획이 얼마나 과감하고 야심 찬 것이었는지를 느낄 수 있다. 그가 구상한 '경제학' 저작은 자본, 임금 노동, 토지 소유, 국가, 국제 무역, 세계 시장의 위기라는 6권의 별개의 책으로 이루어질 예정이었다. 《자본론》세 권은 그 첫 번째 저작에 불과하다.

마르크스는 도대체 이 전무후무한 방대하고 야심적인 연구 전체를 어떻게 하나의 일관된 체계로 구성하려고 했던 것일까? 그는 다시 한번 '노동과 생산'으로 돌아가 답을 찾으려 했다. 애덤 스미스에서 데이비드 리카도David Ricardo까지 고전파 경제학에서 내려온 노동 가치론의 기본 원리는 상품의 가치는 그 상품 생산에 투여된 노동 시간의 총량에 의해서 결정된다는 것이다. 노동 가치론이 과학적 진리임을 확신한 그는 애덤 스미스 이전과 이후 수많은 경제 사상가의 저작을 다시 종횡무진으로 오가며 자신의 고유한 노동 가치론을 발전시켰다. 그는 이에 근거해 자본주의가 어떻게 노동자를 착취하는지, 그리고 과도한 자본 축적이라는 스스로의 성공에 의하여 모순과 붕괴에 이르게 되는지 등을 일관되게 설명해 내려 했다.

마르크스가 마침내 찾아낸 설명은 대략 다음과 같다. 인간은 노동으로 만사만물을 창조해 내는 존재이다. 자본주의 사회에서 노동을 행하는 사람, 즉 노동자는 생산 수단도 재산도 없으므로 자본가에게 노동을 '노동력'이라는 상품으로 팔고, 그 대가로 받은 임금으로 먹고살 수밖에 없다. 자본가는 노동자의 전체 생산물의 가치에서 극히 일부에 해당하는 부분만을 임금으로 지급하고, 나머지를 모두 자기 것으로 가져가며, 이를 다시 생산에 투자할 자본으로 축적한다. 또한 자본가들은 살아남기 위해 자기들끼리 극심한 경쟁을 벌이게 되므로 시간이 지날수록 많은 기업이 파산한다. 노동자는 계속 늘어나고 경쟁에서 살아남은 극소수 자본가는 훨씬 더 크게 자본을 축적한다. 프롤레타리아와 자본의 폭발적 증가로 이윤율 저하, 소비 수요 부족, 생산의 무정부성 등 온갖 모순도 폭발한다. 자본주의 생산 양식이 무너진다. 무수히 많아진 노동자들이 자본가들의 생산 수단을 사회 전체의 것으로 만들어 생산력이 훨씬 더 높은 사회주의 공산주의 사회를 건설할 수 있게 된다.

마르크스는 이러한 정치경제학 연구를 자신의 소명이라고 생각했다. 사회주의 혁명과 공산주의 사회라는 비전을 사상가 한 개인의 철학적 상상에 그치지 않고, 객관적·과학적 법칙으로 증명할 수 있는 '진리'로 벼려 낼 수 있다고 믿었다. 마르크스가 극심한 가난과 너무나 잦은 질병 치레에도 불구하고, '자신의 건강과 가족의 행복을 희생해서라도'《자본론》을 완성하려 온몸을 던진 이유도 여기에 있었다.

3) 프로메테우스인가, 시시포스인가?

마르크스는 과연 이 계획을 성공적으로 완수할 수 있었을까? 프롤레타리아 혁명의 필연성과 사회주의 및 공산주의 사회의 건설을 하나의 '과학적 진리'로 확립하는 데 성공했던가? 대부분의 마르크스주의자와 모든 공산주의자는 마르크스가 빛나는 성공을 거두었다고 믿었다. 그들은 마르크스가 인류에게 불을 건네준 그리스 신화의 영웅 프로메테우스에 비견된다고도 말했다. 그러나 최근까지의 연구로 볼 때 그의 사상은 무수한 절망적 노력과 시도에도 불구하고 실패했거나 미완성으로 끝났다고 볼 수밖에 없다. 마르크스는 프로메테우스보다는 끊임없이 산꼭대기로 바윗돌을 밀어 올려야 했던 시시포스에 훨씬 더 가까웠다.

그가 《정치경제학 비판 강요》에서 기획한 역사적 연구는 이렇다 할 결론을 내지 못한 채 초고 상태로 남고 말았다. 노동 가치론에 대한 경제 학설사 연구 또한 엄청난 준비 작업에도 불구하고 불확실하고 애매해, 오늘날까지도 마르크스의 노동 가치론이 정확히 어떤 내용인지는 논쟁에 휩싸여 있다. 가장 아프고 치명적인 문제는 그의 대저 《자본론》이 완성되지 못했다는 점이다.

1860년대의 마르크스는 《자본론》 전체를 완성하기 위해 필사적으로 매달렸고, 원고를 다시 쓰고 다시 쓰는 일을 거듭했지만, 1867년에 완성된 저작으로 출간한 것은 《자본론》 1권뿐이었다. 이후 그는 정치경제학 연구에 사실상 손을 놓으며, 《자본론》을 끝까지 미완성 상태로 남겨 놓은 채 1883년에 세상을 떠났다. 그의 동지 엥겔스가 그가 남긴 원고를 편집하고 재구성해 출간한 《자본론》 2권과 3권에도 그가 해명하기로 되어 있었던 자본주의의 붕괴 과정, 노동자 계급의 발흥, 새로운 사회주의 및 공산주의 생산 양식의 출현과 발전 등에 대한 분명한 해명은 담기지 않았다.

그가 굳게 믿은 프롤레타리아 혁명도 현실로 나타나지 않았다. 1848년 혁명의 와중에서 《공산당 선언》을 출간한 마르크스와 엥겔스는 노동자 혁명이 곧 다가올 것이라고 믿었기에 공산주의당을 군건히 유지하고자 했으며, 1850년대에도 이 믿음은 꺾이지 않았다. 하지만 1848년 혁명은 결국 전 유럽 차원에서 사회주의나 노동자 정권은커녕 오히려 부르주아적 정치 질서를 군건히 하는 것으로 끝났다. 1850년대에 들어서면서 자본주의는 안정적으로 가동했고, 노동자 혁명의 기미는 오히려 사그라졌다.

마르크스의 정치 노선 또한 혼란의 거듭이었다. 1860년대에는 영국과 프랑스의 노동자를 중심으로 국제 노동자 협회(제1 인터내셔널)가 결성된다. 마르크스는 여기에서 중요한 역할을 맡지만 이는 여러 해 전 마르크스와 엥겔스가 꿈꾼, 사회 체제의 전복을 가져올 혁명적 조직과는 상당한 거리가 있었다. 여기서 마르크스는 영국 노동조합 운동가들과 함께 노동조합 운동의 활성화와 보편적 참정권의 확산을 매개로 삼아 평화적이고 개량적이고 점진적인 사회 변화와 개조를 지지하는 모습을 보인다. 그러나 1871년 프랑스 파리에서 '파리 코뮌'이라는 혁명 정권이 수립되었다가 무참히 진압당하는 사태가 벌어지자 그는 다시 혁명적 수단을 열렬히 지지하는 입장으로 선회한다. 마르크스는 나이가 들어서는 상당히 엉뚱하게도 러시아의 전통적 농촌 공동체에서 이상적 사회 건설의 맹아를 찾으려고 하기도 했다.

이 마지막 문제는 심각한 것이었다. 그가 일생에 걸친 철학적 작업 및 정치경제학 연구를 통해 체계적으로 설명하고 주장해 온 모든 것을 일시에 부정하고 뒤집는 것이기 때문이다. 생산력의 지속적 발전에 따라 새로운 생산 관계와 그에 조응하는 법적·정치적 관계들이 나타났다가 소멸한다는 그의 주장, 자본주의의 생성과 발전과 소멸도 이 원리에 의해 설명되며, 노동자 혁명의 필연성도 새로운 대안 사회의 건설도 이 원리에 의해 설명된다는 그의 원대한 주장은 어디로 가고 구시대의 케케묵은 유물인 러시아의 농촌 공동체라니? 이에 가장 크게 반발한 측은 농촌 공동체의 실상을 잘 알고 있는 러시아 마르크스주의자들이었다.

마르크스는 이처럼 자신이 해명한 문제보다 풀리지 않는 의문과 수수께끼를 훨씬 더 많이 남긴 채 1883년 눈을 감았다. 그는 프로메테우스가 아니라 시시포스, 그것도 가장 성실하고 정열적인 시시포스였다. 불평등과 억압이 없고 이성과 사랑이 지배하는 풍요한 낙원을 꿈꾸고, 해결할 수 없는 문제에 도전하고, 절망적인 개인적 삶의 조건에도 꺾이는 법 없이 평생 끊임없이 바윗돌을 산꼭대기로 밀어 올렸던 인물이다. 하지만 그가 죽은 후 그의 유산은 그가 전혀 예상하지 못한 방향으로 상속되고 불어나게 된다.

마르크스주의
1) 엥겔스와 '과학적 사회주의'

마르크스가 세상을 떠나기 전인 1870년대부터 완성된 이론적 체계의 하나로 마르크스주의를 구성하는 임무는 프리드리히 엥겔스가 떠맡았다. 그렇게 해야 할 절박한 실천적인 요구가 있었다. 산업혁명이 진행되면서 유럽 각국에서 노동자 계급의 숫자가 크게 불어났으며, 각종 노동 운동 조직, 특히 노동자 정당이 사방에서 일어나고 있었기 때문이다. 특히 마르크스와 엥겔스의 고향인 독일에서 독일 사회민주당의 영향력은 날로 확장되고 있었다.

독일 사회민주당의 뿌리는 1863년 국가사회주의자였던 프리드리히 라살레가 조직한 전국 독일 노동자 연합에 있지만, 1869년, 마르크스와 엥겔스의 추종자들이 결성한 사회민주주의 노동자당이 나타나 둘은 사회민주당의 주도권을 치열하게 다퉜다. 다분히 실용적인 요구와 강령을 채택한 라살레파에 비해 마르크스-엥겔스 일파는 깊이 있는 '과학적' 이론 체계가 강점이었다. 따라서 엥겔스는 노동자를 포함해 독일 대중의 생각을 통일해 단일 대오로 묶어 낼 수 있는 사상을 만들기로 했다. 이 사상은 우선 쉬워야 했다. 엥겔스는 마르크스의 사상이 안고 있는 복잡성과 세밀함을 단순화하고, 필요하면 과장하거나 왜곡해서라도 대중 전파력이 높은 사상 체계를 구성하려 했다.

엥겔스는 마르크스가 발전시킨 여러 아이디어를 바탕으로 이러한 '과학적 사회주의'의 이론 체계를 짜맞추었다. 우선 19세기 후반을 풍미한 유물론과 자연주의 그리고 다윈의 진화론을 끌어들였다. 마르크스의 사상은 방법론에서나 내용에서나 헤겔을 통해 내려오는 독일 철학의 전통에 뿌리를 뒀지만, 엥겔스는 거기서 비롯되는 복잡 미묘한 철학적·이론적 문제를 보이지 않게 감추려 했다. 이를 위해 엥겔스는 당시 널리 퍼진 유물론/관념론 이분법을 활용했다. 이 과정에서 마르크스주의는 철저한 유물론 철학으로 변했다. 그가 저술한 《반 뒤링론Herrn Eugen Dührings Umwälzung der Wissenschaft》이나 《자연변증법Dialektik der Natur》은 마르크스의 사상이라고 생각할 수 없을 정도의 조야하고 기계적인 유물론을 그대로 담고 있다.

엥겔스는 이 작업과 별도로 마르크스가 옆으로 밀어 둔 방대한 《자본론》 원고 더미를 뒤지고 정리해 2권과 3권을 출간했다. 그는 시력을 잃을 정도로 이 일에 열정과 노력을 갈아 넣었다. 자본주의가 어떻게 붕괴하고 새로운 생산 양식이 어떻게 출현하는지를 마르크스가 과학적으로 입증했음을 더욱 공고히 하기 위해서였다. 그는 기독교도에게 성경이, 무슬림에게 《쿠란》이 차지하는 위치의 묵직한 '정경'이 마르크스주의에도 필요했다고 봤다.

오랜 시간이 지나 마침내 1895년 《자본론》 3권이 출간되었다. 비판이 컸다. 비판자들은 《자본론》이 자본주의의 운명에 대해서도, 사회주의 및 공산주의의 출현에서도 확정적인 설명을 전혀 내놓지 못한다고 주장했다. 자본론은 이 밖에도 숱한 이론적인 문제점을 안고 있음이 지적됐다. 엥겔스는 그리 아랑곳하지 않았다. 마르크스주의가 이제 하나의 '과학적 이론 체계'를 갖추었다는 게 그의 확고한 생각이었다.

엥겔스는 이제 마르크스주의의 출현으로 사회주의 운동이 '공상에서 과학으로' 전환되었음을 선포한다. 초기 사회주의자들은 막연히 자본주의의 모순을 넘어선 유토피아로서의 이상적 사회를 상상하는 방식으로 사회주의 사상과 운동을 전개했다. 그러나 엥겔스는 마르크스주의가 사회주의와 공산주의의 도래를 역사의 운동법칙에서 도출되는 필연임을 입증했을 뿐만 아니라 노동자의 혁명운동 역시 과학적 기초를 갖게 되었다고 주장하게 된다.

2) 제2 인터내셔널과 자본주의 붕괴의 '그날'

명확한 결과를 얻지 못하고 해산된 제1 인터내셔널을 대신해 1879년에 프랑스와 독일의 노동자들 및 정당을 중심으로 '제2 인터내셔널'이 결성되었다. 이미 영국, 프랑스, 독일뿐만 아니라 유럽 각국에서는 산업혁명이 빠르게 확산, 진행되면서 노동 운동이 나날이 성장하고 있었다. 노동자 정당 역시 우후죽순처럼 생겨나고 있었다. 제2 인터내셔널에 모인 각국 정당은 가장 오래된 독일 사회민주당이 운동 노선을 정립해 주기를 기대하고 있었다.

독일 사회민주당은 1875년 통합을 이루었다. 라살레 일파와 마르크스-엥겔스 일파가 오랜 대립과 경쟁을 멈추기로 한 것이다. 하지만 라살레 일파의 입장에 근거를 둔 당의 첫 강령은 곧 마르크스와 엥겔스의 맹렬한 비판에 부딪혔다. 결국 당 안에서 우위를 점한 마르크스-엥겔스 일파가 마련한 당 강령이 1891년 에어푸르트에서 열린 당 대회에서 공식적으로 채택된다. 이 〈에어푸르트 강령 Das Erfurter Programm〉은 이후 독일 사회민주당뿐만 아니라 제2 인터내셔널과 그 산하의 각국 사회주의 정당의 통일된 입장이 되었다. 드디어 '과학적 사회주의'를 표방하는 마르크스주의가 승리를 거둬 전 세계 노동자 정치 운동을 이끄는 지도적 이념과 노선으로 자리 잡게 된 것이다.

　〈에어푸르트 강령〉의 앞부분을 작성한 카를 카우츠키 Karl Kautsky 는 마르크스와 엥겔스의 충실한 제자일 뿐만 아니라 본래 다윈의 진화론을 굳게 신봉한 인물이었다. 그가 이 강령에서 정식화한 마르크스주의는 물질적 생산력의 발전으로 인간 사회의 역사 발전을 모두 설명할 수 있다는 '역사적 유물론'을 전면에 내걸었을 뿐 아니라 이를 단순한 역사 철학이나 가설이 아닌 '입증된 과학적 법칙'으로 내세웠다. 다윈의 진화론이 생물의 진화를 과학적으로 설명하듯, 마르크스의 역사적 유물론과 정치경제학은 인류 사회의 역사적 발전을 과학적으로 설명하는 '철의 법칙'이라는 것이었다.

　〈에어푸르트 강령〉은 자본주의가 붕괴하는 '그날'은 피할 수 없는 과학적 진리이며, 또한 빠른 속도로 다가오고 있음을 천명하고 있다. 따라서 자본주의를 유지하고 구출하기 위한 모든 정책과 노력은 다 무의미하며, 오로지 '그날' 들고 일어설 노동자 계급의 혁명 운동만이 유일한 출구가 된다는 것이었다. 이 강령은 사회주의 사회가 저절로 도래할 것이라는 생각에 반대한다. 오직 노동자 계급이 새로운 사회의 주인이 되어 어떻게 사회주의 혹은 공산주의 사회를 조직하고 운영할 것인지 철저히 준비하고 실행에 나설 때만 새로운 사회가 출현할 수 있다고 주장했다. 하지만 이는 어디까지나 자본주의가 붕괴하고 새로운 사회가 나타날 수 있는 '높은 생산력'이 뒷받침될 때만 가능한 일이라고 보았다. 생산력이 뒷받침되지 않은 상태에서는 제아무리 노동자 계급이 이상 사회를 건설하겠다고 백방으로 노력하고 혁명을 일으킨다고 해도 실패로 돌아갈 수밖에 없다는 것이다. 따라서 사회민주당의 임무는 계속 팽창하는 노동자 계급과 함께 차분히 '그날'을 기다리면서 교육과 훈련으로 노동자 계급이 사회주의 사회를 건설할 수 있도록 준비시키는 데 있다는 것이었다. 드디어 '그날'이 올 때 노동자 계급이 주저 없이 권력을 움켜쥐고 거침없이 새로운 사회를 건설할 수 있도록 만들고 이를 지도한다는 것이었다.

3) '마르크스주의의 위기'

마르크스주의는 19세기 말 서구 사회 전체를 풍미하면서 폭발적인 반향을 일으켰다. 정치 운동과 노동 운동 일선에 나선 사회주의 활동가들에게 무한한 자신감을 심어 주었을 뿐 아니라, 좌우를 막론하여 여러 다양한 조류의 사상가와 지식인들에게서도 광범위한 관심과 지지를 얻었다. 이제 마르크스주의는 어두운 골방에 모인 몇몇 혁명적 지식인의 담론이 아니라 명실상부한 세계적 이념의 자리를 차지했다. 독일 사회민주당은 1912년 38퍼센트의 득표율로 당당히 독일 제국 의회에서 1당의 자리에 올랐다.

하지만 하나의 이론적 체계로서의 마르크스주의에는 이미 1890년대부터 불길한 유령이 어른거렸다. 우선 앞에서 말한 대로, 1895년 출간된 《자본론》 3권에 실망한 수많은 정치인과 지식인의 비판에 마르크스주의자들은 충분히 대응하지 못했다. 마르크스주의의 '과학적' 위치에 대한 불신과 의혹이 갈수록 늘어 갔다. 일부 철학자는 마르크스주의라는 것이 '과학'이 아니라 세상의 종말이 다가오고 있으니 이를 준비하라고 하는 하나의 계시적 '신화'에 불과하다는 비판을 내놓았다. 더 근본적이고 치명적인 문제점은 다른 데 있었다. 약속된 '그날'이 도무지 다가올 기미가 보이지 않는다는 점이었다.

1890년대 초기, 독일 사회민주당의 이론가들은 대략 10년 안에 자본주의가 붕괴할 것이라고 믿었다. 막상 1890년대가 시작되자 그전 수십 년간 이어져 온 장기 불황이 사라지고 자본주의는 급격히 호황으로 돌아서게 된다. 곧 몰락하여 소멸할 것이라고 마르크스주의가 예언한 중간 계급은 사라지기는커녕 오히려 늘어나고 있었다. 게다가 노동자 계급도 갈수록 궁핍해지기는커녕 실질 임금의 뚜렷한 상승이 나타나고 있었다. '그날'은커녕 자본주의는 갈수록 더욱 강해지는 추세가 역력했다. 어떻게 된 일인가? 또 이 상황에서 사회민주당은 무엇을 해야 한단 말인가?

독일 사회민주당의 지도적 이론가인 에두아르트 베른슈타인 Eduard Bernstein은 이러한 현실을 들어 1899년에 출간한 저서에서 "과학적 이론으로서의 마르크스주의는 끝장이 났다"고 선언한다. 마르크스주의 정치경제학은 더 이상 과학이 아니라는 것이었다. 자본주의가 붕괴하는 약속의 '그날' 따위는 오지 않으며, 노동자 혁명을 준비하면서 '그날'을 기다린다는 사회민주당의 노선 또한 이제 폐기할 때가 되었다는 선언이었다. 베른슈타인은 대안으로 의회에서의 의석 확보와 현실에서의 여러 개혁 정책의 실현을 통해 점진적으로 사회주의의 가치와 이념을 추구하는 '개량주의' 노선으로 전환할 것을 제안했다. 베른슈타인과 입장을 같이하는 사회주의자들은 이후 폭력적인 혁명에 반대하고 평화적인 의회주의를 신봉하는 사회민주주의 노선을 개척하는 선구자들이 되었다.

베른슈타인의 정직하지만 발칙하기 짝이 없는 도발에 수많은 마르크스주의자가 격노했고, 로자 룩셈부르크Rosa Luxemburg와 같은 이들은 자본주의의 붕괴는 피할 수 없는 운명임을 입증하기 위해 경제학 논리를 앞세워 베른슈타인과 격렬한 논쟁을 벌였다. 아무리 이들이 목에 핏대를 세우며 마르크스주의의 과학성을 주장한다고 해도 변하지 않는 사실이 있었다. 자본주의 붕괴의 '그날'이 올 기미는 보이지 않는다는 것이었으며, 노동자 계급이 사회주의 혁명을 외치면서 뭉쳐 일어날 흐름도 보이지 않는다는 것이었다. 오히려 그 반대의 일이 벌어지고 있었다. '그날' 대신 유럽 주요 국가 사이에 험악한 전쟁의 기운이 무르익고 있었고, 각국 노동자 계급은 어이없게도 자본주의를 뒤엎는 혁명이 아니라 조국을 방위하고 원수들을 절멸하자는 호전적 민족주의에 열광하고 있었다. 마침내 제1차 세계대전이 터지자 모든 것이 걷잡을 수 없게 됐다.

독일 사회민주당부터 앞장서서 전쟁에 찬성했고, 다른 나라의 사회주의 정당들도 자국의 이익을 우선하여 전쟁 참여에 앞장섰다. 이로써 전 세계 노동자들이 국제 연대와 세계 혁명을 외치면서 뭉쳤던 제2 인터내셔널은 붕괴했으며, 고전적 마르크스주의도 붕괴의 길을 걷게 됐다.

공산주의
1) 소비에트 러시아와 공산주의 체제의 출현
한편, 레닌이 이끄는 러시아의 혁명적 마르크스주의자 집단인 '볼셰비키'는 제2 인터내셔널의 사회주의 정당들이 혁명적 마르크스주의를 배반했다고 판단했다. 이들은 이와는 조직이 분리된 공산당을 새로이 형성해 제3 인터내셔널, 즉 공산주의 인터내셔널(코민테른) 결성을 촉구했다.

이들은 나름대로 '마르크스주의의 위기론'을 논파할 만한 논리를 준비하고 있었다. 그 논리는 이런 것이었다. "선진 자본주의 국가에서 자본주의가 붕괴하지 않고 노동자들이 혁명을 일으키지 않는 이유는 마르크스주의의 과학성이 부족해서가 아니다. 자본의 세계 진출로 야기된 제국주의라는 세계 자본주의의 새로운 구조의 등장이 진짜 이유이다. 자본은 본래라면 위기와 공황으로 치달을 수밖에 없던 자신의 모순을 식민지에 전가해 생존을 이을 수 있었고, 식민지 착취에서 발생한 경제적 잉여로 노동 운동 상층의 지도부를 매수해 '노동 귀족'을 만들어 냈다."

이들은 또 자본주의가 세계적 체제로 전환한 이상 혁명은 반드시 영국이나 독일과 같은 선진 자본주의 국가에서 일어나는 것이 아니라 이 세계적 자본주의 체제의 '가장 약한 고리'인 러시아와 같은 나라에서 벌어질 수밖에 없다고 주장했다. 이들은 베른슈타인과 같은 수정주의자들은 물론, 애매한 교리만 읊조리면서 혁명적 행동을 피해 가는 카우츠키 등 제2 인터내셔널의 마르크스주의자들도 모두 배반자라고 단죄했다.

이러한 논리에는 일관성과 설득력이 있어 보였다. 실제로 1917년 3월, 러시아에서 혁명이 벌어진다. 레닌과 볼셰비키는 이 혁명에 편승하여 마침내 같은 해 11월 혁명적 소비에트 정권을 수립한다. 제1차 세계대전이 장기화하면서 기진맥진한 유럽 각국 국민에게 러시아 혁명은 엄청난 충격이었다. 드디어 세계 최초의 사회주의 정권이 들어선 것이다. 젊은 철학자 죄르지 루카치György Lukács는

"세계가 전쟁과 자본주의에서 풀려날 수 있는 출구가 드디어 열렸다"고 열광했다. 유럽 각국의 사회주의자들은 지리멸렬해진 제2 인터내셔널의 사회(민주)당을 버리고, 레닌이 높이 든 코민테른의 깃발을 받아 들고 자기 나라에 공산당이라는 새로운 혁명 정당을 연이어 창당했다.

여기까지였다. 1920년대가 되면서 상황은 일변했다. 볼셰비키의 주장대로라면, 러시아에서 최초로 벌어진 '사회주의 혁명'의 불길은 곧바로 유럽 대륙, 특히 자본주의가 고도로 발달한 독일과 영국으로 옮겨 붙어야 했다. 하지만 1920년대 이후의 상황은 이들의 기대를 철저히 배신했다. 유럽 각국에서 제1차 세계대전 이후 노동자 혁명이 벌어지기도 했고 일부 지역에서는 노동자가 정권을 탈취한 경우도 있었지만 이는 1848년의 대규모 혁명에는 도저히 견줄 수 없는 일시적이고 국지적인 현상에 불과했다. 오히려 1920년대 후반이 되면서 세계 자본주의는 안정될 뿐만 아니라 '포효하는 20년대'라고 불리는 호황을 구가하게 되었다.

세계 혁명이라는 '역사적 필연'에 대한 신념이 다시 물거품이 된 후 볼셰비키에 남은 것은 앞길이 보이지 않는 현실이었다. 볼셰비키 사회주의 정권에 도전하는 반혁명 세력이 나라 안팎에서 기세를 올리고 있었다. 국내에만 집중해 보자. 압도적인 농촌 지역에 포위된 채 점점이 산재한 산업 지대. 후진국 러시아가 이런 상태에서 스스로 사회주의 경제를 건설한다? 이는 역사적 유물론의 '각본'에는 없는 상황이다. 사회주의의 물적 토대가 될 생산력이 존재하는 유럽 선진 산업국에서 혁명이 일어나 사회주의를 건설하는 게 아니라, 이렇게 후진적 국가에서 사회주의 경제를 건설하는 게 가능한 것인가? 《자본론》은 자본의 운동 법칙에 대한 이야기일 뿐 사회주의 경제의 건설에 대해서는 아무런 이야기가 없다. 볼셰비키는 어쩔 수 없이 국가의 개입에 따라 시장경제 체제를 되살리는 '신경제 정책'으로 후퇴하지만 그래도 경제는 극도의 혼란과 후진적 상태를 벗어나지 못하고 있었다.

여기에서 이오시프 스탈린Iosif Stalin이 등장한다. 그가 내건 목표는 '일국 사회주의'다. 자본주의가 위기에 휩싸였으며 이미 사회주의 이행이 시작되었다는 레닌의 가르침은 옳지만, 세계 혁명에는 시간이 걸리므로 가장 먼저 노동자 권력이 들어선 소비에트 러시아 차원에서 곧바로 사회주의 경제 체제의 건설을 시작해야 한다는 것이었다. 이러한 명분을 내걸고 스탈린은 자기에게 반기를 드는 이들뿐만 아니라 자신에게 충성하지 않는 모든 이들, 심지어 철저한 충성파까지도 피비린내 나는 숙청으로 제거했다. 그는 소련 공산당과 소비에트 국가의 모든 권력을 틀어쥐는 극단적인 독재 체제를 수립, 1928년에는 '5개년 경제 계획'을 내걸고 본격적인 공산주의 경제 체제의 건설에 착수한다. 먼저 농업에서 토지 소유와 경영을 집단 농장으로 집산화했으며, 여기에서 나온 잉여 생산물을 산업에 투자하여 급속한 공업화를 진행하고, 그 과정은 고스플란 Gosplan이라는 중앙집권적 경제 계획 단위에서 철저하게 통제하고 지휘했다.

스탈린의 철권 통치 아래에서 소련의 산업화는 놀라운 성공을 거두었고, 제2차 세계대전 때는 유럽 최강의 군사력을 자랑하는 나치 독일을 꺾기도 했다. 대공황으로 신음하던 서유럽 지식인들은 이를 보면서 소련 공산주의 체제를 인류의 미래로 신봉하기도 했다. 하지만 그 대가는 실로 엄청났다. 이제 공산주의는 공산당 독재 아래에서의 공업화와 부국강병이라는 것 말고는 아무런 이상도 희망도 없는 가장 폭압적이고 비인간적인 껍데기뿐인 이데올로기로 전락하고 말았다. 마르크스주의와 사회주의를 신봉하고 추종한 이들조차도 소련 공산주의 체제는 아무리 좋게 보아도 '타락한 노동자 권력'에 불과하다(트로츠키)고 매도하고 나섰다.

여기에 스탈린의 공산주의 체제 건설 과정에서 불거져 나온 가공할 만한 공포 정치와 거기에서 희생된 엄청난 인명에 대한 이야기가 겹쳐졌다. 농업 집산화 과정에서 희생된 이들의 숫자만 해도 적게는 600만 명에서 많게는 1400만 명으로 추산된다. 러시아 혁명에서 시작된 소비에트 러시아는 제2차 세계대전 당시에는 인류의 희망이라는 이미지와 최악의 악몽이라는 이미지를 동시에 체현하는 존재가 되었다.

2) 식민지 민족 해방과 공산주의

그런데 여기에서 뜻하지 않은 반전이 벌어졌다. 식민지 민족 해방 운동이 공산주의 운동의 깃발 아래로 속속 모여든 것이다. 자본주의가 발달한 서유럽 노동자 다수가 외면한 코민테른과 국제 공산주의 운동을 제국주의의 압제 아래 신음하던 식민지의 민족주의 세력은 크게 환영했다. 레닌은 선진 자본주의 국가에서 혁명이 일어나지 않게 막고 자본주의의 수명을 연장시킨 장치를 식민지라고 보았고, 따라서 식민지에서 민족 해방 운동을 전개하는 세력은 설령 부르주아라고 해도 모두 세계 혁명의 우호 세력이라는 입장을 천명한 바 있다.

미국의 우드로 윌슨Woodrow Wilson 대통령이 내건 '민족 자결주의'와 1919년의 베르사유 조약에서 제국주의 철폐와 식민지 해방을 기대했다가 크게 실망한 식민지의 민족주의자들은 그 대안으로 공산주의 운동과 공산당 조직을 민족 해방 혁명의 노선으로 적극 받아들이거나 최소한 우호적인 입장을 취하게 된다. 이에 공산주의 운동은 엉뚱하게도 중국, 조선, 베트남과 동남아시아, 인도에 이르기까지 자본주의가 거의 발달하지 않은 식민지 지역에 튼튼히 뿌리를 내렸다. 제2차 세계대전이 끝나고 제국주의 체제가 무너지면서 식민지 해방이 본격화하자 공산주의 운동과, 식민지의 민족주의자들이 이끄는 '혁명'이 들불처럼 번져 나갔다. 무엇보다도 엄청난 인구와 영토 면적을 가진 중국이 1949년 마침내 마오쩌둥毛澤東의 공산당 권력 체제로 넘어간 일이 가장 극적인 사건이었다.

식민지 공산주의는 마르크스 본인의 사상이나 마르크스주의와는 거의 닮은 점이 없는 또 하나의 '변종'으로 자랐다. 자본주의적 산업이 거의 발달하지 못한 상태에서 인구의 압도적 다수를 차지하는 농민들을 기반으로 나타난 이곳의 공산주의는 농업 집산화를 통한 신속한 산업화와 이를 명분으로 삼은 폭압적인 공산당의 독재, 나아가 최고 권력자 1인 숭배라는 스탈린 공산주의 최악의 유산만을 고스란히 물려받는 경우가 대부분이었다. 그리고 여기에서 배태된 끔찍한 학살과 전쟁 등의 비극이 공산주의가 들어선 많은 식민지 나라들을 덮쳤다.

중국에서는 1958~1962년 사이에 펼쳐진 이른바 '대약진 운동'으로 2000만~4000만 명이 죽은 것으로 추정된다. 이후에 일어난 '문화대혁명'으로도 최소 200만 명 이상이 목숨을 잃었다. 1975년~1979년 캄보디아에서도 대학살이 벌어졌다. 크메르 루주 정권 치하에서 캄보디아 인구의 20퍼센트가 넘는 200만 명이 잔인하고 처참하게 학살당했다.

3) 악몽의 끝

제2차 세계대전이 끝난 후 공산주의는 한때 세계 지도의 약 4분의 1을 뒤덮으며 자유민주주의 진영을 위협하는 무서운 지정학적 세력으로 자리 잡았다. 그러나 공산주의의 악몽은 20세기를 넘기지 못했다. 1989년의 베를린 장벽 철거와 1991년의 소비에트 연합의 해체로 공산주의는 몰락하게 되었다.

몰락의 원인은 진단하기 어렵지 않다. 공산주의 경제는 '높은 생산력에 기반한 인류의 이상향'은커녕 사람들의 기본적 욕구조차 제대로 해결해 줄 수 없었다. 중앙계획경제는 기본적인 고정 자본을 건설하는 산업화 초기에는 그런대로 성과를 냈지만, 경제 규모가 커지고 그 조직이 조금 더 복잡해지면서 거의 작동을 멈췄다. 사람들은 만성적인 소비재 부족, 심지어 생필품 부족에 시달렸으며, 공산당과 지배 계급은 오로지 권력 유지에 필요한 일만 했다. 그들은 민감한 군수 부문 등을 유지하는 데만 골몰하면서 고도화된 산업 경제 체제에 필요한 생산과 소비와 분배의 조직은 주도하지 않았다. 그럴 역량이 없었고, 그럴 의사도 없었다.

이러한 경제적 문제를 훨씬 뛰어넘는 공산주의의 악몽은 정치적·사회적 측면에 있었다. 마르크스와 마르크스주의자들이 꿈꾸었고 또 적극적으로 표방한 '진정한 민주주의'는커녕, 최고 권력자 1인에게 모든 권력이 집중되고 나머지 사람 모두에게는 물 샐 틈 없는 감시와 세뇌가 이루어져 누구도 불안과 공포를 내려놓을 수 없는 극도의 전체주의 사회를 낳고 말았다. 사람은 누구나 공산당과 혼연일체가 된 국가 조직의 위계 서열 속에 살았으며, 자유와 평등 같은 민주주의의 이상은 물론 가족과 인류 등 인간 사회의 기본적인 가치들조차 위협당하는 상황에서 비인간화를 끊임없이 강요하는 체제와 마주치게 되었다.

여기에서 공산주의의 가장 근원적인 모순일 수 있는 도덕과 이념의 파산이라는 문제가 나왔다. '높은 생산력에 기반한 착취와 빈곤의 근절'이라는 경제적 이상은 실현되지 않았고, '모든 이가 평등하면서도 자유롭게 자신의 인간성을 발전시키고 실현할 수 있는 사회'라는 정치적·사회적 이상은 더더욱 거리가 멀었다.

그렇다면 공산주의 이데올로기에는 대체 무엇이 남은 것인가? 18세기 유럽 계몽주의와 독일 철학의 세례를 받은 카를 마르크스는 앞에서 말한 정치적·경제적·사회적 이상을 실현하는 데에 온 생애를 바쳤다. 이러한 드높은 도덕적·이념적 이상이야말로 마르크스주의가 그토록 많은 이에게 영감을 준 근원적인 힘이었다. 지구 위의 버려진 땅에서 어렵게 살아가는 식민지의 노동자와 농민들, 20세기의 예술과 사상에 불멸의 한 획을 그은 위대한 정신의 소유자들, 피 끓는 열정으로 자신의 꿈과 미래와 목숨까지 초개와 같이 던진 청년들, 최악의 상황에서도 어떻게든 길을 뚫어낸 천재적 전략가들, 불굴의 의지로 무수한 사람에게 희망과 영감을 선물한 위대한 정치인들. 이들 모두가 그러한 도덕적·이념적 이상의 힘에 감화되어 마르크스주의의 깃발 아래로 모여들었다.

인류 역사상 이렇게 고귀한 이상을 내걸고 이렇게 대규모로 이렇게 다양한 사람이 전 지구적으로 움직인 사상 운동의 예는 찾기 힘들다. 하지만 동시에 인류 역사상 이렇게 짧은 기간에 이렇게 많은 이의 목숨을 앗아가고, 이렇게 많은 이의 삶을 파괴했을 뿐만 아니라 인류 전체의 이성적·도덕적 퇴행을 가져온 정신 파괴의 예도 찾기 힘들다.

이 모든 것이 청년 카를 마르크스가 영국 노동 계급의 비극에 분노한 1844년부터 소련이 해체되는 1991년까지 불과 150년도 채 되지 않는 시간 동안에 벌어진 일이다. 마르크스, 마르크스주의, 공산주의로 변질되며 전개된, 이 천사의 얼굴과 악마의 얼굴을 모두 가진 거대한 덩어리를 인류의 지성사 전체에서 어떻게 이해해야 하고 어떻게 삭여야 하는지는 아직도 미완의 숙제로 남아 있다.

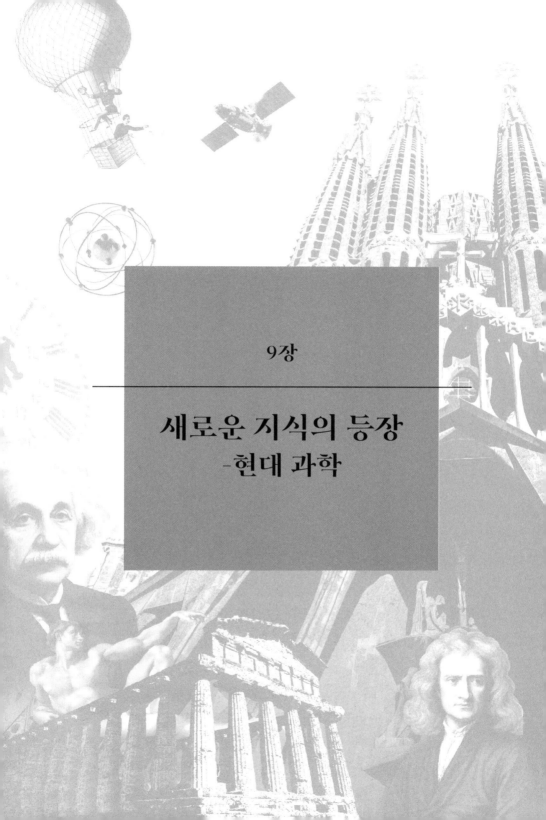

9장

새로운 지식의 등장
-현대 과학

현대 과학의 의미

고대 그리스 이래의 철학자와 사상가들이 세상과 인간에 대해 내놓은 설명은 다양하지만, 크게 보면 두 가지다. 첫 번째는 "우리는 어디서 왔으며 세상의 본질은 무엇인가?"라는 형이상학적 질문에 대한 해석이다. 두 번째는 인간의 존재와 정신에 관한 문제다. "이 무한한 우주에서 인간의 존재는 어떤 의미를 가지며, 그에 대해 의문을 던질 수 있는 우리의 인식 능력은 얼마나 믿을 만한가? 그리고 어떻게 살아야 하는가?" 등의 인식론, 윤리와 도덕, 행복론이 철학의 핵심 주제이다.

고대인들이나 현대에도 적지 않은 사람들은 그 답을 종교에서 찾고 있다. 그러나 근세 이래의 서양 철학은 신화나 종교가 아니라 인간 스스로의 논리적 생각을 통해 세상을 이해하고자 했다. 특히 16세기의 유럽에서 태동한 과학이라는 새로운 방식의 정신 활동은 우리의 근원에 대한 지식 향상에 크게 기여했다.

잘 알고 있듯이 과학은 관찰과 증거를 토대로 수많은 사람이 객관적 지식을 쌓아 올리는 활동이다. 과학 지식의 총량은 20세기를 거치면서 가속도를 얻어 산 아래로 굴러 떨어지는 눈덩이처럼 급속히 불어났으며, 21세기에 들어와서는 그 속도가 더욱 빨라지고 있다. 그 내용 또한 불과 몇십 년 전만 해도 상상할 수 없던 것들이다. 어떤 사람들은 21세기 초반의 우리가 인류 역사상 일찍이 볼 수 없었던 흥미진진한 지적 대약진의 시대를 살고 있다고 평하기도 한다. 우리의 근원을 논하면서 과학을 제외하면 공허한 탁상공론이 되는 시대가 된 것이다. 특히 현대 과학은 철학의 전통적 논의 구조를 근본적으로 흔들어 놓았다. 그리고 인간이 스스로와 세계를 바라보는 방식을 새롭게 재정립할 것을 요구하고 있다.

먼저, 형이상학의 탐구는 현대 물리학을 이해하지 않고서는 불가능하게 되었다. 몇 사람의 뛰어난 사상가들이 주관적 추론을 펼치거나, 사실 관계가 명확히 틀린 것으로 밝혀진 과거 사상의 세부 내용들을 장황하게 재론하는 것은 큰 의미가 없게 되었다. 특히, 상대성 이론과 양자역학은 시간과 공간, 그리고 우리가 세상 현상을 인식하는 토대인 인과성에 대한 전통적인 철학 개념들을 완전히 새롭게 바라보게 했다.

이러한 상황을 아인슈타인 이후 최고의 물리학자 중 하나로 꼽히는 스티븐 호킹Stephen Hawking은 자신의 저서 《위대한 설계The Grand Design》의 서두에서 이렇게 언급했다. "우주의 기원과 본질에 대한 질문은 전통적으로 철학의 영역이었으나, 철학은 이제 죽었다. 철학은 현대 과학의 발전, 특히 물리학의 발전을 따라잡지 못했다. 지식을 추구하는 인류의 노력에서 발견의 횃불을 들고 있는 사람은 이제 과학자들이다."

이는 현대 물리학의 성과를 강조하는 과정에서 나온 철학에 대한 지나친 폄하이지만, 적어도 형이상학에서는 그런 면이 다분하다.

여태까지 철학과 심리학이 주로 다뤄 온 인간의 정신 활동과 관련된 문제에 대해서도 최근 놀라운 정도로 급속히 발전한 뇌신경과학과 분자생물학이 완전히 새로운 시각을 제공하고 있다. 불과 얼마 전인 20세기 말까지도 정신은 사람의 주관적인 활동으로만 여겨졌고, 이를 과학으로 연구할 수 있다는 발상은 오만으로 비난받았다. 그런데 1990년대 '뇌의 10년' 프로젝트와 그 이후의 연구들은 사람의 의식意識이나 자유 의지, 자아감 등도 과학으로 충분히 설명할 수 있는 현상임을 보여 주고 있다.

물론 아직도 규명해야 과제들이 쌓여 있지만, 불과 20여 년의 연구로 과거 수천 년 동안 철학적 논의의 중심에 있던 인식론이나 윤리학 분야의 논의가 근본적으로 바뀌고 있다. 한마디로 뇌신경과학이나 생물학이 밝힌 새로운 지식의 이해 없이 인간의 정신 문제를 논하는 것은 모래 위에 쌓은 누각이 될 상황이 되었다.

이제 인류의 지성사를 살펴본 이 책의 마지막 장에서 우리는 21세기의 현대 과학이 과연 무엇을 말하고 있는지 중요한 내용 위주로 대략 훑어보고자 한다. 최대한 쉽게 요약했지만, 그 내용들은 선뜻 받아들이기 어려울 수도 있다. 특히 물리학에 등장한 새롭고 생경한 용어들은 일반인은 물론, 인문학이나 철학적 지식 배경을 가진 사람들에조차도 불편을 안겨주고 있다. 이해에 더 큰 장애가 되는 것은 내용의 대부분이 우리의 상식이나 직관과 크게 다르다는 데 있다. 하지만 현대 과학이 난해하다는 이유로 그 내용에 대한 최소한의 이해조차 거부한다면, 철학이 지금까지 탐구해 왔던 근원적 내용들의 파악을 중도에 포기하고 반쪽짜리 지식에 만족하는 결과가 될 것이다. 그뿐만 아니라 지성의 역사를 살펴본 이 책도 단순히 옛사람들의 공허한 이야기를 소개한 데 그치게 될 수도 있다. 이러한 맥락에서 어렵더라도 이 장을 읽어 주었으면 한다.

시간과 공간 – 형이상학의 핵심 논쟁

이 세상은 왜, 그리고 어떻게 존재하는가? 지금으로부터 2500여 년 전 그리스 엘레아 학파의 대표 철학자이자 '형이상학의 아버지'로 불리는 파르메니데스는 영원히 변화하지 않는 것만이 진정한 실재라고 주장했다. 왜냐하면 '존재한다'는 것은 논리적으로 새로이 생성되지도, 소멸되지도 않아야 한다고 보았기 때문이다. 따라서 변화를 만드는 시간은 실재가 아닌 환상이며, 빈 공간이라는 것도 존재하지 않는다고 주장했다.

반면, 비슷한 시기의 철학자 헤라클레이토스Heracleitos는 만물은 끊임없이 변화한다며 "같은 강물에 두 번 발을 담글 수 없다"는 유명한 말을 남겼다. 그는 생과 사, 늙음과 젊음, 선과 악 등도 변화 중에 나타나는 과정의 일부일 뿐이며, 결국은 흐름이라는 큰 틀에서 보면 모두가 하나라고 주장했다. 아리스토텔레스도 그 연장선에서 시간을 변화의 척도로 보았다. 어떤 사물이나 현상에 변화가 생기는 이유는 시간이 흐르기 때문이라는 것이다.

이러한 대립적인 관점은 이후 서양 철학, 그리고 오늘날 현대 물리학에까지 이어지고 있다. 존재의 본질에 관한 이 논쟁의 상당 부분은 결국 사물을 담고 있는 공간과 그것의 변화를 나타내는 시간이 무엇인지에 대한 문제라고도 볼 수 있다. 우리는 일상생활에서 시간과 공간을 너무도 생생히 경험한다. 따라서 시간과 공간이 없는 세상을 상상하기 어렵다. 하지만 우리가 이처럼 당연한 것으로 여기는 이 시공간의 문제를 고대 철학자들이나 오늘날의 물리학자들은 존재의 근원을 밝히는 본질이라고 인식했다.

종교도 시공간에 대한 설명을 시도했다. 아우구스티누스는 《고백론》에서 시간은 인간의 마음이 만드는 주관적인 현상이라고 해석했다. 그에 따르면 과거와 현재, 미래는 모두 현재의 의식 속에 있다. 즉 과거는 기억 속의 현재이며, 미래는 기대 속의 현재, 그리고 현재는 직관 속의 현재라는 것이다. 그리고 오직 신만이 시간을 초월하는 존재라고 주장했다.

한편, 붓다는 시간 속에서 끊임없이 변하는 마음에 대해서는 설했지만, 이를 세상이 돌아가는 원리라고 설명하지는 않았다. 초기 불교 문헌에 대한 근대의 서지학적 분석에 의하면, 그는 마음을 설했을 뿐, 우주나 세상에 대한 형이상학적 설명은 분명하고 강하게 거부했다. 하지만 붓다 사후 수 세기가 지나는 사이 간다라 지방에서 철학적이고 신앙적인 종교로 변모해 동북아시아로 전해진 대승불교는 시간에 대해 보다 구체적으로 언급했다. 기원후 2~3세기 인물인 나가르주나(용수龍樹)는 《중론中論》에서 "과거, 미래, 현재는 존재하지 않는데, 어떻게 태어남, 늙음, 죽음에 대해 산만하게 논할 수 있는가?"라고 반문했다. 하지만 그의 저작은 역설적인 표현들로 가득 차 있기 때문에 시간이 존재하지 않는다는 언급이 대승불교 철학의 근간인 연기설緣起說과 어떻게 연결되는지는 명확하지 않다. 연기설은 마음이나 사물이나 변화, 즉 시간의 흐름을 전제로 하기 때문이다.

시간과 공간의 문제가 논쟁의 본격적인 주제가 된 것은 근세에 들어온 이후부터다. 뉴턴은 시간과 공간이 절대적으로 존재하는 실체라고 주장했다. 시간은 외부의 조건과 무관하게 항상 균일하게 흐르며, 공간도 그 안에 담긴 물체들과 독립적으로 존재한다는 것이다. 반면, 뉴턴의 경쟁자로 미적분을 거의 동시에 발견한 독일의 철학자이자 과학자인 고트프리트 라이프니츠Gottfried Leibniz는 절대 시간과 절대 공간의 개념을 강하게 부정했다. 그는 시간과 공간은 독립적으로 존재하는 실체가 아니며, 단지 사물들 사이의 관계에서 파생되는 부차적 성질이라고 보았다. 심지어 이를 강조하려고 자신의 이름에서 'time(라틴어 tempus)'의 철자에 포함된 't'자를 뺐다는 이야기까지 전해진다.

두 사람의 논쟁은 라이프니츠가 세상을 먼저 떠나는 바람에 오래 지속되지 못했다. 결국 뉴턴의 절대 시간과 절대 공간 개념은 그의 만유인력 이론이 큰 성공을 거둔 데 힘입어 200여 년 동안 과학계의 지배적 견해가 되었다.

철학계에서는 상황이 조금 달라 라이프니츠의 주장이 후대 철학자들에게 큰 영향을 미쳤다. 칸트는 시간과 공간은 실재하는 것은 아니지만, 우리가 세계를 경험하고 이해하는 데 필요한 정신의 기본 구조라고 재해석했다. 즉, 라이프니츠의 견해를 수용하면서 뉴턴의 주장도 일부 반영하는 중재적 입장을 취했다. 헤겔은 더 나아가 시간은 단순한 인식 구조의 틀이 아니라, 정신이 스스로 실현해 가는 변증법적 과정의 한 측면이라고 주장했다.

고대 이래 사변적思辨的 수준에 머무르던 시간에 대한 논의는 20세기 초에 이르러 철학계와 과학계 양쪽 모두에서 중요한 이슈로 부상했다. 1905년 아인슈타인의 상대성 원리가 발표되자 시간에 대한 기존 지식은 중대한 전환이 불가피해졌다. 라이프니츠가 주장한 시간과 공간의 관계적 특성이 약 200년 후에 상대성 이론으로 되살아나기 시작한 것이다. 아인슈타인은 10년 뒤인 1915년에는 일반 상대성 이론을 발표했다.

한편, 물리학에서 뉴턴의 절대 시간과 절대 공간 개념이 도전받기 시작하자, 철학계에서도 시간의 본질에 대한 근본적인 재검토가 이루어졌다. 그 계기는 케임브리지 대학교의 철학자 존 맥타가트 John McTaggart가 1908년 발표한 〈시간의 비실재성The Unreality of Time〉이라는 유명한 글이었다. 그의 시간론이 아인슈타인에게서 직접적인 영향을 받았다고 보기는 어렵다. 그러나 20세기 초에 이르러 시간의 문제가 두 학문 분야에서 중요한 형이상학적 논제로 떠오른 것은 흥미로운 동시성이라고 할 수 있다.

먼저, 맥타가트는 엄밀한 현대적 논리 분석을 통해 시간이 존재하지 않는다고 주장했다. 그가 펼친 논리는 매우 정교해서 오늘날까지도 시간을 연구하는 철학자들과 심지어 일부 물리학자들도 인용하고 있을 정도로 영향력이 크다. 하지만 매우 난해한 논리여서 여기서는 결론만 소개하겠다. 맥타가트는 시간이 두 가지 방식으로 존재할 수 있다고 보고 각각에 A-계열과 B-계열로 이름 붙여 분석했다. A-계열은 우리가 통상적으로 알고 있는 과거-현재-미래가 시계열적으로 흐르는 방식이다. 이 경우 '현재'라는 상태는 과거와 미래를 연결하며 끊임없이 갱신되고 이어진다. 그러나 하나의 사건이 동시에 미래, 현재, 과거가 될 수 없으므로 이는 모순으로 보았다. 한편, B-계열에서는 시간을 흐름이 아니라 '이전-이후'의 관계로만 본다. 예를 들어, '어제는 오늘의 이전이고, 내일은 오늘의 이후'라는 식으로, 모든 사건은 순서대로 배열되어 있을 뿐이다. 하지만 사건들이 단순히 '이전-이후'의 관계로만 존재한다면 시간의 흐

름이 없으므로 변화는 설명하지 못한다. 결국, 맥타가트는 A-계열
과 B-계열 모두 논리적 모순이며, 따라서 '시간은 존재하지 않는
다'는 결론을 내렸다.

시간이 존재하지 않는다는 맥타가트의 논리에 반대하는 견해는
현재주의presentism이다. 20세기 중반 들어 일부 철학자들에 의해 제
시된 현재주의에 따르면 세상의 모든 사물과 현상은 끊임없이 변
화하는 현재 속에서만 실재한다. 왜냐하면 과거는 지나가 없어졌으
며, 미래는 아직 오지 않아 존재하지 않는다. 오직 현재만이 존재론
적으로 의미가 있다는 것이다. 그러나 현재주의는 특수 상대성 이
론 앞에 무너진다.

시간의 흐름은 환상이다 – 특수 상대성 이론

우리는 일상에서 시간이 모든 사람에게 동일하게 흐른다고 생
각한다. 시간은 우주 어디서나 똑같이 흐른다고 믿는다. 이는 뉴턴
이래로 물리학의 기본 전제이기도 했다. 그러나 1905년 스위스 특
허청의 직원이었던 알베르트 아인슈타인이 '특수 상대성 이론'을
발표하며 이러한 직관은 무참히 뒤집어졌다.

특수 상대성 이론이란 무엇일까? 놀랍게도 매우 간단한 두 원칙
이 이론의 핵심이다.

첫 번째 원칙은 세상의 사물들이 움직이는 현상, 즉 물리 법칙
은 모든 관성계에서 동일하다는 것이다. 어렵게 들리지만, 물리학
에서 관성계라 함은 정지해 있거나 일정한 속도로(등속으로) 움직이
는 물체나 시스템을 말한다. 가령, 빠르게 등속으로 날아가고 있는

비행기 안에서 위로 던진 공은 땅 위에서처럼 똑같은 방식으로 떨어진다. 고속으로 움직이는 비행기 안에 있든 땅 위에 있든 공은 자신이 속한 계(비행기 속 혹은 땅 위)에서 똑같은 방식으로 움직인다. 관성계에선 물리 법칙이 동일하기 때문이다.

다만 외부의 한 곳에 정지해 있는 사람이 투명한 창을 통해 비행기 안을 본다면 공이 하늘을 가로지르며 빠르게 움직이는 것을 볼 것이다. 이처럼 '모든 물체의 운동은 상대적'이라는 명제는 첫 번째 원칙의 다른 표현이다. 달리는 기차 안에서 비슷한 방향으로 달리는 옆 기차를 봤을 때 움직이지 않는다고 느낀 경험이 있을 것이다. 같은 방향으로 움직이는 두 기차의 속도가 비슷할 때 생기는 현상이다. 그러나 두 기차가 반대 방향으로 간다면 각각의 속도를 합친 것만큼 서로 빨리 지나가는 것처럼 보인다. 이 현상은 모든 운동이 상대적이라는 사실을 말해 준다. 특수 상대성 이론의 첫 번째 원칙인 운동의 상대성은 17세기에 갈릴레이가 이미 발견한 바 있다. 아인슈타인의 혁명적 발상은 특수 상대성 이론의 두 번째 원칙에서 관찰할 수 있다.

특수 상대성 이론의 두 번째 원칙은 누가, 어디서 관측하건 빛의 속도는 똑같다는 것이다. 빛의 속도는 진공에서 초속 약 30만 킬로미터인데, 우주의 모든 계에서 (움직이는 계이든 정지해 있는 계이든) 동일하게 관측된다는 것이다. 이 원칙은 얼핏 평범해 보인다. 하지만 우리가 일상에서 느끼는 직관에 완전히 반대되는 발상이다. 가령, 어떤 사람이 시속 100킬로미터로 달리는 기차의 통로에서 진행 방향으로 시속 20킬로미터로 뛴다면 어떨까? 첫 번째 원칙대로 기차 안의 사람들은 그가 시속 20킬로미터로 뛰는 모습을 볼 뿐이다. 이와 달리, 기차 밖 선로에 서서 투명 유리를 통해 이를 바라보는 사람은 그가 시속 120킬로미터의 상대 속도로 빠르게 기차의 진행 방향으로 멀어지는 모습을 볼 것이다.

하지만 빛은 다르다. 만약 기차나 로켓에서 진행 방향으로 레이저 빛을 쏜다면 그 안에 있는 사람에게나 밖에 있는 사람에게나 빛은 모두 똑같이 초속 30만 킬로미터로 날아간다. 즉, 빛의 경우는 물체(기차나 로켓)의 속도에 광속을 더한 상대 속도가 적용되지 않는다. 운동 상태와 무관하게 누구에게나 오직 하나의 속도(광속)로만 관찰된다.

아인슈타인은 학업 부진아여서 중등학교 졸업장도 없었다. 하지만 많은 책을 읽고 자연 현상에 대해 깊은 호기심을 품어 왔으며, 이 문제를 16세 때부터 깊이 생각했다. 그는 자신이 초속 30만 킬로미터의 속도로 빛과 평행하게 달리는 흥미로운 경우를 상정해 보았다. 그렇게 되면 자신과 빛의 속도가 같으므로 빛이 정지한 듯 보여야 한다. 이는 마치 평행하게 같은 속도로 달리는 옆의 기차를 창 너머로 바라보면 움직이지 않는 듯 상대 속도가 0이 되는 상황과 같기 때문이다. 그는 빛이 움직이지 않는다는 것은 자연에서 일어날 수 없는 일이므로 모순이라고 생각했다. 정지한 빛은 어느 곳에도 도달할 수 없으므로 빛은 있으되 아무것도 보이지 않는 기괴한 상황이기 때문이다. 따라서 빛이 움직이지 않게 보이는 모순적 상황을 피하려면 광속은 운동의 상대성에서 예외가 되어 어떤 경우에도 변치 않아야 한다고 생각했다.

광속 불변은 얼핏 단순한 원리처럼 보이지만 매우 중요한 결과로 이어진다. 왜냐하면 속도가 변하지 않기 때문에 빛은 사물의 움직임을 설명할 때 기준이 될 것이다. 그렇게 되면 운동이 펼쳐지는 무대로 생각해 왔던 시간과 공간이 상대적으로 변할 수밖에 없다.

그 결과 어떤 물체가 속도를 가지고 움직이면 고정된 값의 광속에 맞추려고 시간이 느려진다(시간 지연). 또한 움직이는 방향의 공간, 즉 길이는 짧아진다(길이 수축). 운동하는 물체에서 시간이 느려지고 길이가 줄어드는 이 현상은 실제로 항상 일어나고 있지만 우리는 일상생활에서 거의 알아채지 못한다. 그러나 빛의 속도에 가까워질 수록 그 효과는 급속하게 커진다. 예를 들어, 빛의 속도의 99퍼센트로 움직이는 우주선이 있다면 지구에서의 100년이 거기서는 약 14년으로 느려진다.

움직이는 물체가 속도에 따라 얼마큼 시간이 느려지고 길이가 짧아지는지는 특수 상대성 이론 발표에 몇 년 앞서 네덜란드의 헨드릭 로런츠Hendrik A. Lorentz 등이 이미 '로런츠의 변환식'이라는 그리 어렵지 않은 수학식으로 유도했다. 또, 프랑스의 천재 수학자 앙리 푸앵카레Henri Poincaré도 특수 상대성 이론에 거의 근접한 적이 있다. 그러나 그들은 이 식들이 수학적 트릭(편의)일 뿐이라고 지나쳐 버렸다. 반면, 아인슈타인은 빛의 속도가 고정된 값을 가져야 하며 그렇게 되기 위해서는 시간과 공간이 변해야 한다는 파격적인 발상을 한 것이다.

그런데 우주선의 예에서 중요한 사실은 운동에 따라 느려지는 시간이 상대 시간이란 점이다. 다시 말해 위의 예에서 우주선의 시간이 14년으로 느리게 흐르는 것은 지구에서 보았을 때의 상대적 시간이다. 반면 우주선 안의 사람들은 평상시와 똑같은 시간을 경험하므로 더 젊어지지 않는다. 이유는 간단하다. 특수 상대성 이론의 첫 번째 원칙대로 각 관성계(이 경우 우주선 안)는 운동 상태(속도)와 무관하게 지구에서와 동일한 물리 법칙을 따르기 때문이다.

시간과 공간의 상대성과 함께 특수 상대성 이론이 보여 주는 또 다른 중요한 철학적 함의는 '동시성의 상대성relativity of simultaneity'이다. 이는 우리의 우주에는 '동시'라는 개념이 존재하지 않는다는 의미이다. 이를 쉽게 이해하기 위해 다음과 같은 경우를 생각해 보자.

지구에서 250만 광년(빛으로 250만 년 가는 거리) 떨어진 안드로메다 은하를 탐사하러 우주선이 발사되었다고 하자. 그리고 발사 시점에 때마침 그 은하에 있는 초신성 1개가 폭발했다고 가정하자. 빛이 오는 데는 시간이 걸리므로 지구에서는 그 초신성의 폭발을 250만 년이 지난 후에야 관측해 알게 된다. 그렇다면 우주선을 타고 가는 사람들은 어떨까? 그들의 우주선은 지구에서 멀어지며 안드로메다로 향하기 때문에 250만 년보다는 좀 일찍 폭발하는 초신성을 볼 것이다. 폭발할 때의 빛이 지구보다 우주선에 먼저 도달하기 때문이다. 그 시점은 우주선의 속도에 따라 달라지므로 (앞서 언급한 '로런츠의 변환식'으로) 계산해 보면 알겠지만 일단 230만 년 후에 본다고 해두자.

여기서 기이한 일이 벌어진다. 우주선의 사람들이 초신성을 관찰한 순간을 기준으로 보면 그들에게 초신성 폭발은 '현재'이다. 그러나 초신성 폭발은 그보다 230만 년 전에 일어났으므로 안드로메다 은하에 있는 사람에게는 '과거의 사건'이다. 반면, 지구에 있는 사람에게는 20만 년 후에 일어날 '미래의 사건'이다. 동일한 사건인데 관측자의 위치나 운동 상태에 따라 과거와 현재, 미래가 다르게 나타나는 것이다.

이처럼 우리가 사는 세상에는 과거와 현재, 미래가 뒤범벅이 되어 있다. 믿기지 않는다면 오늘 밤 밖에 나가 하늘을 바라보라. 밤하늘의 천체는 전혀 현재를 반영하고 있지 않다. 짧게는 약 1초 전(달의 경우)에서 길게는 100억 년 전에 존재했던 수많은 과거(초기 항성의 경우)가 섞여 있는 모습이다. 시간뿐이 아니다. 천체들로 가득한 밤하늘의 공간은 무수히 많은 각기 다른 과거 공간들이 뒤섞여 있는 기묘한 집합이다.

이처럼 과거와 현재, 미래는 절대적인 구분이 없으며, 따라서 시간은 더 이상 모든 사람이 공유하는 보편적인 흐름이 아니다. 저명한 어느 석학은 '시간의 흐름이 환상'이라는 사실을 아인슈타인이 밝혀낸 지 100년이 넘었으며 이를 확인해 주는 증거가 차고 넘치는데도 아직도 이를 의심하거나 잘 모르겠다고 하는 물리학자들이 많다고 개탄했다.

1955년 아인슈타인은 스위스 취리히 공대 시절부터 절친했던 벗 미헬레 베소Michele Besso의 죽음을 애도하며 그의 여동생에게 편지를 보냈다.

"미헬레는 나보다 조금 앞서 이 기이한 세상을 떠났습니다. 이는 특별한 의미가 없습니다. 물리학을 믿는 우리와 같은 사람들에게는 과거, 현재, 미래의 구분이 단지 끈질기고 고집스러운 환상일 뿐입니다."

아인슈타인은 34일 후 친구의 뒤를 따라 '기이한 세상'을 떠났다.

4차원의 시공간과 영원주의

아인슈타인은 1905년에 시간의 파격적 특성을 보여 주는 특수 상대성 이론을 발표했지만 자신의 이론에 또 다른 중요한 내용이 내포되어 있다는 사실을 알아채지 못했다. 다름 아닌 '4차원의 시공간spacetime' 개념이었다. 이를 간파한 인물은 아인슈타인을 수학을 못하는 '게으른 개'로 혹평하고 졸업 후 취업 추천서도 써주

지 않았던 취리히 공대의 스승 헤르만 민코프스키Hermann Minkowski
였다. 그는 아인슈타인이 특수 상대성 이론을 발표한 지 2년 후인
1907년 제자의 이론을 완성된 수학으로 보강된 완성된 설명을 내
놓았다. 그리고 이듬해에 열린 제80회 독일 과학자 모임에서 "(그때
까지) 별개로 생각해 왔던 시간과 공간은 그림자처럼 사라질 것이
며, 둘이 합쳐진 하나의 실체만이 살아남을 것"이라는 유명한 강연
을 했다. 안타깝게도 그는 이 강연 후 4개월도 지나지 않아 맹장염
으로 44세의 나이에 세상을 떠났다.

'민코프스키 시공간'으로도 불리는 '4차원의 시공간'이란 무엇
일까? 시간과 공간이 세상이라는 존재의 근간인 만큼 어렵더라도
다시 살펴볼 필요가 있다. 우선, 시공간이란 문자 그대로 시간과 공
간을 합친 용어이다. 둘은 별개가 아니라 하나로 묶어 보아야 한다
는 뜻이다. 그러면 차원dimension이란 또 무엇인가? 물리학에서는 주
어진 한 순간에 어떤 곳에서 일어나는 자연 현상이나 상황을 모두
'사건event'이라는 용어로 부른다. 살인 사건이나 횡령 사건뿐만 아
니라, 나무 위의 사과가 땅에 떨어지는 현상도 사건이며, 쇳가루가
딸깍 자석에 들러붙는 상황도 사건이다. '차원'이란 이러한 사건을
기술하기 위해 필요한 수의 개수를 말한다.

기차가 경부선의 어느 곳을 달리고 있는지를 알려면 서울 혹은
부산 기점 몇 킬로미터에 있는지 숫자 하나만 알면 된다. 따라서 경
부선이라는 '선'은 1차원이다. 바다에 떠 있는 배가 어디 있는지 알
려면 지도에서 경도와 위도라는 2개의 숫자를 알면 되므로, '면'은
2차원이다. 비행기가 어디 있는지 알려면 위도와 경도뿐만 아니라
고도까지 3개의 숫자를 알아야 하므로, '입체'는 3차원이다. 여기까
지는 상식이다. 그런데 그것들이 움직이고 있는 상황, 즉 '사건'을

표시하려면 1, 2, 3차원의 공간적 위치만으로 충분할까? 당연히 시간의 정보가 추가로 있어야 한다. 기차나 배, 비행기가 어디 있는지 공간적 위치뿐만 아니라, 언제 거기에 있는지를 알아야 그 움직임을 정확히 파악할 수 있다.

다시 말해, 공간의 위치 정보에 추가하여 시간이라는 네 번째 차원의 정보가 있어야 삼라만상의 현상들을 온전하게 기술할 수 있다. 물체의 운동뿐 아니라 우리의 일상생활도 3차원 공간 차원에 시간 차원이 추가되어야 비로소 의미가 있게 된다. 어떤 사람과 만나기로 약속했는데 공간적 장소만 정한다면 아무 의미가 없다. 내비게이션 지도의 한 지점에 있는 ○○빌딩, 몇 층의 어디라는 공간적 위치에 더해 몇 시 몇 분의 시간이 지정되어야 만남이라는 사건이 성립된다. 이처럼 우리는 3차원의 공간에 또 하나의 차원인 시간이 결합된 4차원의 시공간에 살고 있다.

우리의 뇌는 4차원의 시공간을 인식하지 못한다. 인간을 비롯한 대부분의 동물은 3차원의 공간에 적응하면서 진화했기 때문에 시간을 주관적으로 느낄 뿐이다. 따라서 1차원의 직선, 중고교 때 배운 2차원의 xy 평면 좌표, 3차원의 입체 좌표는 생각할 수 있어도, 시간이 더해진 4차원의 좌표는 머리에 떠올리거나 시각화하지 못한다. 따라서 수학적 표현에 의존할 수밖에 없는데, 민코프스키는 공간 차원을 한두 개 생략한 '빛 원뿔' 등의 기하학적 편법으로 시각화한 모델을 제시해 4차원 시공간의 이해를 돕기도 했다.

아인슈타인은 민코프스키가 제시한 4차원의 시공간 개념을 처음에는 무시했다. 자신의 이론을 물리 현상이 아닌 수학으로 복잡하게 만들며 잘난 척하는 '불필요한 학식überflüssige Gelehrsamkeit'이라고 생각했다. 하지만 금방 민코프스키의 4차원 시공간 개념이 자기 이론에서 매우 중요한 요소라는 사실을 깨달은 아인슈타인은 이 개념을 바탕으로 약 8년간 고군분투한 끝에 1915년 일반 상대성 이론을 발표했다. 이는 특수 상대성 이론이 다루었던 관성계(정지한 상태 혹은 일정한 속도로 움직이는 계)뿐만 아니라 가속, 감속 등 속도가 변하는 자연의 모든 계로 상대성의 원리를 일반화시킨 것이다.

일반 상대성 이론은 아인슈타인이 자기 생각을 수학적으로 표현하기 위해 약 8년 동안 애먹었을 만큼 수식이 어렵다. 그러나 시간의 기묘하고 반직관적인 성질을 묘사하는 특수 상대성 이론에 비해 일반 상대성 이론은 훨씬 이해하기가 쉽다. 한마디로 물체나 에너지가 시공간을 휘게 한다는 내용이다. 마찬가지로 휘어진 시공간이 있으면 그곳을 따라 물체가 움직인다는 것이다. 마치 스펀지 위에 큰 공을 놓으면 움푹 휘어져 파이며, 그 파인 골을 따라 작은 구슬들이 잘 굴러갈 수 있게 되는 모습에 비유할 수 있다. 여기서 스펀지는 3차원 물체이지만 4차원 시공간을 시각화하기 위해 차원 1개를 생략해 비유한 것이다.

일반 상대성 이론에 따르면 뉴턴의 만유인력은 근사적으로만 맞지만 자연을 정확히 기술한 것은 아니다. 또한 중력처럼 물체들을 끌어당기는 힘인 인력은 존재하지 않는다. 물체들이 서로 끌어당기는 것은 힘 때문이 아니라 단순히 시공간이 휘었기 때문이다. 큰(정확히는 질량이 큰) 물체는 시공간을 더 휘게 만들기에 다른 물체를 더 잘 끌어들인다.

그런데 시공간이 휜다는 것은 무슨 의미일까? 특수 상대성 이론에서 4차원의 시공간 좌표 각각은 직선으로 딱딱했다. 이와 달리 일반 상대성 이론에서는 4차원 좌표가 스펀지처럼 흐물흐물하다는 뜻이다. 가령, 물체가 있으면 그 주변의 시공간이 휘어지면서 인력이

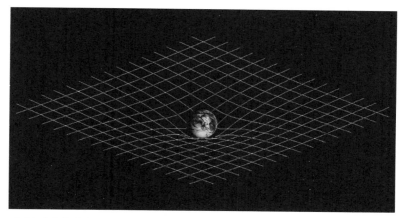

아인슈타인의 일반 상대성 이론을 시각화한 시공간 질량 있는 물체에 의해 4차원 시공간이 휘어진다. 그림은 4차원 시공간을 2차원의 그물 모양 면으로 단순화한 모습이다. 출처: Wikipedia

나 중력과 같은 효과가 나타난다는 의미이기도 하다. 바꾸어 말해, 큰 물체가 있으면 공간이 휘어질 뿐 아니라 시간도 굽어진다. 직선이 아니라 굽어진 곡선을 따라가므로 시간은 늦게 흐르게 된다(시간 지연). 실제로 지구 표면에서는 높은 대기권보다 중력이 더 강하므로 (무거운 지구에 의해 시공간이 더 휘어졌으므로) 시간이 약간 늦게 흐른다.

그렇지 않아도 특수 상대성 이론에서 운동 상태(속도)에 따라 시간이 뒤죽박죽이 되는데, 일반 상대성 이론에서는 물체(질량)까지 시간을 변형시켜 상황을 더욱 복잡하게 만드는 것이다. 이처럼 흐물거리는 4차원 시공간 좌표로 사물이나 자연 현상을 세부적으로 설명하려니 일반 상대성 이론의 수학은 어려울 수밖에 없다. 그러나 개념적으로는 매우 단순하다고 볼 수 있다.

상대성 이론은 수많은 관측과 예측으로 검증되었다. 대표적인 예가 GPS 위성이다. GPS 위성은 빠른 속도로 지구 궤도를 돌기 때문에 특수 상대성 이론의 예측대로 내장된 시계가 하루에 7.2마이크로초나 느려져 지구 표면 거리상 2.2킬로미터의 오차가 생긴다. 반면, 일반 상대성 이론의 예측대로 높은 궤도에서는 지구 중력이 약해지므로 위성의 시계가 하루에 45.8마이크로초나 빨라져 13.7킬로미터의 오차가 발생한다. 상대성 이론이 이러한 오차를 보정해주기 때문에 우리는 GPS를 사용하고 있다.

앞서 상대성 이론은 과거, 현재, 미래의 구분이 없다고 했다. 이것은 단순히 가설에 기반한 허무맹랑한 말이 아니다. 적어도 현재 시점의 지식으로 볼 때, 수많은 관측으로 입증되고 있는 우리가 사는 세상의 엄연한 현실이다. 이러한 현실을 외면하고 형이상학을 논할 수 있을까?

상대성 이론에 의하면, 우주에는 '지금now'과 '여기here'라는 절대 시간과 절대 공간이 없다. '현재'라는 시간은 관측자의 위치나 운동 상태, 주변의 물체에 따라 아무 때나 될 수 있다. 우주에는 '현재를 관통하는 공통적인 시간' 혹은 '동시'라는 개념이 존재하지 않는다. 시간은 상대적이다. 마찬가지로 주변에 아무 천체가 없는 우주 공간에서 두 물체 중 '어떤 것이 높은 곳에 있는가?'라고 묻는 것은 난센스다. 공간도 상대적인 것이다. '현재'라는 시간을 특정할 수 없듯이, '여기'라고 말할 수 있는 공간도 없다.

이처럼 시간과 공간은 절대적이지 않으며, 관찰자에게만 다르게 나타날 뿐 과거, 현재, 미래가 구분이 없이 공존한다는 상대성 이론의 관점을 철학적 논의에서는 영원주의Eternalism라고 부른다. 또한 이러한 우주를 '블록 우주Block Universe'라고도 부른다. 이 용어는 시간과 공간을 분리된 개념이 아닌 하나의 통합된 '시공간 연속체'로 보아야 한다는 민코프스키의 해석을 반영한 것이다. 과거, 현재, 미래의 시간이 벽돌처럼 단단하고 변하지 않는 전체 '블록' 안에 동시에, 동등하게 존재하며 구조화되어 있다는 의미이다. 영원주의나 블록 우주에서는 우주가 시간에 따라 '변화'하지 않으며, 영원히 정적이다. 따라서 과거와 현재, 미래라는 시간의 흐름은 우리의 주관적 경험이 만드는 환상이라고 본다.

마지막으로 부언하자면, 상대성 이론에 토대를 둔 영원주의는 시간이 존재하지 않는다고 주장한 철학자 맥타가트의 입장과는 미묘한 차이가 있다. 왜냐하면 영원주의에서는 시간은 존재하지만 흐르지 않는다고 보기 때문이다. 또 하나 언급할 점은 상대성 이론은 거시계에 적용되는 이론이라는 사실이다. 따라서 상대성 이론의 효과는 광속이나 그에 가까운 속도를 가진 물체나 계, 그리고 천체처럼 큰 규모에서 뚜렷이 나타난다. 물론 일상생활에서도 그 효과가 나타나지만 거의 느끼지 못한다. 그리고 (특히 일반 상대성 이론은) 원자와 같은 미시계에는 적용되지 않는다. 그런 계에서는 다른 양자이론이 적용된다.

양자 이론의 도전 – 기이한 실재관

현대 물리학의 양대 기둥인 상대성 이론이 거시 세계의 자연 현상을 다룬다면, 양자역학은 원자나 아원자 입자처럼 극히 작은 규모에서 물질과 에너지의 거동을 연구한다. 20세기 초에 발전한 양자역학은 현실에 대한 우리의 이해에 혁명을 일으켰으며, 존재, 관찰, 결정론의 본질에 대한 심오한 철학적 질문을 제기하고 있다.

우리는 오랫동안 뉴턴의 고전역학적 세계관 속에서 살아 왔다. 예를 들어 고전적 세계관에서는 물체의 상태인 위치와 속도를 정확히 측정할 수 있고, 인과 관계가 명확하며, 관찰자와 관찰 대상이 명확히 분리되어 있다. 그러나 원자 혹은 그보다 작은 아원자와 같은 미시 세계에 들어가면 이러한 세계관으로 설명할 수 없는, 완전히 다른 실재의 모습이 드러난다. 미세 세계의 기묘한 성질 몇 가지를 요약하면 다음과 같다.

먼저, '양자역학'이란 용어부터 살펴보자. '사물을 쪼개고 또 쪼개면 무엇이 나올까?'라는 질문을 해보지 않은 사람은 드물 것이다. 양자역학에 의하면, 사물을 무한히 쪼개는 것은 개념적으로 불가능하다. 왜냐하면 사물을 계속 작게 나누다 보면 어느 단계 이하에서는 애매모호하게 뭉툭해지는 성질이 나타나기 때문이다. 뚜렷한 경계가 없이 모호하게 작아진 이것을 물리학자들은 '양자 quntum'라고 부른다. 양자는 어떤 양量을 가진 작은 입자란 뜻이다. 그런데 그 '양'(에너지 등)에는 불연속적인 뭉치처럼 특정한 기본값만 있을 뿐이다. 그 사이에는 연속적으로 이어지는 값들이 존재하지 않는다. 따라서 양자보다 더 작게 쪼갤 수 없는 또 다른 이유는 그 사이의 존재하지 않는 값들을 나눈다는 것이 무의미하기 때문이다. '양자역학'이란 이 양자들의 운동, 즉 변화하는 상태를 연구하는 분야이다. 움직임을 알고자 하는 이유는 양자들은 한순간도 정지해 있지 않고 운동(변화)하고 있기 때문이다.

그렇다면 양자의 크기는 얼마나 작을까? 한마디로, 모호한 실체이므로 기준이 되는 정해진 크기가 없으며, 물리적 상태에 따라 다를 수 있다. 전자, 양성자, 중성자, 빛(광자) 등이 모두 양자이다. 원자나 원자보다 큰 분자도 특정한 조건에서는 양자적 상태가 될 수 있다. 양자의 첫 번째 기이한 성질은 입자인 동시에 파동의 모습을 보이는 이중성이다. 가령, 일상생활에서 흔히 접하는 대표적인 파동인 음파는 공기의 밀도 변화가 전달되는 과정으로 상식적으로 보아도 물질이라고 할 수 없다. 반면, 양자에는 이처럼 파동인 동시에 입자가 보여 주는 기묘한 성질이 있다. 하지만 우리가 흔히 알고 있는 입자와 같은 덩어리는 아니다. 파동 분석기로 측정하면 파동으로, 입자적 특성을 측정하는 장치로 분석하면 입자로 나타난다.

양자의 두 번째 기이한 성질은 불확정성이다. 가령 양자적 입자인 전자는 어디에서 어떤 속도로 움직이고 있는지가 동시에 정확히 정해지지 않는다. 다시 말해 입자의 위치가 정확히 정해질수록 운동량(혹은 속도)이 애매해지며, 반대로 운동량이 정확해질수록 그것의 위치가 불확실해진다. 이는 측정 기술상의 한계 문제가 아니라 자연의 근본적인 '원리'이다. '하이젠베르크의 불확정성 원리'로 불리는 이 원리는 입자의 에너지를 정확히 알면 그것이 존속하는 시간이 애매해진다고 바꾸어 말할 수도 있으며, 그 역도 마찬가지이다. 즉 미시 세계에서는 물질이 우리의 상식처럼 확정적이고 결정적인 방식으로 존재하지 않는다.

양자의 세계가 보여 주는 세 번째 기이한 성질은 중첩superposition이라는 충격적인 개념이다. 가령, 전자는 어느 순간에 특정한 한 곳의 위치에 존재하는 것이 아니라, 여러 위치에 동시에 존재하는 것처럼 행동한다. 더구나 우리가 그것을 관측하는 순간, 전자는 특정한 위치에 존재하는 것으로 '결정'되는데, 이를 측정의 문제라고 한다. 즉 실재는 원래 있는 그대로 우리에게 드러나지 않고, 우리의 관찰 행위에 의해 특정한 모습으로 형성된다는 것이다. 이와 관련된 유명한 사고 실험이 바로 '슈뢰딩거의 고양이'다. 밀폐된 독가스 상자 안의 고양이는 살아 있음과 죽어 있음이 동시에 성립하는 '중첩 상태'에 있으며, 상자를 열어 보기 전까지는 두 상태가 공존한다. 그러다가 상자를 열어 보면, 고양이는 살아 있음이나 죽어 있음 가운데 하나의 상태에만 존재한다.

이는 우리의 작은 세계가 본질적으로 확정적이 아니라 확률적이라는 것을 의미한다. 중첩 상태를 (이를 구성하는) 개개의 상태가 확률적으로 공존하는 상태로 볼 수 있기 때문이다. 아인슈타인은 "신은 주사위 놀이를 하지 않는다"라는 유명한 말을 던지면서 자연 현상의 이러한 확률적 해석을 거부했다. 그러나 오늘날 대부분의 물리학자는 이 확률적 특성을 우주의 기본적인 특성으로 받아들이고 있다.

양자역학의 또 다른 기이한 특징은 '비국소성non-locality'이다. 비국소성이란 공간적으로 멀리 떨어진 두 위치의 사물이나 현상이 국소적(지역적)인 인과 관계를 따르지 않고 즉각적으로 연결되는 현상을 말한다. 가령, 서로 멀리 떨어진 두 입자가 '양자 얽힘quantum entanglement' 상태에 있으면, 한 입자의 상태에 관한 정보가 빛보다 빨리 즉각적으로 다른 입자의 상태에 영향을 미친 것 같은 현상이 발생한다. 아인슈타인이 '유령 같은 원격 작용spooky action at a distance'이라고 부르며 극렬히 거부했던 이 현상은 실험으로 상당 부분이 증명되었으며, 양자 얽힘을 입증한 과학자들이 2022년 노벨 물리학상까지 수상했다. 현재 연구 중인 양자 컴퓨터는 양자 얽힘 현상을 이용하고 있다.

이는 우주가 근본적으로 연결되어 있음을 암시한다. 각 부분은 전체와 불가분하게 연결되어 있다는 이 개념은 분리와 독립을 강조하는 서구의 철학적 전통과 대조된다. 양자역학의 해석은 아직도 연구 중이다. 하지만 적어도 그것이 보여주는 세계는 기존의 고전 물리학을 수정하는 정도가 아니라 근본적으로 다른 세계관을 요구한다. 그것은 확실성보다는 확률성을, 분리보다는 연결을, 객관성보다는 관계성을 강조하는 세계관이다.

그렇다면 양자역학의 세계에서 시간과 공간은 어떻게 이해될까? 전자의 상태를 나타내는 슈뢰딩거 방정식에서 시간은 대칭적이다. 즉, 시간의 방향을 거꾸로 해도 여전히 유효하게 입자들의 운동을 설명할 수 있다. 또한 걸출한 물리학자 리처드 파인먼Richard Feynman이 양자 입자들의 상호 작용을 시각화한 유명한 다이어그램에 의하면, 반입자들은 시간을 거꾸로 이동한다. 하지만 이는 수학적 기술이지 실제로 시간 자체가 역전되는 것인지는 의문시된다.

상대성 이론이 시간의 흐름을 상대적인 것으로 본다면, 양자역학은 한 걸음 더 나아가 시간과 공간의 근본적 본질에 많은 의문을 제기하고 있다. 시공간은 근본적인 실체인가, 아니면 더 깊은 양자 상태에서 창발創發, emergence하는 현상일까? 창발이란 이전에 없던 완전히 새로운 성질이 어느 단계에 이르러 갑자기 나타나는 현상으로 20세기 이후 물리학에서 연구하고 있는 개념이다. 예를 들어, 각각의 새는 무질서하게 행동하나 수백, 수천 마리가 떼 지어 날면 질서정연한 패턴이 나타나는 현상을 들 수 있다.

물리학과 철학의 과제

현대 물리학의 큰 도전 중 하나는 양자역학과 일반 상대성 이론을 통합하는 것이다. 현재의 지식에서는 양자역학은 미시 세계에서만, 그리고 중력 이론이라고도 일컬어지는 상대성 이론은 거시 세계에서만 적용되며 서로 호환되지 않는다. 둘의 통합을 시도하는 이론이 '양자 중력quantum gravity'이며, 성공한다면 '만물의 이론Theory of Everything'이 될 것이다. 물리학자들은 그것을 찾기 위해 여러 시도를 하고 있다. 그런데 현재까지 시도된 일부 양자 중력 이론의 초보적 암시에 의하면, 이들의 이론에는 기이하게도 시간이 포함되어 있지 않다. 시간이 자연의 근본적인 속성이 아닐 수도 있다는 것이다. 물론 이는 향후 규명해야 할 과제이다.

이 '양자 중력'이라는 분야를 연구하는 물리학자로, 평생을 시간에 대해 연구한 카를로 로벨리Carlo Rovelli는 '국소적 현재local present'라고 이름 붙인 매우 설득력 있는 철학적·물리학적 해석을 내놓았다. 살펴본 대로 거시 세계를 기술하는 상대성 이론에 의하면 시간의 흐름은 환상이다. 미시 세계를 기술하는 양자 이론은 여기에 더해 시간을 입자처럼 양자화하거나 확률성을 개입시키는 등 기이한 모습을 보인다. 그런데 우리는 일상생활에서 분명하게 시간의 흐름을 경험하며 살고 있다. 더구나 모든 물리 법칙은 시간의 흐름을 전제로 하여 자연 현상의 '변화'를 다루고 있지 않은가? 왜 이처럼 서로 다른 모습이 나타나고 있을까?

제2의 스티븐 호킹으로 불리는 로벨리가 제안한 해석에 의하면, 이 세상에는 절대적인 '현재'가 존재하지 않으며, 오직 관측자의 위치와 상태에 따라 다르게 정의되는 '국소적인 현재'만이 존재한다. 달리 말하자면, 우리가 체험하고 있는 '지금 여기'서는 현재가 존재하지만, 우주 전체에 걸쳐 통용되는 보편적인 현재는 없다는 것이다. 이처럼 국소적으로 시간의 흐름이 있는 듯이 나타나는 이유는 세상을 희미하게 보는 인식의 한계 때문이라고 해석했다.

가령, 우리의 뇌가 구분할 수 있는 시간 간격의 한계는 약 0.1초이다. 그보다 짧은 시간 간격을 우리는 구분하지 못한다. 0.1초는 빛이 지구 지름의 2배 반쯤 되는 3만 킬로미터를 갈 수 있는 긴 시간이다. 이에 비해 우리가 일상적으로 보고 만지고 느끼는 사물이나 공간들의 크기 규모는 그보다 훨씬 작은 수 밀리미터에서 수 미터 수준이다. 마치 줄자를 가지고 바이러스를 측정하는 것과 같다. 그래서 우리는 세상의 참모습을 보지 못하고 현재와 과거, 미래를 구분해서 인식한다는 것이다. 만약, 우리 뇌의 인식 능력이 0.00000000001초를 구분할 만큼 아주 정밀하다면 약 3밀리미터 크기 규모에서 일어나는 현상을 흐려짐 없이 볼 것이다. 그리고 거기에 시간의 흐름이 없다는 사실도 알아차릴 것이다. 실제로 미시 현상을 관측하는 오늘날의 정밀과학 장치나 먼 거리에서 빠르게 움직이는 GPS 위성의 장치들은 그것을 구분하고 있다.

이를 지구의 모습에 비유해 볼 수 있다. 높이 올라가 인공위성에서 보면 둥근 지구의 진짜 모습을 볼 수 있다. 반대로 땅바닥에 납작 엎드려 관찰하면 지표 구성 물질의 실체인 거칠고 울퉁불퉁한 흙이 보인다. 하지만 우리가 일상생활에서 보는 지구의 모습은 전혀 다르다. 땅은 평평하며 온갖 풍경들이 펼쳐져 있다. 우리는 그 속에서 둥근 지구의 실체나 거친 흙의 세부 모습을 인식하지 않고 살아간다. 현대 물리학이 말해 주는 자연의 근원적 성질을 인지하지 못한 채 시간이 실재하며 흘러간다고 느끼며 살아가고 있다. 그것이 우리가 경험하는 현실이라는 것이다.

현대 물리학이 제시하는 시공간에 대한 관점은 깊은 철학적 질문을 던진다. 만약 시간의 흐름이 환상이라면, 인간의 의식과 경험은 어떻게 이해해야 할까? 자유 의지는 어떻게 이해해야 할까? 과거와 미래가 어떤 의미에서 동시에 존재한다면, 우리의 선택과 책임은 어떤 의미를 갖게 될까? 인간은 이에 대한 답을 얻을 수 있을까? 물리학자들의 향후 연구, 그리고 이러한 심오한 질문에 대한 철학자들의 해석을 기다리는 수밖에 없다.

뇌신경과학이 던지는 철학적 숙제들

지난 수천 년간 철학자들은 인간의 이성, 자아, 의식 등을 이해하기 위해 노력해 왔다. 데카르트는 '나는 생각한다, 고로 존재한다'라는 명제를 통해 이성적 사고의 확실성을 주장했고, 칸트는 선험적 이성의 능력을 강조했다. 그러나 20세기 말 이후 뇌신경과학은 비약적으로 발전하며 전통적인 철학적 문제들에 대해 새로운 시각을 제공하고 있다. 특히 의식, 자유 의지, 자아 정체성과 같은 주제는 뇌신경과학적 연구를 통해 구체적이고 실증적인 방식으로 탐구되고 있다.

무엇보다도 우리의 뇌는 완벽한 논리 기계가 아니라는 점이 밝혀졌다. 생존에 유용했던 다양한 편향과 불충분한 정보나 시간으로 인해 합리적인 판단이 어려운 상황에서 엉성한 추론을 사용한다. 많은 연구는 인간의 판단이 인지적 편향의 영향을 얼마나 많이 받는지를 보여 주었다. 이러한 편향들은 우리 조상들의 생존에는 도움이 되었을지 모르나, 현대 사회의 복잡한 문제들을 다루는 데는 종종 장애가 된다. 이는 칸트가 상정했던 순수하고 보편적인 이성의 존재에 의문을 제기한다.

자아의 문제도 신경과학의 발견으로 새롭게 이해되고 있다. 전통적으로 철학자들은 자아를 단일하고 일관된 실체로 보는 경향이 있었다. 그러나 뇌 영상 연구들은 우리가 '나'라고 생각하는 것이 사실은 뇌의 여러 영역이 만들어내는 복잡한 구성물임을 보여 준다. 가령, 좌우 뇌가 분리된 환자들은 서로 다른 의식이 공존할 수 있음을 보여 준다. 이는 자아의 단일성이라는 우리의 직관적 믿음에 도전한다. 자아 의식은 뇌에서 지속적으로 구성되는 과정이라는 것이 뇌신경과학의 일반적인 설명이다. 자아라는 것은 우리의 신체와 정신 상태를 효과적으로 관리하기 위해 진화한 것으로, 절대적이거나 영속적인 실체가 아니라는 것이다.

의식의 문제도 뇌신경과학의 중요한 주제이다. 이에 대해 호주의 분석철학자 데이비드 차머스David Chalmers는 1999년 '의식의 어려운 문제hard problem of consciousness'라고 불리는 도전적 논제를 뇌신경과학계와 철학계에 던졌다. "어떻게 물리적 뇌에서 주관적 경험이 발생하는가?"라고 그가 제기한 질문은 이후 현대 철학의 핵심 문제로 자리 잡았다. 뇌신경과학은 이 문제에 직접적인 해답을 제시하지는 못했지만, 의식과 신경 활동 사이의 상관관계를 밝히려고 여러 시도를 하고 있다.

예를 들어, 의식적 인식이 일어나기 위해서는 전두엽(이마엽)과 두정엽(마루엽)이라는 뇌 부위 사이의 광범위한 신경망 활성화가 필요하다는 '전역 신경 작업공간 이론Global Neuronal Workspace Theory'이나, 의식이 뇌의 특정 부위가 아닌 통합적 정보 처리의 결과라고 주장하는 '통합 정보 이론Integrated Information Theory'이 의식의 신경학적 기반으로 경쟁하고 있다.

우리에게 자유 의지가 있는지도 뇌신경과학이 던진 뜨거운 주제이다. 7장에서 언급했듯이 뇌신경과학자 벤저민 리벳의 실험은 의사결정이 이루어지기 전에 이미 뇌에서 무의식적인 신호가 발생한다는 점을 보여 주었다. 이는 우리의 선택이 의식적 결정 이전에 신경 활동으로 결정될 수 있음을 시사한다. 또한 자유 의지가 단순한 환상일 가능성을 제기하므로 찬반 논쟁이 활발히 벌어지면서 인간의 행위와 책임에 대한 철학적 논의를 새롭게 하고 있다.

뇌신경과학은 전통적으로 철학의 주제였던 도덕성의 신경학적 기반도 연구하고 있다. 뇌 영상을 통한 연구들은 도덕적 딜레마를 해결할 때 감정 처리와 관련된 뇌 영역(전측 대상피질, 편도체)과 이성적 사고를 담당하는 영역(전전두엽 피질)이 복잡하게 상호 작용하고 있음을 보여 준다. 가령, 전두엽 복내측 부위에 손상을 입은 환자들은 도덕적 판단을 정상적으로 내릴 수 있지만, 감정적 반응이 결여되어 실제 행동에서는 비도덕적 선택을 하는 경향이 있다. 이는 도덕성이 단순히 이성적 원칙의 적용이 아니라, 감정과 이성의 통합적 작용임을 시사한다. 이러한 발견들은 칸트식의 순수 이성에 기반한 의무론적 윤리학이나 감정에 중점을 둔 흄의 윤리학 모두를 넘어 뇌신경과학적으로 통합된 시각을 토대로 하는 새로운 윤리학적 모델을 요구한다.

뇌신경과학은 이미 철학, 심리학, 생물학, 컴퓨터 과학 등 여러 학문 분야 사이의 경계를 허물고 있다. 신경철학neurophilosophy, 신경윤리학neuroethics, 신경신학neurotheology. 신경정치학neuropolitics 등의 새로운 학제 간 분야가 등장하고 있으며, 이는 인문학과 자연과학의 오랜 분리를 극복하는 계기가 되고 있다.

30여만 년 전 출현한 현생 인류인 호모 *사피엔스Homo sapiens*는 특정한 환경에서만 사는 다른 동물과 달리 전 대륙으로 퍼지면서 다양한 자연 조건을 극복하며 지구 생태계의 전무후무한 승자가 되었다. 이는 인간의 뇌가 환경과 경험에 따라 신경 회로를 자유자재로 변화시켜 구조와 기능을 바꾸는 '뇌의 가소성brain plascity'이라는 엄청난 적응력 덕분이었다. 실제로 2007년 이후 뇌 절반을 수술로 절제한 환자 다수가 상당한 수준의 정신 활동을 다시 할 수 있을 정도로 뇌는 뛰어난 적응력을 보였다.

이미 지금도 뇌의 이런 탁월한 가소성을 이용해 뇌에 인공 장치를 이식하는 기술인 뇌-기계 인터페이스Brain-machine interface(BMI)나 뇌-컴퓨터 인터페이스Brain-computer interface(BCI) 기술로 신경 활동을 제어하거나, 반대로 전자 장치에서 신호를 보내 뇌를 조종하고 있다. 척수 손상 환자나 루게릭병 환자를 위한 신경 보철Neural prosthetics, 기억 손상을 입은 환자를 위해 해마hippocampus에 전극을 이식해 기억을 복원하는 기억 증강 및 복원 기술, 파킨슨병 치료를 위한 뇌심부 자극기Deep brain stimulation(DBS)가 이미 일부 실용화되어 있다.

이 같은 뇌-기계 인터페이스 기술 발전으로 인간과 기계의 결합은 앞으로 더욱 심화할 것이다. '융합 인간augmented human' 또는 '사이보그cyborg'의 등장이 머지않게 된 것이다. 예를 들어, 뇌가 인터넷과 직접 연결되어 실시간으로 방대한 정보를 다운로드하고 기억력을 확장할 수 있는 초지능Superinteligence, 인간의 기억과 의식을 클라우드에 저장하는 기술인 디지털 불멸Digital immortality, 기존 인간이 감지하지 못하는 전자기파, 적외선 등의 감각을 인식하는 초감각Extended perception, 신체의 상당 부분을 기계화하여 수명을 연장하는 기계적 불멸Mechanical immortality 등이 그것이다.

그렇게 되면 '인간이란 무엇인가?'라는 철학의 가장 오래된 질문을 새로운 관점에서 다시 생각해 보아야 할 시대가 올 것이다.

결론적으로, 현대 신경과학은 인간의 정신에 대한 우리의 이해를 근본적으로 변화시키고 있다. 이는 전통적인 철학적 관점들의 한계를 드러낸다. 그러나 동시에 새로운 종류의 철학적 탐구의 필요성을 강하게 제기한다. 앞으로의 철학은 이러한 과학적 발견들을 진지하게 받아들이면서, 동시에 그것이 제기하는 새로운 문제들을 다룰 수 있어야 할 것이다.

마치며

　지금까지 우리는 5000년 남짓의 인류 지성사를 그 큰 줄기에 따라 숨 가쁘게 따라왔다. 우주의 나이 138억 년, 그리고 지구라는 행성 위에 생명체가 존재해 온 40억 년에 비하면 찰나의 찰나에도 미치지 못하는 짧은 기간이지만, 인류의 두뇌 속에서는 빅뱅에 못지않은 엄청난 에너지의 대폭발이 계속 벌어져 왔으며 바로 이 순간에도 그 폭발은 진행되고 있다. 이 과정에서 인류는 인간 자신에 대한 이해를, 우리가 함께 모여 사는 사회에 대한 이해를, 나아가 이 우주 전체에 대한 이해까지도 계속 새롭게 바꾸고 또 바꾸며 달려왔다.

　왜 유독 인간이라는 동물은 이렇게 잠시도 쉬지 못하고 자신의 두뇌를 혹사하면서 '관념의 모험'을 계속하고 있을까? 어쩌면 루이스 멈퍼드Lewis Mumford의 말대로, 인류는 '두뇌가 병적으로 팽창하여 미쳐 버린 짐승'이기 때문일지도 모른다. 인간의 신체에서 두뇌가 차지하는 비중은 생물학적인 필요의 용량을 훨씬 초과하는 크기이다. 그 때문에 인간의 두뇌 속에서는 자연 세계 어디에도 존재하지 않는 무수한 감각, 기호, 상징이 끊임없이 명멸하게 되어 있다. 인간은 그러한 감각, 기호, 상징을 동원하지 않으면 이 세상은 물론 자기 자신에 대해서도 느낄 수도, 이해할 수도 없다. 그래서 오늘도 인류는 새로운 이론, 새로운 사상, 새로운 예술을 만들어 내기 위해 쉬지 않고 두뇌에 채찍질을 가하고 있다.

이 여정은 목적지나 종착점이 있는 여정일까? 그래서 언젠가는 인류가 궁극의 진리에 도달할 수 있을까? 아니면 그저 어떤 사상이 한 번 휩쓸고 지나갔다가 그와는 다른 주장이 반대쪽에서 휩쓸고 지나가는, 밀물과 썰물과 같은 것일까? 아직은 알 수 없다. 한때 수억 수십억의 사람을 열광시키고 그 의식을 지배한 생각과 사상이 바닷가의 모래성처럼 허무하게 무너져 버리는 모습을 우리는 이 책에서 여러 번 보았다. 하지만 덧없는 방랑은 절대 아니었다. 그 과정에서 인간은 진리, 아름다움, 성스러움이라는 것들이 있음을 알게 되었고, 우리가 살아가는 이 세상을 그러한 것들에 가장 가깝게 만들고자 하는 욕망도 품게 되었다. 이는 단순한 머릿속 깨달음으로 끝나지 않았으며, 우리가 살아가는 세상도 그에 따라 더 진실되고 더 아름답고 더 고결한 세상으로 조금씩 바뀌어 온 것도 분명하다.

요컨대, 인류는 시간이 지나고 장소가 바뀌어도 변하지 않는 소중한 것, 즉 '가치'라는 것이 있음을 깨닫게 되었다. 그리고 프랑스 대혁명을 거치면서 인류는 인간 세상을 만들고 운영하는 지고의 가치로서 자유, 평등, 박애라는 세 가지를 찾아냈다. 그리하여 21세기의 현재까지도 이 세 가치는 지구상의 거의 모든 나라와 사회에서 가장 보편적으로 받아들여지는 푯대의 역할을 하고 있다.

하지만 이 세 가치가 무슨 의미이고 어떻게 현실에 구현될 것인지 그리고 어떻게 서로 간의 균형을 이룰 것인지에 대한 답은 아직도 막연하며, 그것이 제대로 구현된 세상의 모습은 더욱더 요원하다. 한때 인류는 '자유'가 최고의 가치이며, 이를 극한까지 추구함으로써 '평등'과 '박애'라는 가치 또한 실현할 수 있으리라 믿었다. 그러나 우리는 그런 믿음의 결과가 파편화된 개인주의 사회, 극심한 불평등, 그리고 생태 위기가 지배하는 지속 불가능한 자본주의로 이어질 수 있다는 사실을 목격하게 되었다. 이로써 '평등'은 깊은 위기에 직면했고, 혐오와 배제가 만연한

열암 박종홍의 《지성과 모색》

현실 속에서 '박애'라는 가치 또한 근본적인 도전을 받게 되었다.

반대로, 어떤 이들은 '평등'을 최고의 자리에 두고, 그것을 실현하기 위해 유혈이 낭자한 폭력 혁명조차 마다하지 않았다. 그러나 이들 또한 나머지 두 가치를 무시했던 것은 아니다. 오히려 '평등'이야말로 모든 이가 진정한 '자유'에 도달하고, 계급과 차별을 넘어선 '박애'를 실현할 수 있는 유일한 길이라 믿었다. 하지만 그 결말 또한 몸서리치며 보고 겪은 바 있다. '평등'의 가치를 붙잡고 출현한 공산주의 사회는 개개인은 물론 사회 전체의 '자유'까지 철저히 파괴하였을 뿐만 아니라, 서로가 서로를 감시하고 불신하게 만들어 '박애' 또한 사라지게 했고, 결국에는 자본주의보다 훨씬 심각한 계급 지배와 위계의 사회를 만들어 '평등' 그 자체까지 무너뜨리고 말았다.

이러한 거대한 실패와 희생을 치르고 난 인류의 손에는 아직 '박애'라는 열쇠가 남아 있다. 어쩌면 이것이 21세기의 인류에게 남

아 있는 마지막 희망의 '가치'일지도 모른다. '박애' 또한 '자유'와 '평등'만큼이나 오래된 꿈이다. 4장에서 설명한 바와 같이 바울로의 해석에 물들기 이전 예수가 설파했던 메타노이아 또한 그 '박애'의 이상을 고스란히 담고 있으며, 그로부터 거의 2000년이 지난 후 멀리 떨어진 산업혁명기의 영국에서 나타난 로버트 오언의 협동 사상도 그와 놀랄 만큼 유사한 정신을 보여 준 바 있다. '박애' 또한 '자유'와 '평등'이라는 다른 두 가치를 이미 함축하고 있을 뿐만 아니라, 서로 모순과 충돌을 일으키기 십상인 그 둘을 하나로 결합할 수 있는 비밀을 담고 있다는 것이 예수 그리스도와 로버트 오언 모두의 가르침이었다. 이러한 혜안은 현대 사상에도 면면히 이어지고 있다. 이 책에서 다루지는 못했지만 20세기 말 이후 정치철학에 큰 혁신을 이루었던 존 롤스의 사상 또한 진정한 사회 정의는 '박애'를 통해 '자유'와 '평등'이 조화되는 사회 안에서만 가능하다는 메시지를 담고 있다.

하지만 '사람과 사람이 서로를 형제자매로 아끼고 사랑하는 세상'이라는 문구를 아무리 주문처럼 외워 댄다고 해봐야 그런 세상이 오는 것도 아니며 또 그것이 구체적으로 어떤 세상인지가 더 또렷해지는 것도 아니다. 누구도 부인하지 못할 이 아름다운 꿈은 또한 현실에서는 도처에서 무참히 짓밟혀 버리는 꿈이며, 그 극명한 대조를 아프게 느낄수록 그 꿈은 오히려 우리를 더욱 심한 절망과 무기력으로 이끌어 가는 마약으로 변질되기까지 한다. '가치'는 밤하늘의 북극성처럼 사람에게 길을 찾고 나아갈 방향을 알려 주지만, 이것만으로는 세상을 만들어 나갈 수 없다. 심지어 머릿속의 생각과 꿈을 일관되게 체계적으로 정리하는 일조차 불가능하다.

물론 철학과 사상 등의 지적 활동을 통해 머릿속에서 즐거움을 얻고자 하는 이들이라면 이러한 아름다운 '가치'에 탐닉하는 것으로 족할 수 있다. 사실 모든 지적 활동은 그 자체로 인간에게 즐거움을 가져다주며 그 자체로도 충분한 의미가 있는 것도 사실이다. 하지만 그것이 지적 활동의 궁극적 목적이 될 수는 없다. 인간은 머리만으로 살아가는 존재가 아니라, 두 발을 땅에 딛고 온몸을 움직여서 옆의 사람과 힘을 합쳐 세상을 만들어 나가는 생명체이기 때문이다. 따라서 우리의 지적 활동 또한 우리 개개인과 우리 전체의 삶을 구체적으로 어떻게 열어 나갈 것인가라는 질문과 연결될 때 비로소 그 궁극의 가치와 의미가 드러나게 된다. 여기에서 우리는 어느 철학자가 갈파했던 목소리에 다시 한번 귀를 기울여 볼 필요가 있다.

"철학은 여러 방면으로 논의될 수 있다. 천하의 진리를 깨치려 함도 좋고, 세분된 국부적 문제를 보다 분명히 함도 좋다. 그러나 그 모든 것의 궁극적 지표는 우리가 어떻게 하면 삶의 길을 틀 수 있는가를 가능한 한 뚜렷이 밝히려는 데 있다고 나는 생각한다. 그와 상관없는 철학이 있다면 그것은 심심풀이에나 적당한 공론이거나, 그렇지도 못하다면 부질없는 헛수고에 불과할 것이다."

어떠한 빛나는 '가치'가 있다고 해도, 결국 그것을 구체적으로 풀어 내고 또 삶 속에 구현해 내는 일은 우리 모두의 끊임없는 고민과 실천 속에서 이루어질 수밖에 없다. 인간의 모든 지적 활동은 입구일 뿐이며 그것을 지나고 나면 우리의 삶이 한없이 넓게 펼쳐지게 되어 있다. 이 책은 여기에서 끝나는 책이 아니다. 독자 여러분이 마지막 장을 덮고 삶으로 돌아가는 순간 비로소 본격적으로 시작되는 책이다.

그 순간부터 필요한 것은 용기이다. 역사상 어느 위대한 철학자, 사상가가 무슨 생각으로 무슨 말을 하였든, 우리 앞에 주어진 삶에 부닥치고 살아가는 것은 우리 자신이다. 하늘에 떠 있는 달은 하나이지만, 그것이 물에 비추어 나타나는 모습은 무한히 다양하다. 잔잔한 호수에 비친 달이 있으며, 아무도 없는 산속 시냇물에 비친 달이 있으며, 바윗돌과 격렬히 부딪히는 폭포의 물보라에 비친 달이 있으며, 망망대해에 비친 달이 있다. 물이 쉬지 않고 흐르는 것처럼 우리들 또한 쉬지 않고 삶을 펼쳐 낸다. 그리하여 저마다의 성격과 처한 환경과 열정의 크기에 따라 아주 다른 모습의 생각과 꿈을 만들어 낸다. 정해진 하나의 답이 있는 것이 아니다. 무수히 많은 물줄기가 합쳐져서 큰 강을 이루듯, 그 모든 생각과 꿈이 서로 엮이고 섞이는 가운데에 우리 개인이 또 인류 전체가 나아갈 길이 밝혀질 것이다.

이 책을 쓴 이들이 품은 소망이 있다면, 이 책을 읽은 모든 이들이 더욱 큰 용기를 가지고 즐겁게 그 흐름에 동참하는 것이다. 이 책은 과거에 명멸했던 수많은 사조와 생각들은 우리가 두고두고 음미하며 참조해야 할 대상일 뿐이다. 지금 새로운 전망을 우리 앞에 열어젖히고 있는 21세기의 세상에서 부닥치는 모든 문제에 만족스러운 답을 줄 수 있는 백과사전이 절대 아니다. 5000년의 인류 지성사를 살피는 목적은 거기에 압도당하고 주눅 드는 데 있는 것이 아니라, 생각과 행동의 자유를 얻어 새로운 생각과 새로운 삶을 과감하게 만들어 나갈 수 있는 용기를 얻는 데 있다. 그러한 용기를 얻는다면 범상하고 진부한 우리 삶의 일상도 새롭게 볼 수 있는 길이 열릴 것이며, 도무지 넘을 수 없는 벽처럼 우리 앞을 가로막은 여러 문제를 풀 실마리도 보이기 시작할 것이다. 고대 그리스의 현인 헤라클레이토스의 말로 책을 맺는다.

"매일 떠오르는 해는 매일 아침 새롭다ὁ ἥλιος νέος ἐφ᾽ ἡμέρῃ ἐστίν."

참고문헌

1장 서양 문명의 모태

1   남경태.《종횡무진 서양사 I - 문명의 탄생에서 중세의 해체까지》. 휴머니스트, 2023.
2   클라아스 R. 빈호프.《고대 오리엔트 역사 : 알렉산더 대왕 시대까지》. 배희숙 옮김. 한국문화사, 2015.

2장 고대 그리스의 철학

1   군나르 시르베크, 닐스 기리에.《서양철학사 1, 2》. 윤형식 옮김. 이학사, 2023.
2   움베르토 에코, 리카르도 페드리가.《경이로운 철학의 역사 1》. 유병헌 옮김. 아르테, 2014.

3장 유대주의와 구약 성서

1   유대교의 내세관에 관한 참고 자료: https://www.bbc.co.uk/bitesize/guides/zh9vgdm/revision/3
2   유대교의 교리에 대한 참고 자료: https://www.tbs-online.org/rabbi-perlins-study/307-2/
3   유대인의 역사에 대한 공식 자료는 이스라엘 문화원 홈페이지(www.ilculture.or.kr) 이스라엘 개관을 참고하라.

4장 기독교와 로마

1   존 바턴.《성서의 형성 - 성서는 어떻게 성서가 되었는가?》. 강성윤 옮김. 바이, 2022.
2   요아힘 그닐카.《나자렛 예수 말씀과 역사》. 정한교 옮김. 분도출판사, 2002.
3   요아힘 그닐카.《바울로》. 이종한 옮김. 분도출판사, 2008.
4   프레데릭 르누아르.《신이 된 예수》. 강만원 옮김. 창해, 2010.
5   존 드레인.《성경의 탄생》. 서희연 옮김. 옥당, 2011.
6   White, L. Michael. *From Jesus to Christianity: How Four Generations of Visionaries &*

Storytellers Created the New Testament and Christian Faith. HarperOne, 2005.

7   비시니아Bithynia(비두니아) 총독이었던 소小 플리니우스Plinius Secundus가 서기 111년
    경 트라야누스 황제와 주고받은 서신 전문(영역): https://faculty.georgetown.edu/jod/
    texts/pliny.html

8   323년(혹은 324년) 콘스탄티누스가 알렉산드로스 주교와 아리우스에게 보낸 편지 전문
    (영역) https://www.fourthcentury.com/urkunde-17/

9   삼위일체에 대한 가톨릭 백과사전의 언급 부분은 다음을 참고했다. New Catholic
    Encyclopedia vol. 14. p.299, 1967.

10 마르틴 에브너, 테판 슈라이버.《신약성경 개론》. 이종한 옮김. 분도출판사, 2013.

11 김기홍.《역사적 예수》. 창작과비평, 2016.

12 Bonner, Gerald. "Pelagius, theologian." *Oxford Dictionary of National Biography*. Oxford
    University Press, 2004. doi:10.1093/ref:odnb/21784. Retrieved 28 October 2012.

13 Wright, David F. "Controversial Constantine." Christian History Issue #27, 1990.

5장 중세는 암흑인가? 광명인가?

1   정수일.《이슬람 문명》. 창비, 2002.

2   김호동.《아틀라스 중앙유라시아사》. 사계절, 2016.

3   이희수.《인류본사》. 휴머니스트, 2022.

4   잭 웨더포드.《칭기스칸, 잠든 유럽을 깨우다》. 정영목 옮김. 사계절, 2005.

6장 생활 세계의 재발견

1   요한 하위징아.《중세의 가을》. 이종인 옮김. 연암서가, 2012.

2   페르낭 브로델.《물질문명과 자본주의 3 - 세계의 시간》. 주경철 옮김. 까치, 2024.

3   제이컵 솔.《자유시장 - 키케로에서 프리드먼까지 세계를 지배한 2000년 경제사상사》.
    홍기빈 옮김. 아르테, 2023.

4   월터 페이터.《르네상스》. 이시영 옮김. 학고재, 2001.

5   주경철.《역사의 기억 역사의 상상》. 문학과지성사, 2010.

6   박상섭.《국가, 전쟁, 한국》. 인간사랑, 2012.

7   자크 바전.《새벽에서 황혼까지, 1500-2000 - 서양 문화사 500년》. 이희재 옮김. 민음사,
    2006.

8   막스 베버.《프로테스탄티즘의 윤리와 자본주의 정신》. 김덕영 옮김. 길, 2010.

9   야콥 부르크하르트.《이탈리아 르네상스의 문화》. 이기숙 옮김. 한길사, 2003.

10 잠바티스타 비코.《비코 자서전 - 지성사의 숨은 거인》. 조한욱 옮김. 교유서가, 2020.

11 홍기빈, 강연 "자본주의 시작을 알아야 경제가 보인다" https://www.youtube.com/
    watch?v=_LGmaLadzOA

7장 신에서 이성으로(과학의 눈으로 본 철학)

1 르네 데카르트의 철학에 대한 '스탠퍼드 백과사전'의 해설: https://plato.stanford.edu/entries/descartes/

2 존 로크의 및 경험주의 철학에 대한 현대의 비판적 관점 참고: https://kpu.pressbooks.pub/evpsych/chapter/human-cognition-are-we-really-blank-slates/

3 칸트의 철학의 오류에 대한 체계적인 지적은 1818년 쇼펜하우어가《의지와 표상으로서의 세계》에서 처음 제시했다. 이에 대한 상세한 내용은 위키피디아에 잘 정리되어 있다. https://en.wikipedia.org/wiki/Critique_of_the_Kantian_philosophy

4 다윈이 종교적 신념을 직설적으로 솔직히 밝혔으나 비밀 유지 약속으로 100년 간 미공개된 서신의 2015년 경매 관련《스미소니언 매거진》의 보도: https://www.smithsonianmag.com/smart-news/letter-about-darwins-belief-god-just-sold-nearly-200000-180956726/

5 김용준.《과학과 종교 사이에서》. 돌베개, 2005.

6 남경태.《누구나 한번쯤 철학을 생각한다》. 휴머니스트, 2015.

7 존 로크.《인간지성론》. 정병훈, 이재영, 양선숙 옮김. 한길사, 2014.

8 임마누엘 칸트.《이성의 한계 안에서의 종교》. 백종현 옮김. 아카넷, 2015.

9 프리드리히 니체.《짜라투스트라는 이렇게 말했다》. 백승영 옮김. 사색의숲, 2022.

10 움베르토 에코, 리카르도 페드리가.《경이로운 철학의 역사 2》. 유병헌 옮김. 아르테, 2014.

11 찰스 다윈.《종의 기원》. 장대익 옮김. 사이언스북스, 2019.

8장 현대의 판을 짠 19세기

1 뽈 망뚜.《산업혁명사 상, 하》. 김종철, 정윤형 옮김. 창비, 1987.

2 G. D. H. 콜.《로버트 오언 - 산업혁명기, 협동의 공동체를 건선한 사회혁신가》. 홍기빈 옮김. 칼폴라니사회경제연구소협동조합, 2017.

3 개러스 스테드먼 존스.《카를 마르크스 - 위대함과 환상 사이》. 홍기빈 옮김. 아르테, 2018.

4 에릭 홉스봄.《제국의 시대》. 김동택 옮김. 한길사, 1998.

5 토마 피케티.《평등의 짧은 역사》. 전미영 옮김. 그러나, 2024.

6 스튜어트 휴즈.《의식과 사회》. 황문수 옮김. 개마고원, 2007.

7 루이스 멈포드.《기술과 문명》. 문종만 옮김. 책세상, 2013.

8 칼 폴라니.《거대한 전환 - 우리 시대의 정치적 경제적 기원》. 홍기빈 옮김. 길, 2009.

9 소스타인 베블런.《기업이론》. 정헌주 옮김. 박영사, 2021.

10 칼 쇼르스케.《세기말 빈》. 김병화 옮김. 글항아리, 2014.

11 홍기빈, 강연 "전환의 시대, 진정한 자유란? 칼 폴라니의 [거대한 전환] 읽기" https://www.youtube.com/watch?v=2HVW1H4gnGk

9장 새로운 지식의 등장 - 현대 과학

1 움베르토 에코, 리카르도 페드리가.《경이로운 철학의 역사 3》. 유병헌 옮김. 아르테, 2014.

2 카를로 로벨리.《만약 시간이 존재하지 않는다면》. 김보희 옮김. 쌤앤파커스, 2021.

3 미치오 카쿠.《마음의 미래》. 박병철 옮김. 김영사, 2015.

4 리사 펠드먼 배럿.《이토록 뜻밖의 뇌과학》. 변지영 옮김. 더퀘스트, 2021.

5 유발 하라리.《넥서스 – 석기시대에서 AI까지, 정보네트워크로 보는 인류 역사》. 김명주 옮김. 김영사, 2024.

6 일반인 대상의 특수상대성이론과 시공간의 개념에 대한 보다 세부적인 내용 참고: https://profoundphysics.com/special-relativity-for-dummies-an-intuitive-introduction/

7 Rovelli, Carlo. "Neither Presentism nor Eternalism." *Foundations of Physics*, vol. 49, no. 12, 2019, pp. 1325. https://arxiv.org/pdf/1910.02474

마치며

1 박종홍.《지성과 모색》. 박영사, 1967.

세상을 보는 눈
융합지성사

초판 1쇄 발행 2025년 4월 30일

지은이 송만호, 안중호, 홍기빈, 이은수
책임편집 정일웅
디자인 이상재

펴낸곳 (주)바다출판사
주소 서울시 마포구 성지1길 30 3층
전화 02 - 322 - 3885(편집) 02 - 322 - 3575(마케팅)
팩스 02 - 322 - 3858
이메일 badabooks@daum.net
홈페이지 www.badabooks.co.kr

ISBN 979-11-6689-347-6 03900